重庆工商大学市级"人工智能+"智能商务学科群丛书

不确定环境下的血液供应链运作决策

建模、优化与仿真

周愉峰 程佳豪 著

中国财经出版传媒集团

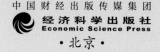

经济科学出版社
Economic Science Press
·北京·

图书在版编目（CIP）数据

不确定环境下的血液供应链运作决策：建模、优化
与仿真/周愉峰，程佳豪著．－－北京：经济科学出版
社，2024.2
（重庆工商大学市级"人工智能＋"智能商务学科群
丛书）
ISBN 978 - 7 - 5218 - 5668 - 2

Ⅰ.①不⋯　Ⅱ.①周⋯②程⋯　Ⅲ.①血液－供应链
管理－研究－中国　Ⅳ.①F763②R331.1

中国国家版本馆 CIP 数据核字（2024）第 053093 号

责任编辑：李　雪　袁　澂
责任校对：徐　昕
责任印制：邱　天

不确定环境下的血液供应链运作决策：建模、优化与仿真
周愉峰　程佳豪　著
经济科学出版社出版、发行　新华书店经销
社址：北京市海淀区阜成路甲 28 号　邮编：100142
总编部电话：010 - 88191217　发行部电话：010 - 88191522
网址：www. esp. com. cn
电子邮箱：esp@ esp. com. cn
天猫网店：经济科学出版社旗舰店
网址：http://jjkxcbs. tmall. com
固安华明印业有限公司印装
710×1000　16 开　22 印张　245000 字
2024 年 2 月第 1 版　2024 年 2 月第 1 次印刷
ISBN 978 - 7 - 5218 - 5668 - 2　定价：98.00 元
（图书出现印装问题，本社负责调换。电话：010 - 88191545）
（版权所有　侵权必究　打击盗版　举报热线：010 - 88191661
QQ：2242791300　营销中心电话：010 - 88191537
电子邮箱：dbts@ esp. com. cn）

丛书编委会

总　主　编： 黄钟仪

编委会成员：（按姓氏笔画排序）

文　悦　白　云　吴　琼　吴航遥

周愉峰　胡森森　曾　波　詹　川

序　言

　　商务领域正经历着一场由智能化技术驱动的深刻变革，智能商务已成为引领行业发展的先锋力量、推动社会进步的重要引擎。重庆工商大学市级"人工智能＋"智能商务学科群于2019年获批，学科依托人工智能学科与工商管理优势学科的交叉融合，重点面向先进制造业、现代服务业和战略性新兴产业商务活动的大数据智能化升级需求，着力开展智能预测与决策、电子商务智能运营、智慧物流与路径优化、智能商务模式创新等方向的人才培养和科学研究。首批丛书包含我们最新的部分研究成果。

　　智能预测与决策方向包含三本专著：《不确定环境下的血液供应链运作决策：建模、优化与仿真》研究了不确定环境下国家血液战略储备库选址—库存鲁棒优化、采血点定位—资源配置集成决策的鲁棒优化、突发公共卫生事件应急血液转运　分配决策的双层规划、基于 ABM＋SD 混合仿真的血液供应链绩效演进与评价等若干关键问题。《灰色系统建模技术与可视化智能建模软件》探讨了灰色算子的作用机理，研究了灰色预测模型和灰色关联模型，实现了灰色系统建模技术的可视化。《不确定语言信息环境下群体智能决策方法研究》通过构建合理的决策模型和优化算法，研究了在不确定语言信息环境下，如何运用群体智能进行决策的问题。

智慧物流与路径优化方向包含一本专著：《面向汽车制造的精准物流研究》。该书基于精益思想研究了汽车制造中零部件供应环节的成本和效率优化问题，讨论了零部件从供应商出厂到零部件投料到主机厂工位全过程的物流优化，提出了基于工位编组驱动的汽车零部件入厂物流模式，设计了一套针对已经投产工厂的优化模型及一套针对新工厂的入厂物流体系设计模型。

智能商务模式创新方向包含一本专著：《"区块链+"生态农产品供应链的融合创新研究》。该书从"区块链+"生态农产品供应链融合创新的视角出发，揭示了区块链融合生态农产品的原理和机制，研究了生态农产品供应链的组织模式和信任机制，前瞻性地提出了面向数据共享的整合"数据、信任、平台、应用、治理"等五个维度的"区块链+"生态农产品供应链体系。

本系列丛书是智能商务学科群的部分研究成果，后续将推出涵盖电子商务智能运营、大数据管理与智能运营等研究方向的最新研究成果。希望这些研究能为相关领域的学者、政策制定者和实务工作者提供有价值的理论参考和实践启示。

感谢学校同意本学科群对本丛书的出版支持计划，感谢出版策划、作者、编者的共同努力，希望本学科的研究后续能够继续得到相关出版支持。小荷已露尖尖角，愿有蜻蜓立上头。希望本系列丛书能够得到学术界和实践界的关注和指导。

丛书策划编委会

2024 年 1 月

有效的血液保障是挽救生命，维护健康的重要手段。考虑血制品生理特性和保障特性，研究不确定环境下血液供应链运作决策系列关键问题，对提高血液供应链绩效，提升血液保障水平，具有重要价值。

本书着力于解决不确定环境下血液供应链运作决策建模、优化与仿真的若干关键问题：国家血液战略储备库选址－库存鲁棒优化问题；采血点定位－资源配置集成决策的鲁棒优化问题；考虑转运、替代与公平关切的应急血液调度优化问题；考虑生命周期、转运与分配的血液供应链运作优化问题；突发公共卫生事件应急血液两阶段转运－分配决策多目标优化问题；突发公共卫生事件应急血液转运－分配决策的双层规划问题；突发公共卫生事件采血点定位　排队决策优化问题；基于系统动力学的震后应急血液保障绩效评估与仿真问题；基于多智能体建模＋系统动力学（ABM＋SD）混合仿真的血液供应链绩效演进与评价问题等。主要研究内容描述如下：

（1）以应急条件下血液保障及时度最高为目标，构建了一个不确定环境下考虑多情景、多血型、多阶段、带提前期、有容量限制、日常随机需求、有预算约束及协同定位的国家血液战略储备库选址－库存模型。为了规避应急条件下的不确定风险，进一步构建了国家血液战略储备库选址－库存问题的随机 p－鲁棒优化模型。基于模型性质，设计了相应的遗传算法。设计了两组算例验证模型与算法的有效性。算例结果表明：遗传算法的性能更好；鲁棒解与确定性模型最优值相差不大，其可降低不确定性导致的风险。

（2）为提高血液采集量、缓解血液短缺现状，研究不确定环境下两类采血点定位－资源配置的集成决策优化问题。首先，考虑区域人流量、献血活跃度等因素对采血点权重的影响，基于广义最大覆盖模型，建立以覆盖权重最大为目标的采血点定位－资源配置集成决策模型。其次，采用鲁棒优化技术处理可用献血车、人员和设备等参数的不确定性，建立相应的鲁棒优化模型。针对模型特点，设计了一种改进的灰狼优化算法。最后，通过数值模拟，并与传统灰狼优化算法、粒子群算法比较，验证了改进灰狼优化算法的有效性。

（3）针对应急血液调度决策问题，首先，结合血液产品的跨域转运与血型兼容替代策略，考虑不同医院对应急血液需求的异质优先权权重，建立了一个以区域整体效益最大为目标的应急血液调度优化模型。其次，通过不同算例验证了模型的可行性。最后，通过模型求解与算例测试，验证了所建模型的有效性和可行性。

（4）针对血荒状态下血液库存控制问题的特性，研究血液供应链的动态决策问题。首先，基于递归方程，给出先进先出

（FIFO）、后进先出（LIFO）库存发出策略下的新鲜血液需求与任意寿命血液需求的血液库存状态转移方程，得到血液过期量、缺血量等关键指标的数学表达式，并提出一种基于预估报废与库龄（estimated withdrawal and aging，EWA）策略的血液采集决策方法。其次，以转运时间最短、运送血液的新鲜度最大为目标构建血液转运决策优化模型；以公平性最好，总体短缺量最小为目标建立具有多类优先级需求与公平性关切的分配规划模型；并根据模型特征设计一个离散事件系统仿真框架。最后，通过数值仿真验证决策方法以及 EWA 库存策略的有效性。结果表明安全库存量、目标库存水平、需求的波动幅度等对血液库存控制效果均有重要影响。

（5）基于突发公共卫生事件对血液供应链的影响，提出应急血液制品的两阶段转运 - 分配问题。在疫情的第一阶段，人员流动受限，献血人数减少，使得疫区自采血渠道中断，受灾血站库存只能依赖外部补充。而在第二阶段，随着疫情风险降低，低风险地区的受灾血站库存可以部分依赖当地采血活动进行补充。针对这一情景，本书旨在构建一个多目标优化模型，以最大限度地提高血液转运的质量、满足最大化血液需求、最小化总成本。为此，提出一种改进的具有贪婪搜索规则的整数编码混合多目标鲸鱼优化算法，以解决所提出的多目标优化问题。数值仿真结果表明，所提出的混合多目标鲸鱼优化算法在性能上优于其他算法；两阶段决策在所有目标上均优于单阶段一次性决策。

（6）基于重大突发公共卫生事件后的紧急情况特点，考虑血型替代策略，研究应急血液转运 - 分配问题。首先，将问题描述为一个成本最小化和满意度最大化的双层整数线性规划问题；上层规划目标确定区域间的血液转运量，同时使相关成本最小化，以降低系统成本；下层规划目标是确定分配给各个医院的血液量，旨在提高各医院的满意度。其次，由于双层规划计算比较复杂，本书引入一种基于互补松弛定理的原始-对偶算法，将双层规划问题转化为标准规划问题进行求解。

（7）在重大突发公共卫生事件背景下，提出一个双目标多周期混合整数非线性规划模型。模型以最小总成本和最大志愿者满意度（即最小等待时间）为目标，考虑了捐赠区域风险的变化，志愿者排队等因素，确定了固定采血点的开放方案、移动采血点的位置选择以及相应的服务台数量。通过模型分析，提出了一种基于反编译带混沌映射和自适应收敛因子的改进多目标灰狼优化算法来解决多目标问题。数值仿真结果表明，与非支配排序遗传算法、多目标粒子群算法、多目标鲸鱼优化算法、多目标黑猩猩优化算法和多目标灰狼算法相比，改进的多目标灰狼优化算法总体性能更优。

（8）应急血液供应是挽救生命、维护健康的重要环节。本书构建了震后应急血液保障绩效评估的系统动力学模型，以寻求有效的应急血液保障策略。按照血液保障的实际情况，本书将血液保障绩效的主要指标描述为累积血液缺口量，从需求端与供应端来设计系统结构。其中，供应端又分为血液采集子系统与血液转运子系统。然后，从供需两端分析影响累积血液缺口量的主要因素，并开展关键参数的敏感性分析实验以及构造一个仿真模型来分析不同因素对灾后应急血液保障绩效的影响，从中得出一些结论及启示，为政府抢险救灾提供决策借鉴。

（9）以血小板为研究对象，考虑其库龄差异，并依托 ABM + SD 耦合模型，将血液采集子系统的 SD 模型耦合至四级供应链的 ABM 模型中，以描述血液紧缺情境下血液供应链的运作方式。其中，血液采集子系统反映采供血机构、新闻媒体等宏观因素调控对献血者智能体（Agent）和医院 Agent 的行为方式的影响；微观环境中，基于 ABM 方法将血液供应链系统中的献血者、献血车、血液中心、医院看作 Agent，通过智能仿真模拟各 Agent 的适应行为。然后，微观环境中 Agent 的绩效结果也将涌现回 SD 模型，以反映出动态宏观调控作用。最后，通过对 ABM + SD 的混合建模与仿真分析。研究成果有助于对血液供应链重要节点进行决策与控制，对提高供应链绩效以缓解"血荒"困境具有一定的指导意义。

本书是国家社科基金（23XGL039）"数据驱动背景下血液供应链安全预警与风险防控研究"的阶段性研究成果。重庆工商大学管理科学与工程、企业管理等专业的部分硕士生秦俊、孟彤、胡欢庆、邹天鸽、赵奕萌、徐庆等参与了本成果的部分研究工作。本书由重庆工商大学管理科学与工程学院智能商务项目经费资助，在此致谢。

囿于作者水平，本书的缺点与错误在所难免，期望读者批评指正。

作　者

2024 年 2 月

目　录

第一章

绪 论

第一节 研究背景与研究意义

近年来,临床供血已成为全球性的医疗资源保障难题。据统计,在全球195个国家中,超过61%的国家存在着血液供应短缺现象。美国、英国、澳大利亚、加拿大、希腊等地均面临不同程度的血荒威胁[1~3]。我国部分地区的血荒更为严重。2015年以来,我国的区域性/季节性血荒达到新的高峰。北京、成都、重庆、深圳、上海等地血液中心多次启动一级预警。重庆西南医院在血库库存最紧张的时候,AB型血仅存9袋,O型血仅存38袋。四川华西医院血荒期间百台手术被迫延期,缺血手术延期最长达到5天①。2020年上半年,受新冠疫情影响,我国30多个大中城市出现不同程度的血液库存紧张。2020年2月,北京市街头

---

① 资料来源:《中国输血行业发展报告2020》。

全血采集量不到往年同期平均水平的 1/3①，武汉市全血采集量较上年同期下降 90.15%②，重庆市血液中心全血采集量较上年同期下降 45.41%③。2022 年 12 月中下旬，各地血液中心纷纷发布献血倡议书，宣告库存告急。

血液是患者生存的"燃料"。血液制品的保障不力，不仅危及人们的生命健康安全，还可能演变成"血慌"，造成继发性的社会恐慌。因此，破解我国的血液紧缺困境，提高血液供应链管理水平以满足临床用血需求，具有重大的现实意义。特别是，中短期内，在血液募集渠道不足、招募体制不畅、医疗卫生资源分布不均等社会性问题未得到显著改善前，通过对血液采集、生产、库存、转运、分配等决策技术进行优化以提高血液保障能力，就显得尤为迫切。因此，研究血液供应链运作决策问题具有紧迫的行业需求与广阔的应用前景。

以往的血液供应链运作决策研究基本上集中于全血或者单一成分血的采集、库存、分配、转运等单个问题的静态决策[4]，缺少转运、替代、库存、分配等运作的集成决策研究。显然，血液供应链上转运、库存、分配等决策是相互影响相互制约的。将上述关键问题整合进行集成优化，将促进决策的科学化。目前，有关不确定环境血液供应链决策集成优化的研究相对缺乏，主要难点在于：（1）血液是一种特殊的易腐物品，具有固定生命周期，最优库存决策必须清楚所有库存产品的剩余生命周期（库存状

---

① 资料来源：北京日报客户端，2020 - 3 - 10.
② 资料来源：《中国输血行业发展报告（2021）》。
③ 资料来源：作者采集重庆市血液中心数据获得。

态)[5]。（2）血荒状态下供需波动且信息不确定加大了决策的复杂性[6]。（3）血液的多样化需求也加大了库存状态描述的难度。某些输血治疗对血液新鲜度要求更高。例如，急性失血伤员与伴有心、肺、肝、肾等功能障碍的患者的救治应使用新鲜度较高的血液[7]。（4）血液库存、转运、分配等决策在长周期内相互影响且为动态过程[4]。因此，不确定环境下，考虑生命周期分布、转运、替代等的血液供应链决策优化是一个亟待解决的难题。

综上所述，本书研究问题的提出与解决也具有重要的理论价值：第一，考虑多情景、多血型、灾后需求多阶段、日常需求随机、设施有容量限制及协同定位等复杂因素，研究了国家血液战略储备网络的选址－库存决策问题。第二，在供应链库存决策中整合了具有不同优先权需求与公平性关切的血液产品分配问题。第三，在库存系统建模中同时考虑了供需波动、生命周期分布、转运、替代、新鲜度约束等复杂性因素。第四，在突发公共卫生事件下，构建应急血液的转运－分配决策双层规划模型及采血点的定位－排队决策优化模型，来及时解决应急血液采集、转运、分配等相关问题。第五，基于仿真技术对特别复杂的血液供应及保障系统进行量化评估和分析。这些问题的提出与解决突破了传统的血液及易腐品库存管理理论与方法的局限性，对于深化血液供应链研究、丰富血液及易腐物品库存管理理论，具有重要的理论价值，也将为血荒血液保障机制设计提供理论支撑。

第二节　国内外研究现状

一、血液供应链库存及相关问题研究

血液特殊的生理性质与保障特性给库存管理带来巨大的挑战。血液的生理特性体现在：（1）血液产品具有稀缺性。血液的唯一的供应渠道为人体，获得不易。（2）血液产品具有易腐性。血液产品具有固定保质期：根据保存液的不同，全血和红细胞的保存期通常为 21 天、35 天或 42 天；血小板的保质期为 5 ~ 7 天[8]。（3）血液产品具有不可替代性。血液的用途单一，直接作用于人体，不能被其他物资所代替[9]。血液的保障特性体现在：（1）血液短缺造成的后果极严重。（2）血液的过多报废也会产生非常消极的社会影响[10]。（3）需满足多样化的血液需求：某些输血治疗对血液新鲜度要求更高[11]。曼苏尔等（Mansur et al.）[12]提出血液的需求水平具有不确定性，使用蒙特卡罗模拟（Monte Carlo）来开发一些库存策略，以优化库存水平和最小化库存成本。达拉拉等（Dalalah et al.）[13]在研究中考虑了随机需求、血液老化、紧急命令和相容性偏好，构建自定义的模拟退火算法进行优化。下文对血液库存、血液采集与血液转运的国内外文献进行分类评述。

常规状态下，血液的保障流程按照"由下而上"的信息渠道进行展开（下为医院；上为血站）。即各用血医疗机构根据需求估计定期向血站发出用血请求。血站根据医院上报的计划周期性地为医院血库补充库存。日常血液保障链条类似于拉式供应链。米勒德（Millard）最早将工业库存模型引入血液库存管理问题[14]。20 世纪 70 年代，血液库存研究出现高潮期。纳米雅斯（Nahmias）[15]、格里高利（Gregory）[16]等分别对这一时期的研究成果进行了全面的回顾。20 世纪 80～90 年代末的血液库存研究较少，戈亚尔等（Goyal et al.）[5]综述了该时期的研究成果。21 世纪以来，血液库存问题的研究又进入一个新的发展期。贝林等（Beliën et al.）[17]、奥索里奥等（Osorio et al.）[4]、皮拉班等（Pirabán et al.）[18]综述了最新的血液供应链文献，苏赫拉比等（Sohrabi et al.）[19]提出了一个血库管理参考数据模型，以考虑现实世界的不确定性和限制来控制血液库存。

　　大多数文献从易腐品库存的角度研究血液库存策略问题。范·泽尔（Van Zyl）[20]首次对血液供应分析进行了研究，他提出注意血液单位的易腐性。科帕赫（Kopach）[21]应用排队模型研究考虑常规需求和紧急需求下的红细胞库存管理系统的最优策略，并以加拿大某血站进行实例分析。巴伦等（Baron et al.）[22]考虑批量混合泊松（Poisson）分布需求基于连续性库存检查的（S，s）策略的易腐品库存控制问题，设计　种启发式算法来求得问题的满意解。奥尔森等（Olsson et al.）[23]考虑泊松需求分布，基于（S-1，S）补货策略，研究了考虑延迟交货的单仓库单品种易腐物品库存控制问题，证明了（S-1，S）策略在节约成本方面优于（Q，r）策略。侯赛因伊法德和阿巴斯（Hosseinifard & Abbasi)[24]研究了集中化在具有易腐性的两级供应链中的影响，并证明集中化提高了血液供应链的可持续性。克莱等（Clay et al.）[25]使用系统动力学来说明血液供应链对干扰的响应，并提出了一种改善波动性的修改方法。但上述文献没有考虑在库品的生命周期信息。

学者们在库存策略研究中考虑血液的"库存状态"（即所有在库品的剩余生命周期分布信息），以改善库存管理绩效。例如，泰金等（Tekin et al.）[26]讨论一种改进的批量订货控制策略对在库品剩余生命周期的影响，建立一个基于库龄策略（age-based policy）的考虑市场份额丧失的易腐品库存模型。布罗克莫伦等（Broekmeulen et al.）[27]考虑在库品生命周期，提出一种基于（R，s，nQ）的订货策略，并证明该策略的成本优势。西维莱克等（Civelek et al.）[28]按不同剩余生命周期将血小板需求分为三类，认为各类型需求可以相互替代但需要考虑替代成本，在此基础上提出一种（S，C）的补货策略并与 NIR 策略进行了对比[29]。哈姆丹等（Hamdan et al.）[30]提出了一个同时考虑生产、库存和位置决策的红细胞的两阶段随机规划问题。狄龙等（Dillon et al.）[31]考虑多种类型、易腐性、提前期和定期审查策略，并研究优化血液库存补充控制策略的两阶段随机规划模型。陈和李（Chen & Li）[32]调查了在血液中心进行全血采集和血小板生产联合决策的好处。扎希里等（Zahiri et al.）[33]提出了一种双目标混合整数模型，用于血液制品的集成采集、生产/筛选、配送和路线规划，并寻求同时优化运送到医院的血液制品的总成本和新鲜度。他们开发了一种混合多目标自适应差分进化算法来求解模型。拉金德兰和拉温德兰（Rajendran & Ravindran）[34]在需求不确定性下开发了一个随机整数规划模型，以确定血液供应链中的订购政策。阿卜多莱齐姆（Abdolazimi）[35]在不确定的情况下设计了一个多级平衡计分卡网络，最大限度地减少不同级别之间的血液输送平均时间，并优化与血液运输和血液维护相关的成本。在血液库存研究中，考虑生命周期与库存状态，有助于提升出库产品的平均新鲜度，减少血液短缺与报废。

也有一些研究者以血荒为背景研究血液库存问题。王恪铭和马祖军考虑血库间血液应急转运情形，研究存在库龄差异的血液补货策略问题[7]。研究表明库存转运可以提高血液的服务水平，降低血液的过期率。周愉峰和马祖军尝试在血液供给严重短缺的情况下执行血型替代策略，以血液中心－医院两级库存系统为对象建立一个带服务水平约束的紧缺血液采集优化模型[10]。马祖军和周愉峰考虑应急血液保障特性，研究了大规模突发事件应急血液采集动态模型[11]。罗政和陈旭[36]研究了两个需求类别和紧急补给的血液订购和采集问题。

二、血液转运研究

血液转运是血站之间的横向协调策略。通过转运，可以起到弥补本地采集不足的作用。关于普通物品[37]或者易腐物品[38]的转运文献较多，但关于血液转运的文献较少。郎恩（Lang）[39]在血站库存控制问题中考虑了转运策略。德哈尼和阿巴斯（Dehghani & Abbasi）[40]提出了一种基于寿命的易腐烂物品横向转运政策。结果表明转运政策在各种情况下都是有效的，例如销售损失和缺货。德哈尼等（Dehghani et al.）[41]开发了一种新模型，可以同时对主动转运和订购数量做出决策。另有少量关于血液转运的研究针对突发事件应急背景与血荒背景。尼卢法尔和哈迪（Niloufar & Hadi）[42]以灾后野战医院为伤者进行输血为背景，建立一个模型来分配血型和血液的寿命，提出基于改进的多项选择目标规划和遗传算法进行求解，以解决灾区野战医院之间公平分配血液的问题。哈姆丹和迪亚巴特（Hamdan & Diabat）[43]提出了一种双目标鲁棒优化模型，该模型通过最小化向医院交付的时间和成本来解决人道主义物流中血液供应的灾难场景。阿夫辛和佐尔（Afshin & Zohre）[44]研究一个完全集成的 DRO 血液物流网络，该网络考虑了供需的不确定性、血液制品的易腐性和多层次的伤害严重性，可以帮助 DRO 管理人员在灾难期间有效和协作性地作出决策。哈利尔普拉扎里和索尔坦扎德（Khalilpourazari & Soltanzadeh）[45]以最小化总运输时间、成本、未满足的需求为目标，设计了一个由献血者群体、采血中心（永久和临时）、区域血液中心、地方血液中心、地区医院和地方医院组成的六级血液供应链，采用词典加权切比雪夫（Tchebycheff）方法，提供了血液供应链结构的详细信息。王恪铭和马祖军[46]以规定时间内运达的血液新鲜度最大为目标，建立一种多阶段优化模型解决多灾点、多品种应急血液转运问题。

显然，血液转运是缓解血荒的一个有效手段。血液转运影响本地采集与库存决策。本书将在考虑血液转运因素的基础上，进一步研究血站 - 医院之间纵向协调的库存管理策略。

三、血液分配研究

血液库存决策中经常涉及血液产品的分配问题。以往关于医疗物资分配的文献较多[47]，但关于血液产品的分配研究不多见。杜马等（Dumas et al.）[48]在血液分配中提出了双交叉配型（double cross-matching）与替代策略，以减少血液的报废率。萨庞齐斯（Sapountzis）[49]也以血液报废率最低为目标，考虑医院活动水平研究确定需求与随机需求下的血液分配问题。

血液分配决策问题，更多的是在血液供应链优化，特别是在选址－分配问题（location-allocation problem，LAP）或选址－路径问题（location-routing problem，LRP）中被研究[50]。拉米扎尼安等（Ramezanian et al.）[51]考虑献血者与献血机构的距离、献血者在献血机构的经验、献血机构的广告预算等因素，研究了需求和成本参数不确定的 LAP 模型。卡拉达格等（Karadağ et al.）[52]根据血液供需的不确定性、血液随时间推移的易腐性和血型的相容性等限制，提出多目标混合整数数学模型，以最小化构成血液供应链的单位之间的长度和移动单位路线的长度。佩曼等（Peiman et al.）[53]以最大限度地降低供应链成本，同时最大限度地提高满意度，以满足受影响地区的需求为目标，建立灾前和灾后血液供应链的鲁棒优化模型。西菲－希沙万等（Seyfi－Shishavan et al.）[54]提出了一个模糊的数学模型来设计一个高效的血液供应链网络，以克服灾害情况的不确定性。为了实现这种模糊模型，大多数参数被认为是梯形模糊数，从决策者那里获得了球形隶属度。球谐均值聚合算子被用于聚合决策矩阵。目标函数旨在通过将短缺成本视为惩罚来最小化供应链总成本。尼卢法尔等（Niloofar et al.）[55]通过地理信息系统（GIS）方法使用准确的矢量数据来优化捐赠中心的位置，建立了一个保护性数学模型。在两阶段随机鲁棒优化模型中，应用实验室中心的紧急备份，通过补充和抵消加工厂对可能的疾病的影响，以最大限度地提高医院的覆盖水平。

血荒状态下，供应不足的矛盾使得血液产品的公平分配问题成为重要关切。同时，实践中血液供应还需遵循重症优先、急诊优先等原则。因而具有不同优先权需求与公平性关切的血液产品分配问题也将在本书的库存运作过程中予以考虑。

四、本书研究的提出

综上所述，以往国内外对血液供应链决策相关问题的研究已较丰富，但应对不确定环境下的血液供应链决策优化的若干关键问题，尚有许多不足，亟待进一步完善。主要体现在：

（1）缺少不确定环境下国家血液战略储备网络优化的选址－库存集成决策研究。血液产品特性以及血液保障特性的存在，使得国家血液战略储备库选址－库存问题需要考虑众多复杂性因素，例如：储备库日常运行成本与灾时响应速度的均衡、血液制品的多品种性、灾后应急血液需求的多阶段性、日常需求的随机性、储备库建立后的设施容量限制、改扩建后的库存状态变更、应急条件下的协同定位等。考虑到多情景涉血灾害发生的不确定性，本书将问题构建为鲁棒优化模型，并设计了相应的混合遗传算法。

（2）不确定环境下采血点定位－资源配置的集成决策研究有待深化。以往有关采血点定位与资源配置决策优化的研究已较丰富，但仍存在一些问题亟待解决，主要体现为：第一，我国及大多数国家现有的采血设施是异质的。现有采血设施包括固定采血屋与流动献血车。固定采血屋是长期性设施，一旦定位，短期内难以改变。献血车是流动设施，其定位决策在每个周期是可变的。有关两类异质采血点定位－资源配置集成动态优化的研究还未见报道。第二，候选采血点的志愿者数量及血液供应量等数值无法直接获取。此时，通过对区域人流量、历史献血活跃度等关键指标进行综合评估，再基于广义最大覆盖模型优化最大覆盖度，将更具现实意义。第三，现实环境下，可用献血车、人员以及采血设备等参数不确定且统计分布难以获取。此时，可采用鲁棒优化等技术对问题进行科学处理。

（3）缺少考虑转运、替代与公平关切的应急血液调度优化研究。尽管已有部分学者针对血液产品的转运和替代进行了相关研究，但现有研究未同时关切到血液产品分配的公平性。有必要将转运策略与替代策略结合起来，同时考虑血液分配的需求优先级与公平性因素，建立一套公平高效的血液调度优化方法。

（4）缺少不确定环境下，血液供应链决策的集成动态优化研究。研究者们针对血液采集、血液库存、血液转运等决策问题进行了大量研究，但大多基于单阶段静态决策，以解决某类决策问题。单阶段静态决策难以满足血荒状态下的紧急需求。需在血液供应链动态决策过程中，整合转运决策与分配决策等，建立集成动态优化方法。

（5）缺少不确定环境下，考虑众多复杂因素的血液供应链系统仿真方法。血液供应链系统是一个复杂的耗散系统，具有非线性、行为自适应性、高阶次、多重反馈性以及复杂时变性等特征。在量化评价血液供应链动态绩效等问题时，传统的数学规划等运筹学建模难以准确描述系统的复杂因素。模型的高效高精度求解困难，且无法很好地体现出血液供应链的非线性特征，也无法反映血液供应链保障绩效的动态演进趋势。而系统动力学、复杂自适应系统多智能体建模等仿真方法可以在考虑血液产品库龄的前提下，对血液供应链各节点的决策及交互行为给出合理有效的数学描述。因此，基于复杂系统仿真方法，研究复杂环境下血液供应链保障绩效的动态演进规律，具有其他工具不可比拟的优势。

第三节　研究内容与技术路线

一、研究内容

（一）基于随机 p - 鲁棒优化的国家血液战略储备库选址 - 库存问题

考虑应急血液保障特性，研究不确定环境下考虑多情景、多血型、多阶段、带提前期、有容量限制、日常随机需求、有预算约束及协同定位的国家血液战略储备库选址 - 库存问题的鲁棒优化模型，并研究其高性能优化算法。

（二）不确定环境下采血点定位－资源配置集成决策的鲁棒优化问题

基于广义最大覆盖模型，研究采血点定位－资源配置集成决策的鲁棒优化模型。针对模型特点，设计一种改进的灰狼优化算法，并与传统灰狼优化算法、粒子群算法比较，验证所提算法的有效性。

（三）考虑转运、替代与公平关切的应急血液调度优化问题

考虑血液产品转运、替代策略以及不同需求点的不同优先权需求，以区域整体血液调度效益最大为目标，建立面向多需求点的应急血液调度模型，并进行数值计算与分析。

（四）考虑生命周期、转运与分配的血液供应链运作优化问题

针对血荒状态下血液库存控制问题的特性，研究血液供应链的动态决策问题。基于递归方程，给出 FIFO、LIFO 库存发出策略下的新鲜血液需求与任意寿命血液需求的血液库存状态转移方程，得到血液过期量、缺血量等关键指标的数学表达式，并提出一种基于 EWA 策略的血液采集决策方法。然后，以转运时间最短、运送血液的新鲜度最大为目标构建血液转运决策优化模型；以公平性最好、总体短缺量最小为目标建立具有多类优先级需求与公平性关切的分配规划模型；并根据模型特征设计一个离散事件系统仿真框架。最后，通过数值仿真验证决策方法以及 EWA 库存策略的有效性。

（五）突发公共卫生事件应急血液两阶段转运－分配决策多目标优化

基于重大突发公共卫生事件血液供应链的特点，建立应急血液两阶段转运－分配决策多目标优化模型。目标一是最大化转运血液的质量和血液分配的满意度，以衡量血站向医院的分配应急血液的有效性。目标二是最小化系统成本。该成本包含血液短缺惩罚成本，以减少短缺。基于模型特征的分析，提出一种改进的带贪婪搜索规则的整数编码混合多目标鲸鱼优化算法（multiple objective whale optimization algorithm，MOWOA）来解决所提出的多目标优化问题。数值仿真表明，提出的混合 MOWOA 性能优于非支配排序遗传算法（non-dominated sorting genetic algorithm－Ⅱ，NSGA－Ⅱ）、多目标差分进化算法（multi-objective differential evolution algorithm，MODE）和多目标灰狼优化算法（multi-objective grey wolf optimizer，MOGWO）。数值结果还表明，在所有目标上，两阶段决策均优于一阶段决策。

（六）突发公共卫生事件应急血液转运－分配决策的双层规划问题

在重大突发公共卫生事件背景下，同时考虑跨区域血液转运问题和区域内血液最优分配问题，提出多血型血液转运－分配模型，建立了具有层次结构的多出救血站、多受灾血站、多运输方式、多血型跨区域血液转运－分配网络的双层规划模型。该模型考虑了血液转运的合理安排、血液分配的满意度、血站在医院应急血液分配中的有效性，血型替代策略，以降低包括血液短缺惩罚成本在内的系统总成本。采用基于互补松弛定理的原始——对偶算法变换并求解模型。

（七）突发公共卫生事件采血点定位－排队决策优化

基于新冠疫情背景，提出一个双目标多周期整数非线性规划模型。目标是在考虑区域风险变化和捐献者排队等因素的情况下，最大限度地降低系统总成本，最大限度地提高捐献者的满意度（即最短等待时间）。所提出的模型确定了固定采血屋的开放计划、移动采血车辆的位置选择以及采血设施中服务台的数量。通过分析该模型的特点，提出了一种基于混沌映射和自适应收敛因子的反编译改进多目标灰狼优化算法（improving multi-objective grey wolf optimizer，IMOGWO）来解决该问题。数值模拟结果表明，与 NSGA－Ⅱ、多目标粒子群算法（multi-objective particle swarm optimization，MOPSO）、MOWOA、多目标猎豹优化算法（multi-objective cheetah optimization algorithm，MOChOA）和 MOGWO 相比，所提出的 IMOGWO 具有更好的整体性能。

（八）基于系统动力学的震后应急血液保障绩效评估与仿真

根据地震灾害人员伤亡特点描述应急血液需求，又基于血液保障特点将血液供应端划分为血液采集与血液转运两个子系统。将血液保障绩效的主要指标描述为累积血液缺口量，构建了震后应急血液保障绩效评估的系统动力学模型。基于汶川地震案例的现实性检验，证明了模型分析结果与现实情况基本相符。在此基础上，设计仿真案例，针对关键参数，进行敏感性分析实验，从中得出一些有用的管理启示，为政府制定应急血液保障措施提供决策借鉴。

（九）基于 ABM + SD 混合仿真的血液供应链绩效演进与评价

从复杂自适应角度出发，以血小板为研究对象，考虑到宏观环境调控会影响献血者人数进而影响供应链绩效，提出以血液中心智能体（Agent）为核心，考虑库龄信息的 ABM + SD 耦合的四级血液供应链绩效演进与评价模型，并对其进行现实性检验与敏感性分析。研究表明：第一，血液中心 Agent 与医院 Agent 均存在自适应调整过程。第二，提高血液紧缺事件影响力，提升初始献血者人数，均能降低血液中心 Agent 的短缺率，但也会同时提高过期率。初始献血者人数的增多对于降低短缺率、提高过期率的作用并不明显。而当事件影响力提升至一定程度后，短缺率下降速率逐步放缓，过期率的提高速率逐步加快。第三，采用血型替代策略可有效降低医院 Agent 的短缺率与过期率。第四，提高最大库存水平、缩短血小板保质期均能降低医院 Agent 的短缺率，并提高过期率。但就整个仿真周期而言，缩短保质期对降低短缺率的作用并不显著。本章研究成果有助于重要节点在血液紧缺背景下更高效地进行供应链决策与控制，提升绩效水平；对破解血液紧缺困境具有一定的指导意义。

二、技术路线

本书研究方法与技术路线描述如图 1 - 1 所示。

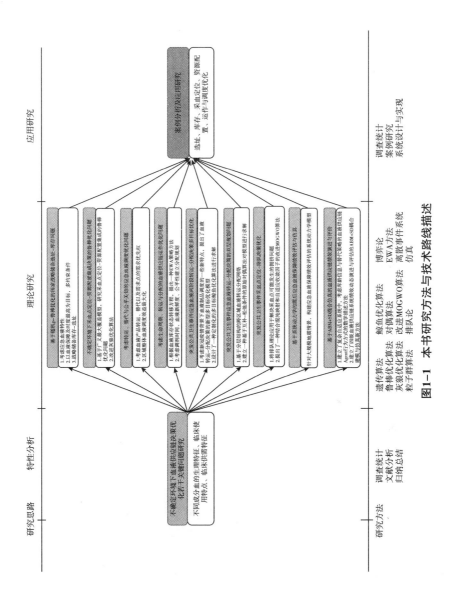

图1-1　本书研究方法与技术路线描述

本 章 小 结

本章阐述了本书研究背景与研究意义，梳理了国内外研究现状，归纳了本书的主要研究内容和技术路线。

第二章

基于随机 p-鲁棒优化的国家血液战略储备库选址-库存问题

第一节 引 言

大规模地震、特大恐怖袭击等严重突发事件可能导致大量人员伤亡，短时间内造成血液需求骤增。血液属于易腐物品，其采集、检测、制备、储存、使用等要求严格、无法即采即用，且难以被其他物品替代。再加上血液供应关系到伤员的生命健康安全。因而完善血液储备体系对于灾后抢救、降低社会恐慌，提高血液保障水平等方面具有重要意义[56]。

目前，我国尚无统一的国家血液战略储备库体系。而以往的救灾实践又对国家层面的血液战略储备库建设提出了迫切要求。因此，国家血液战略储备库的建设问题在理论与实践中亟待解决。当前，一些研究者初步设想在若干省级血液中心建立国家血液战略储备库[57,58]。例如，郑忠伟等[56]提出在我国六大区域建立若干个国家层级的应急血液储备库，并执行血液定期轮换策略。沈红艳[58]提出以全国七大军区驻地血液中心为基础，建设国家血液储备库。吴卫星[59]建议在人口密度较大的区域设立1~3个由国家卫生部控制的国家血液战略储备单元。黎成等[60]提出以省为单位储存红细胞，构成国家血液储备单元。

上述文献均从定性角度，探讨国家血液战略储备库建设的可行性和必要性等问题，缺乏定量研究。鉴于此，文献［48，57］考虑调配时效和可靠性目标，研究了国家血液战略储备设施选址 - 分配问题。但文献［57］没有考虑库存因素。由于大规模涉血灾害的发生概率非常小，若一味追求灾时血液保障时效最优而完全忽略成本因素，将产生极其高昂的日常运营成本。因此，国家血液战略储备库选址应该考虑日常库存运营成本，建立预算约束条件下的应急调配时效最优化的选址 - 库存问题模型（location-inventory problem，LIP）。此外，文献［57］假设国家血液战略储备库在现有省级血液中心基础上设置，从而可充分利用既有资源而无需考虑设施建设成本。该假设显然与现实不符。原因在于各省份血液中心的库存容量是基于日常需求设计的。设为国家层面的战略储备库后，灾时爆炸性增长的血液需求会导致血液中心储备能力受到限制。因此，须对选定的血液中心进行改扩建处理，并在模型中考虑改扩建所涉及的固定投入成本及库存运营成本增量。因此，本章集成库存决策，考虑预算约束与系统及时度目标，在文献［57］的基础上进一步研究国家血液战略储备库LIP模型。

　　与本章研究相关的科学问题主要有两类。第一类为应急设施选址问题（facility location problem，FLP）及采供血机构选址问题。有关应急设施选址问题的研究较多，例如，张敏和张玲[61]研究了基于失效情景的应急设施选址模型。近年来，以采供血机构为背景的 FLP 研究也引起了研究者们的关注。扎希里等（Zahiri et al.）[9,62]分别从静态与多阶段优化的角度研究了固定采血点与流动献血车的选址-指派问题。沙和黄（Sha & Huang）[63]建立了震后应急血液 FLP 模型。周愉峰等[64]以血站为例研究了应急物资储备库选址的可靠性中值模型。柴武提萨克等（Chaiwuttisak et al.）[65]建立了两类采血服务设施的选址以及与医院、血站之间的指派优化模型。扎希里和皮什瓦埃（Zahiri & Pishvae）[66]考虑血型兼容与需求不确定性，建立了血液供应链网络设计模型。但这些研究一般强调受灾点满意度或对需求的响应速度等因素，很少同时考虑设施的日常运营成本与灾时响应速度，且没有集成库存问题。第二类为选址-库存问题（LIP）。以往的 LIP 文献大都研究的是一般物资在常规条件下的集成决策问题。例如，萨德贾迪等（Sadjadi et al.）[67]研究了三级供应链网络设计中的随机需求 LIP。张和乌里克里斯南（Zhang & Unnikrishnan）[68]研究了闭环供应链中的随机需求 LIP。李等（Li et al.）[69]研究了闭环物流系统中带第三方物流商的 LIP。瓦达尼等（Validani et al.）[70]研究了三级供应链网络设计中的 LIP。迪亚巴特等（Diabat et al.）[71]研究了需求与提前期均不确定的 LIP。这些研究没有考虑血液制品特性与血液保障的应急特性。有关应急设施 LIP 的研究较少[57]，但一些文献基于随机规划[72,73]、鲁棒优化[70]、可靠性优化[74]等方法研究了 LIP，可为应急条件下的 LIP 研究提供借鉴。

由于血液产品特性以及应急血液保障特性的存在，国家血液战略储备库选址－库存问题需要考虑众多因素，例如：储备库日常运行成本与灾时响应速度的均衡、血液制品的多品种性、灾后应急血液需求的多阶段性、日常需求的随机性、储备库建立后的设施容量限制、改扩建后的库存状态变更、应急条件下的协同定位等因素。上述因素在以往的应急 FLP 与 LIP 研究中没有同时考虑，因而需在国家血液战略储备库 LIP 问题中予以扩展研究。同时，考虑到多情景涉血灾害发生的不确定性，本章引入 p － 鲁棒，构建了一个考虑多情景、多血型、灾后需求多阶段、日常需求随机、设施有容量限制及协同定位、有预算约束的国家血液战略储备库 LIP 模型。针对模型性质，设计了求解问题的两类亚启发式算法：遗传算法（genetic algorithm，GA）与免疫优化算法（immune optimization algorithm，IOA），并通过仿真算例验证了所提模型及算法的有效性。

第二节　国家血液战略储备库选址－库存问题的随机 p － 鲁棒优化模型

一、问题描述

设置国家血液战略储备库的目的是在灾害时为伤员提供快速

有效的血液保障。因而以灾时的系统响应时效最快来体现这一目标。由于涉血灾害发生的突发性和不可预见性，应急血液需求难以事先确定。为此，采用情景分析方法来描述应急需求。假设所有情景均只有一个需求点，即任何情景下只有一个省份发生大规模涉血灾害。引发大量应急血液需求的突发事件主要有大规模地震与特大恐怖袭击。在这些突发事件中，应急血液需求具有明显的阶段性，可分为紧急救援期和救援中后期两个阶段。灾害发生后的 72 小时为紧急救援期，即两个阶段的间隔时间为 3 天。灾害时的应急血液需求与救援期所处阶段密切相关。应急条件下由于需求量骤增，储备库容量受到限制，每种血液制品在出库后需要进行库存补充。由于灾害时采集储备能力受限与需求增长，为了保障受灾点的血液供应，允许协同定位，即允许一个需求点同时由多个储备库提供应急血液需求。

由于大规模涉血灾害发生的概率很小，因而不能无限追求应急系统响应速度，必须考虑设施在常规条件下的日常运营成本，即考虑预算限制。为了最大限度地利用既有资源、降低成本，选择若干省级血液中心进行改扩建，而非在新址上全新建设。因此，须考虑改扩建的固定投入成本，以及库存状态变化引起的日常运营成本增量。省级血液中心被选建为国家血液战略储备库后，需大量增加各种血液制品的储备量以应对将来可能发生的突发事件。由于血液只能通过人体采集，得来不易，且保管周期有限，为了避免血液制品的大量过期报废，在平时需对库存进行轮换更新，因而省级血液中心被选建为战略储备库后，其库存系统会发生变化。常规条件下，省级血液中心日常需求量随机，可根据各地的历史数据拟合成一定的概率分布。

综上所述，问题可以被描述为一个考虑多情景、多阶段不确定应急需求、随机日常需求、多血型、有容量限制、有预算约束及协同定位的国家血液战略储备 LIP。要解决的问题是：应该建立多少个储备库？建在哪里？如何对应急血液需求点与储备库进行指派？如何分配应急血液需求？如何进行日常库存决策？

二、符号说明

（一）参数

I 为需求点集合，即每个省级行政区；$i \in I$。

J 为候选地集合，即现有的省级血液中心；$j \in J$。

N 为应急血液需求阶段集合；$n \in N$，$n = 1$，2。

K 为血型集合；$k \in K$。

$ts_{n, n+1}$ 为相邻应急需求阶段的时间间隔。

v_{ik}^{n} 为需求点 i 在应急血液需求阶段 n 对 k 型血的需求量。

Cap_{jk} 为候选地 j 对 k 型血的储备能力上限。

β 为库存补充系数。

L 为提前期。

F_{B} 为建立国家血液储备库的预算。

h_{jk} 为储备库 j 中 k 型血的单位库存持有成本。

c 为单位运输成本。

d_{ij} 为需求点 i 与候选地 j 之间的距离。

T_i 为需求点 i 的应急需求调配时限。

t_{ij} 为需求点 i 与候选点 j 之间的应急血液调配时间，t_{ij} 由运输时间、需求点的接收耗时 t_p 和候选点调剂准备耗时 t_b 构成，即 $t_{ij} = d_{ij}/V_{ij} + t_p + t_b$。

$$\partial_{ij} = \begin{cases} 1, & t_{ij} \leq T_i \\ 0 & \end{cases}, \quad \forall i \in I, \ j \in J, \ 若 \ \partial_{ij} = 1, \ 表示需求点 \ i \ 可被$$

候选点 j 覆盖，否则反之。

χ 为规划期长度。

θ 为与库存成本相关的权因子。

λ 为与轮换更新成本相关的权因子。

f_j 为血液中心 j 改扩建为国家血液战略储备库的固定投入成本。

s_{jk} 为储备库 j 对 k 型血的安全库存保有量。

M 为一个大的正数。

（二）变量

x_{ijk}^n 为第 n 阶段需求点 i 对 k 型血的应急需求由储备库 j 供应的数量。

X_j 表示在 j 地建立储备库时为 1，否则为 0。

S_{jk} 为储备库 j 中 k 型血的库存定至点。

Q_{jk1} 为候选地 j 未建储备库前对 k 型血的采血批量。

Q_{jk2} 为候选地 j 被建为储备库后对 k 型血的采血批量。

q_{jk}^n 为储备库 j 在 n 阶段初可用于 k 型血救灾需求的最大库存量。

三、库存成本分析

为了应对未来可能发生的应急需求，选择对现有的若干省级血液中心进行改扩建，并固化增持一部分安全库存 s_{jk}。此时，原有的一些库存参数，包括储库存容量、安全库存，血液采集批量等发生了变化。因而需考虑建设国家储备库所支付的变动成本，包括：改扩建的固定投入成本，由改扩建引发的新增库存持有成本，新增安全库存持有成本及新增血液轮换更新成本。

（1）选作战略储备库之前的运营成本分析：

不失一般性，假设各省份血液中心的日需求量服从正态分布 $N(\mu_{ik}, \sigma_{ik}^2)$ 且需求相互独立，采用（Q，RP）的库存策略，提前期为 1 天。在日常轮换更新过程中，各个血液中心的库存容量可以满足需要[88]。

战略储备库的日常库存控制参数可表示如下：

安全库存：

$$ss_{jk} = z_{jk}\sqrt{L}\sigma_{jk}, \quad \forall j \in J, \ k \in K \qquad (2-1)$$

式（2-1）中，z_{jk} 为储备库 j 中 k 型血的血液保障水平系数。

订货点：

$$RP_{jk} = L\mu_{jk} + z_{jk}\sqrt{L}\sigma_{jk}, \quad \forall j \in J, \ k \in K \qquad (2-2)$$

平均库存：

$$I_j = Q_{jk1}/2 + z_{jk}\sqrt{L}\sigma_{jk}, \quad \forall j \in J, \ k \in K \qquad (2-3)$$

j 地未设为战略储备库时的日常周转库存成本可以表示为：

$$\sum_k \left(\theta h_j Q_{jk1}/2 + \theta h_j z_{jk} \sqrt{L} \sigma_{jk} \right) TP_{jk} + \lambda v(Q_j) \qquad (2-4)$$

式（2-4）中，TP_{jk} 为 j 地两次连续订购的时间间隔：

$$TP_{jk} = Q_{jk1}/\mu_{jk}, \quad \forall j \in J, \ k \in K \qquad (2-5)$$

假设血液本地轮换成本为 $v(Q_{jk1})$，令：

$$v(Q_{jk1}) = g_j + a_j Q_{jk1}, \quad \forall j \in J, \ k \in K \qquad (2-6)$$

式（2-6）中，g_j 表示血液固定轮换更新成本；a_j 表示血液可变轮换更新成本。

对式（2-4）除以 TP_{jk} 可以得到成本率的表达式：

$$\theta h_j Q_{jk1}/2 + \theta h_j z_{jk} \sqrt{L} \sigma_j + \lambda \mu_{jk} v(Q_{jk})/Q_{jk}, \quad \forall j \in J, \ k \in K$$

$$(2-7)$$

对式（2-7）中 Q_{jk1} 求导，等于 0，得到：

$$Q_{jk1}^* = \sqrt{\frac{2\lambda g_j \mu_{jk}}{\theta h_j}}, \quad \forall j \in J, \ k \in K \qquad (2-8)$$

则 j 地未建战备库前的运营成本可以表示为：

$$\sum_k \sqrt{\frac{\theta h_j \lambda g_j \mu_{jk}}{2}} + \theta h_j z_{jk} \sqrt{L} \sigma_j + \sqrt{\frac{\theta h_j \lambda g_j \mu_{jk}}{2}} + \lambda \mu_{jk} a_j$$

$$= \sum_k \sqrt{2\theta h_j \lambda g_j \mu_{jk}} + \theta h_j z_{jk} \sqrt{L} \sigma_{jk} + \lambda \mu_{jk} a_j \qquad (2-9)$$

（2）选作战略储备库之后的运营成本分析：

通过设置安全库存 s_{jk} 以保障灾时的应急需求，为此，相应的库存控制参数需重新定义：

安全库存：

$$ss_{jk2} = s_{jk} + z_{jk} \sqrt{L} \sigma_{jk}, \quad \forall j \in J, \ k \in K \qquad (2-10)$$

订货点：

$$RP_{jk2} = s_{jk} + L\mu_{jk} + z_{jk}\sqrt{L}\sigma_{jk}, \quad \forall j \in J, \ k \in K \quad (2-11)$$

库存定至点：

$$S_{jk} = s_{jk} + z_{jk}\sqrt{L}\sigma_{jk} + Q_{jk2}, \quad \forall j \in J, \ k \in K \quad (2-12)$$

平均库存：

$$I_{j2} = Q_{jk2}/2 + s_{jk} + z_{jk}\sqrt{L}\sigma_{jk}, \quad \forall j \in J, \ k \in K \quad (2-13)$$

j 地设为战略储备库后的周转库存成本为：

$$\sum_k \left(\theta h_{jk} Q_{jk2}/2 + \theta h_{jk} s_{jk} + \theta h_{jk} z_{jk}\sqrt{L}\sigma_{jk} \right) TP_{jk2} + \lambda v(Q_{jk2})$$

$$(2-14)$$

式（2-14）除以 TP_{jk2} 得到成本率的表达式：

$$\theta h_j Q_{jk2}/2 + \theta h_j s_{jk} + \theta h_j z_{jk}\sqrt{L}\sigma_{jk} + \lambda\mu_{jk} v(Q_{jk2})/Q_{jk2},$$
$$\forall j \in J, \ k \in K \quad (2-15)$$

建为储备库后，灾时应急需求剧增，血库容量受限。此时，不能再用求导的方法计算最优血液采集量。为此，设置两个约束来处理应急血液采集量 Q_{jk2}。

约束（2-16）用来处理最大采集量。假设储备库 j 对 k 型血的最大可采集量用 $Q_{jk2\max}$ 表示，则：

$$Q_{jk2} \leqslant Q_{jk2\max}, \quad \forall j \in J, \ k \in K \quad (2-16)$$

约束（2-17）为候选储备库的服务水平约束。假设 δ 为违背库存容量约束的最大概率，$SD_{jk}(LT_j)$ 为提前期内的随机需求量。采用机会约束规划处理服务水平的满足率：

$$Q_{jk2} + (z_{jk} + z_{1-\delta})\sqrt{LT_j}\sigma_{jk} = Cap_{jk}X_j, \quad \forall j \in J, \ k \in K$$

$$(2-17)$$

在此随机约束中，允许达到 100% 的服务水平。

$$Q_{jk2} + \mu_{jk}LT_j + z_{jk}\sqrt{LT_j}\sigma_{jk} = Cap_{jk}X_j, \quad \forall j \in J, \ k \in K$$

$$(2-18)$$

同时，为了保证安全库存保有量 s_{jk} 也满足储备库已开放的前提，将成本率的表达式（2-15）改写为：

$$\theta h_j Q_{jk2}/2 + \theta h_j s_{jk}X_j + \theta h_j z_{jk}\sqrt{L}\sigma_{jk} + \lambda\mu_{jk}v(Q_{jk2})/Q_{jk2},$$

$$\forall j \in J, \ k \in K \qquad (2-19)$$

因此，在 j 地由于建设战略储备库所引起的新增成本为：

$$F_j = \sum_k \left\{ f_jX_j + \chi\theta h_j Q_{jk2}/2 + \chi\theta h_j s_{jk}X_j + \chi\theta h_j z_{jk}\sqrt{LT}\sigma_{jk} \right.$$

$$+ \chi\lambda\mu_{jk}v(Q_{jk2})/Q_{jk2} - \chi(\sqrt{2\theta h_j \lambda g_j \mu_{jk}}$$

$$\left. + \theta h_j z_{jk}\sqrt{LT}\sigma_{jk} + \lambda\mu_{jk}a_j) \right\}$$

$$= \sum_k \left\{ f_jX_j + \chi\theta h_j Q_{jk2}/2 + \chi\theta h_j s_{jk}X_j + \chi\lambda\mu_{jk}v(Q_{jk2})/Q_{jk2} \right.$$

$$\left. - \chi(\sqrt{2\theta h_j \lambda g_j \mu_{jk}} + \lambda\mu_{jk}a_j) \right\} \qquad (2-20)$$

四、模型构建

至此，可建立 LIP 模型 $MP1$：

$$\min Z = \sum_n \sum_i \sum_j \sum_k t_{ij}x_{ijk}^n \qquad (2-21)$$

$$\text{s.t.} \ \sum_j F_j \leq F_B, \quad \forall j \in J \qquad (2-22)$$

$$\sum_i x_{ijk}^n v_{ik}^n \leq q_{jk}^n, \quad \forall n \in N, \ j \in J, \ k \in K \qquad (2-23)$$

$$q_{jk}^n \leq s_{jk} \leq S_{jk} \leq Cap_{jk}, \quad \forall n \in N, \ j \in J, \ k \in K \qquad (2-24)$$

$$q_{jk}^n = \min\left(q_{jk}^{n-1} - \sum_i x_{ijk}^{n-1} + ts_{n-1,n} Cap_{jk}\beta, \ q_{jk}^1\right),$$
$$\forall j \in J, \ k \in K, \ n \geq 2 \qquad (2-25)$$

$$q_{jk}^1 = s_{jk}, \quad \forall j \in J, \ k \in K \qquad (2-26)$$

$$\sum_j x_{ijk}^n = v_{ik}^n, \quad \forall s \in S, \ i \in I, \ k \in K, \ n \in N \qquad (2-27)$$

$$x_{ijk}^n \leq M\partial_{ij}, \quad \forall k \in K, \ i \in I, \ j \in J, \ n \in N \qquad (2-28)$$

$$x_{ijk}^n \leq MX_j, \quad i \in I, \ j \in J, \ k \in K, \ n \in N \qquad (2-29)$$

$$x_{ijk}^n \geq 0, \quad \forall i \in I, \ j \in J, \ k \in K, \ n \in N \qquad (2-30)$$

$$Q_{jk2} \leq Q_{jk2\max}, \quad \forall j \in J, \ k \in K \qquad (2-31)$$

$$Q_{jk2} + (z_j + z_{1-\delta})\sqrt{LT}\sigma_{jk} = Cap_{jk}X_j, \quad \forall j \in J, \ k \in K \qquad (2-32)$$

$$X_j \in \{0, 1\}, \quad \forall j \in J \qquad (2-33)$$

目标（2-21）表示灾时的加权需求时间最短，用来表示设施网络的系统及时度。式（2-22）为预算约束。约束（2-23）表示任意储备库的任意血液制品在任意阶段的供应量不能超过可用的最大库存量。约束（2-24）表示候选地在任意需求阶段开始时的最大可用库存量不超过安全库存保有量与储备能力上限。式（2-25）为每阶段开始时最大可用库存量的表达式。式（2-26）为灾害情景发生时最大可用库存量表达式。式（2-27）表示应急血液需求不出现短缺。约束（2-28）为应急调配时间限制。约束（2-29）表示血液调配只能在已经设立的储备库进行。式（2-30）为非负约束。式（2-31）为血液采集量上限约束。约束（2-32）表示应急血液储备必须在开放储备库进行，同时必须满足血液保障水平。约束（2-33）为0~1整数变量约束。

　　由于大规模突发事件发生的偶然性和难以预见性，灾后应急血液需求不确定且难以事先预测。因而采用"情景 - 应对模式"取代"预测 - 应对模式"具有更好的操作性。在此，基于情景分析方法描述灾后应急血液需求。令 Ω 为大规模突发事件中涉血灾害的情景集合，$\omega \in \Omega$。$v_{i\omega k}^{n}$ 为受灾地 i 发生 ω 情景涉血灾害时在阶段 n 对 k 型血的需求量。$pr_{i\omega}$ 为受灾地 i 未来某段时期内发生 ω 情景涉血灾害的概率，且 $\sum_{\omega} pr_{i\omega} = 1$。显然，选址决策（$X_j$）与情景独立（因为储备库必须事先确定）；分配决策与情景相关。因而，分配量 x_{ijk}^{n} 带有下标 ω，即 $x_{ij\omega k}^{n}$ 表示 ω 情景发生时第 n 阶段受灾地 i 对 k 型血的需求由储备库 j 供应的数量。相应的令 $q_{jk\omega}^{n}$ 表示 ω 情景下储备库 j 在 n 阶段初可用于 k 型血救灾需求的最大库存量。

　　确定情景下的随机优化可产生目标值最优的解，但是在特定的情景中可能表现很差[26]。为了规避这种情况，建立国家血液战略储备库 LIP 的随机 p - 鲁棒优化模型。

　　p - 鲁棒定义[76]：令 $p \geqslant 0$ 为常数，x 为情景 $\omega \in \Omega$ 下的可行解，$Z_{\omega}(x)$ 为解 x 所对应的目标函数值，Z_{ω}^{*} 为情景 ω 下的最优目标函数值。若 $[Z_{\omega}(x) - Z_{\omega}^{*}]/Z_{\omega}^{*} \leqslant p$ 或 $Z_{\omega}(x) \leqslant (1+p)Z_{\omega}^{*}$ 成立，则称 x 为 p - 鲁棒。

　　由模型 MP1 可知，确定情景 ω 下，国家血液战略储备库选址 - 库存问题的模型 MP2 为：

$$\min Z_{\omega}(x) = \sum_{n} \sum_{i} \sum_{j} \sum_{k} t_{ij} x_{ij\omega k}^{n} \qquad (2-34)$$

$$s.t. \quad \sum_{i} x_{ij\omega k}^{n} v_{i\omega k}^{n} \leqslant q_{jk\omega}^{n}, \quad \forall \omega \in \Omega, \ n \in N, \ j \in J, \ k \in K$$

$$(2-35)$$

$$q_{jk\omega}^n \leqslant s_{jk} \leqslant S_{jk} \leqslant Cap_{jk}, \quad \forall n \in N, \ j \in J, \ k \in K, \ \omega \in \Omega$$

$$(2-36)$$

$$q_{jk\omega}^n = \min\left(q_{jk\omega}^{n-1} - \sum_i x_{ij\omega k}^{n-1} + ts_{n-1,n}Cap_{jk}\beta, \ q_{jk\omega}^1\right)$$

$$\forall j \in J, \ k \in K, \ \omega \in \Omega, \ n \geqslant 2 \qquad (2-37)$$

$$q_{jk\omega}^1 = s_{jk}, \quad \forall j \in J, \ k \in K, \ \omega \in \Omega \qquad (2-38)$$

$$\sum_j x_{ij\omega k}^n = v_{i\omega k}^n, \quad \forall s \in S, \ i \in I, \ \omega \in \Omega, \ k \in K, \ n \in N$$

$$(2-39)$$

$$x_{ij\omega k}^n \leqslant M\partial_{ij}, \quad \forall \omega \in \Omega, \ k \in K, \ i \in I, \ j \in J, \ n \in N \qquad (2-40)$$

$$x_{ij\omega k}^n \leqslant MX_j, \quad i \in I, \ j \in J, \ \omega \in \Omega, \ k \in K, \ n \in N \qquad (2-41)$$

$$x_{ij\omega k}^n \geqslant 0, \quad \forall i \in I, \ j \in J, \ \omega \in \Omega, \ k \in K, \ n \in N \qquad (2-42)$$

约束（2-22）、约束（2-31）~约束（2-33）与模型 $MP1$ 相同。p-鲁棒下的国家血液战略储备库选址-库存模型力求得到所有情景下系统目标值偏离最优目标值不多的满意解，使得任意情景下的系统目标值都 $\leqslant (1+p)Z_\omega^*$。由 p-鲁棒定义可得国家血液战略储备库选址-库存问题的随机 p-鲁棒优化模型 $MP3$ 为：

$$\min Z' = \sum_\omega \sum_n \sum_i \sum_j \sum_k pr_{i\omega}t_{ij}x_{ij\omega k}^n \qquad (2-43)$$

$$s.t. \ Z_\omega(x) \leqslant (1+p)Z_\omega^*, \quad \forall \omega \in \Omega \qquad (2-44)$$

$$\sum_\omega pr_{i\omega} = 1, \quad \forall i \in I \qquad (2-45)$$

式（2-44）为 p-鲁棒优化的约束条件。式（2-45）表示任意需求点所有需求情景的概率之和为1。约束（2-22）、约束（2-31）~ 约束（2-33）与模型 $MP1$、$MP2$ 相同，约束（2-35）~ 约束（2-42）与模型 $MP2$ 相同。

$MP3$ 为非线性混合整数规划模型，其求解十分困难，通过以下两个性质，可以得到 Q_{jk2}^* 与 $x_{ij\omega k}^n$ 这两个变量的快速求解方法：

性质 1：若 $s_{jk} + z_{jk}\sqrt{L}\sigma_{jk} + \sqrt{\dfrac{2\lambda g_j \mu_{jk}}{\theta h_j}} \leqslant Cap_{jk}$，则 $Q_{jk2}^* = \sqrt{\dfrac{2\lambda g_j \mu_{jk}}{\theta h_j}}$；

否则，$Q_{jk2}^* = \min\left[Q_{jk2max}, \ Cap_{jk}X_j - (z_{jk} + z_{1-\delta})\sqrt{LT}\sigma_{jk} \right]$。

证明：在设施容量无限制的条件下，对式（2-20）求偏导，令 $\dfrac{\partial z_2}{\partial Q_{jk2}} = 0$，可得 $Q_{jk2}^* = \sqrt{\dfrac{2\lambda g_j \mu_{jk}}{\theta h_j}}$。若 $s_{jk} + z_{jk}\sqrt{L}\sigma_{jk} + \sqrt{\dfrac{2\lambda g_j \mu_{jk}}{\theta h_j}} \leqslant Cap_{jk}$ 成立，表示储备库 j 的容量可以满足要求，此时，问题等同于无容量限制的库存问题，最优的应急血液采集量在唯一的非负极值点产生，即 $Q_{jk2}^* = \sqrt{\dfrac{2\lambda g_j \mu_{jk}}{\theta h_j}}$。

反之，若 $s_{jk} + z_{jk}\sqrt{L}\sigma_{jk} + \sqrt{\dfrac{2\lambda g_j \mu_{jk}}{\theta h_j}} > Cap_{jk}$，表示储备库容量不足。由约束（2-33）、式（2-34）可得 Q_{jk2} 的定义域为连续线性空间 $\left\{0, \ \min\left[Q_{jk2max}, \ Cap_{jk}X_j - (z_{jk} + z_{1-\delta})\sqrt{LT}\sigma_{jk} \right]\right\}$。此时，最小值在定义域边界产生，因而最优的应急血液采集批量可以表示为 $Q_{jk2}^* = \min\left[Q_{jk2max}, \ Cap_{jk}X_j - (z_{jk} + z_{1-\delta})\sqrt{LT}\sigma_{jk} \right]$。

故性质 1 得证。

性质 2：令 $I^i = \{j \mid \partial_{ij} = 1, \ \forall j\}$ 表示在时限约束内可对需求点 i 提供服务的储备库集合。按应急血液调配时间 t_{ij}，$j \in I^i$ 升序

排列 I^i 内的所有储备库，得到 $\{j_1, j_2, \cdots, j_r | j \in I^i\}$。若储备库已选定，则最优的分配方案为按照 $j_1, j_2, \cdots, j_r$ 的顺序依次对需求点 i 提供血液保障。

证明： 由于任意情景均不会有两个以上省份同时发生大规模涉血灾害，所以若开放储备库给定，则系统总成本也固定。此时，将需求点 i 指派给最近的持有救灾库存的储备库能提高供应速度。故性质 2 得证。

第三节　求 解 算 法

MP3 也为 $NP-hard$ 问题，难以精确求解。为此，设计一种 $0 \sim 1$ 编码的遗传算法对模型进行求解。遗传算法具有并行计算能力强，收敛速度快，不易陷入局部最优等特点，对于解决复杂组合优化问题具有突出优势。同时，为了验证所提遗传算法的性能，另外设计了一种免疫优化算法，并在后文对这两种经典进化算法进行比较分析。

所设计的遗传算法流程描述如下：

（1）编码/解码。

需要求解的变量有：选址变量 X_j，分配变量 $x_{ij\omega k}^n$，建立储备库前的采血批量 Q_{jk1}，以及建立储备库后的采血批量 Q_{jk2}。其中，Q_{jk1} 与 Q_{jk2} 为中间变量，Q_{jk1}^* 根据式（2-8）计算，Q_{jk2}^* 通过性质 1 来确定。本章需求点和候选设施点数量均为 31。候选设施点为我国 31 个省、自治区、直辖市所在地的血液中心或中心血站，需求点为血液中心或中心血站的所在地。采用 $0 \sim 1$ 编码描述设施开放情况：基因长度为31，每个基因在 $0 \sim 1$ 之间随机产生。0 表示不设立储备库，1 表示将相应的血液中心改扩建为储备库。

根据性质 2 来确定最优分配方案，并对分配变量进行解码。$x_{ij\omega k}^{n}$ 的解码过程如下：对于需求点 i，找出 I^{i} 内的开放设施 $\{j_a, j_b, \cdots, j_n \mid j \in I^{i}, X_j = 1\}$。按照开放设施的排列顺序依次分配。则有：

$$x_{ij_a\omega k}^{n} = \min(v_{i\omega k}^{n}, q_{j_a k\omega}^{n})$$

$$\forall i \in I, \ j \in \{j_a, j_b, \cdots, j_n \mid j \in I^{i}, X_j = 1\}$$

$$\forall \omega \in \Omega, \ k \in K, \ n \in N \qquad (2-46)$$

若 $x_{ij_a\omega k}^{n} = v_{i\omega k}^{n}$，则需求点 i 的分配变量 $x_{ij\omega k}^{n}$ 求解完毕。

否则：

$$x_{ij_b\omega k}^{n} = \min(v_{i\omega k}^{n} - x_{ij_a\omega k}^{n}, \ q_{j_b k\omega}^{n})$$

$$\forall i \in I, \ j \in \{j_a, j_b, \cdots, j_n \mid j \in I^{i}, X_j = 1\}$$

$$\omega \in \Omega, \ k \in K, \ n \in N \qquad (2-47)$$

依次计算，直至 $\sum_{j} x_{ij\omega k}^{n} = v_{i\omega k}^{n}$，$\forall i \in I, \ j \in \{j_a, j_b, \cdots, j_n \mid j \in I^{i}, X_j = 1\}$，$\omega \in \Omega, \ k \in K, \ n \in N$ 或者 j_n 中的应急血液储备分配完毕。

（2）初始化种群。

随机均匀产生种群规模为 $popsize$ 的染色体。对于每一情景 ω，赋初值 $Z_{\omega}^{*} = +\infty$。

（3）适应度评价。

将求最小化的目标函数转化为求最大化的适应度函数。若染

色体 r 对应的目标值为 Z_r，其适应度 $f_r = \dfrac{\xi}{Z_r}$。其中，$\xi > 0$ 为一个较大的常数。

由于种群中可能存在非可行解，需对不满足约束的染色体进行惩罚。

设 $lost$ 为某条非可行解染色体 r 的应急血液需求短缺量，则：

$$lost = \sum_{i \in I} \sum_{\omega \in \Omega} \sum_{k \in K} \sum_{n \in N} v^n_{i\omega k} - \sum_{i \in I} \sum_{j \in J} \sum_{\omega \in \Omega} \sum_{k \in K} \sum_{n \in N} x^n_{ij\omega k} \quad (2-48)$$

然后对需求短缺、预算超支、p-鲁棒性三个约束进行惩罚，目标值 Z_r 可以表示为：

$$Z_r = Z_r + \kappa \times lost + \pi \times \max\left[\left(Z_r - F_B\right), 0\right]$$

$$+ \gamma \times \max\left[Z_\omega(x) - (1+p)Z^*_\omega, 0\right] \quad (2-49)$$

式（2-49）中，第 2 项表示对血液短缺量进行惩罚，第 3 项表示对预算超支的惩罚，第 4 项表示对 p-鲁棒约束未满足的惩罚。κ，π，γ 分别为染色体需求未满足、预算超支、p-鲁棒约束未满足的惩罚因子，应为较大的正数。

对于每一情景 $\omega \in \Omega$：若 $Z_\omega\left[x(p)\right] \geqslant Z^*_\omega$，则 Z^*_ω 保持不变；若 $Z_\omega\left[x(p)\right] \leqslant Z^*_\omega$，$Z_\omega\left[x(p)\right] = Z^*_\omega$。

（4）选择、交叉和变异。

采用轮盘赌选择，并采用精英保留策略将每代的最优个体保留进入下一代种群，以加快收敛。采用单点交叉和互换变异操作。

（5）终止条件。

达到最大迭代代数时，停止计算并输出结果。

第四节 算例分析

以我国31个省级（不含港澳台地区）血液中心作为储备库的候选建设点，31个省级行政区为需求点。省级血液中心的日常需求分布见文献［57，58］。在破坏性地震、大规模恐怖袭击等典型涉血灾害下，灾后应急血液需求具有明显的阶段性，可分为紧急救援期和救援中后期两个阶段。灾害发生后的72小时为紧急救援期，即两个阶段的间隔时间为3天。临床输血抢救大多发生在紧急救援阶段，后期需求趋缓，因而假设中后期血液需求量为紧急救援阶段的70%[57]。考虑3种情景，情景1为最坏情景，情景2为较严重，情景3为程度最轻。根据中国人口危险性等级分布图及对照表得到31个省级行政区（需求点）的相对灾害发生概率[77,78]。假设"5·12"地震为四川省的最坏情景。"5·12"期间成都血液中心关键救援期内紧急调运的3类血液制品红细胞、全血、血浆分别为4235.5U、504U、1780.75U。以此数据为基准设置情景1的总需求量。假设情景2和情景3的需求量分别为情景1的50%和20%（灾害越严重，临床血液需求量越大）。一般情况下，某个需求点伤员的血型比例分布大致与当地总人口的血型比例相同，因而4种血型血液制品的需求量也按照当地总人口的血型比例来分配产生。各省份总人口血型比例分布、省级血液中心编号与经纬度分布见文献［58］。候选地的储备能力上限系数见文献［57］。库存补充系数为0.3/天[48]。需求点的应急血液接收耗时、各候选地转运准备耗时均为 3 小时，应急调配时限为 8 小时。运输速度为 800 千米/时，运输时间通过运输距离除以运输速度计算。运输距离根据 31 个城市血液中心的经纬度进行计算[49,68]。单位运输成本为 10 元/吨千米，库存持有成本为 10 元/单位。任意血液制品的库存服务水平 z_{jk} 为 1.96。鲁棒概率参数 $p=0.03$。

遗传算法参数设置如下：最大迭代次数 $maxgen=500$，种群规模 $popsize=100$，交叉概率 $p_c=0.9$，变异概率 $p_m=0.1$。3 个惩罚因子 $\kappa=\pi=\gamma=100000$。基于 Matlab ® 2010a 平台，在 Intel Pentium（R）G3260T 2.90 千兆赫 CPU、64 位操作系统、4 千兆 RAM 的 PC 机上运行程序。根据不同预算值 F_B，设计 6 个算例，计算结果见表 2-1（取 5 次运算的最优值作为最终结果）。图 2-1 为算例 5 的算法收敛曲线。表 2-2 为开放储备库的采血批量（算例 5）。计算结果表明：（1）系统及时度与预算投入正相关，但及时度的改善速度随着预算的增加而下降：在预算投入较少时，少量增加成本可以大幅度提升系统及时度；当预算增加到一定程度时，再增加投入引起的系统及时度目标改善非常有限（例如，算例 5 与算例 6 相比，成本增加 14.29%，系统及时度目标改善 1.53%；算例 1 与算例 2 相比，成本增加 66.67%，系统及时度目标仅改善 1.73%）。（2）少数情景下的鲁棒模型对应的目标值小于确定性模型的最优值，但两者的相对偏差较小（最大偏差 ≤1.08%）。因而可得出结论：虽然 p-鲁棒解不能在所有情景下实现最优目标值，但适用于所有情景，与确定性模型最优值的差距很小。因而 p-鲁棒优化可降低不确定性风险。（3）血液战略储备库布局呈现出西部较稀疏、中东部较稠密的特征。在库存决策上,西部地区建立的储备库采血批量较小,中部、东部地区储备库采血批量较大。主要原因可能在于西部地区地广人稀,血液供需规模较小,导致西部地区设施点数量、指派规模、采血批量等低于中部、东部地区。

表 2 – 1　　　　　　　　　6 个算例的计算结果

序号	F_B	Z_ω^* (ω =1, 2, 3)	Z_ω (ω =1, 2, 3)	差距	Z'	X_j
1	5000000	933063. 00 466531. 50 186612. 60	933063. 00 466531. 50 186612. 60	0 0 0	430351. 52	4, 5, 6, 8, 11, 12, 13, 14, 16, 17, 18, 20, 22, 23, 24, 26, 27, 31
2	3000000	950770. 32 474055. 25 189616. 01	951172. 94 474132. 16 189652. 87	0. 04% 0. 02% 0. 02%	437956. 33	2, 6, 9, 11, 12, 14, 22, 23, 24, 26, 27, 29, 30, 31
3	2000000	967985. 49 480617. 97 192239. 80	967985. 49 480640. 33 192248. 75	0 0. 005% 0. 005%	444731. 08	2, 8, 11, 17, 22, 26, 27, 29
4	1800000	979835. 48 484178. 41 193210. 99	982098. 51 484178. 41 193663. 98	0. 23% 0 0. 23%	449430. 86	6, 8, 11, 16, 22, 26, 27, 30
5	1600000	981322. 33 485760. 36 193550. 63	981322. 33 489163. 75 195665. 50	0 0. 70% 1. 08%	451839. 80	5, 8, 12, 18, 23, 26, 28, 29
6	1400000	1003086. 42 490873. 30 195917. 89	1003086. 42 494219. 53 197624. 86	0 0. 68% 0. 86%	458852. 02	2, 11, 20, 23, 26, 30, 31

注:差距 = $(Z_\omega - Z_\omega^*)/Z_\omega \times 100\%$ 。

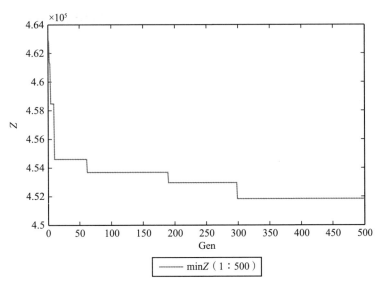

图 2 - 1　遗传算法收敛曲线（算例 5）

表 2 - 2　　　　　已选储备库各型血的采血批量（算例 5）

已选储备库		Q_{jk2}^*（U）			
序号	位置	A	B	O	AB
5	石家庄	18.2385	21.5727	19.7853	11.6299
8	长春	16.4490	17.8381	17.7904	9.7652
12	合肥	15.5589	13.5301	15.9830	7.9156
18	长沙	17.9872	14.0261	18.0636	8.4274
23	昆明	16.4073	14.9670	16.2919	8.9291
26	西宁	8.0303	10.2605	9.5980	5.0986
28	呼和浩特	9.6376	11.1459	11.0972	5.7763
29	拉萨	3.8282	4.9921	5.2630	2.2478

　　为了测试遗传算法的性能，与免疫优化算法进行比较。在此，设计两组算例。第 1 组算例基于我国 31 个省级血液中心与

省级行政区的数据，根据不同预算值 F_B，设计 6 个算例。第 2 组算例为 6 个不同规模的模拟算例。最大规模为 60×60 节点算例，节点生成规则为：在当前 31 个节点的基础上再生成 29 个随机节点，纬度在 [20，45.77] 之间随机均匀产生，经度在 [87.57，126.68] 之间随机均匀产生（其中，20、45.77 分别是 31 个省级血液中心纬度的最小值与最大值；87.57、126.68 分别是 31 个省级血液中心经度的最小值与最大值）。其他参数在 31 个节点算例参数的最小值与最大值之间随机均匀产生。其他规模算例的节点则在 60 个节点中随机抽取。6 个不同规模算例的预算参数 F_B 分别设为：1000000、2000000、3000000、4000000、4500000、5000000；库存补充系数设为 0.1/天。其他参数设置同上文。由表 2 - 3 与表 2 - 4 的 12 个算例可知，在计算精度上，遗传算法在 7 个算例上的表现较好，免疫优化算法在 3 个算例上的表现更优，另外 2 个算例结果相同。而在计算效率上，遗传算法明显优于免疫优化算法。因此本章提出的遗传算法具有较好的性能。

此外，表 2 - 3、表 2 - 4 的结果同样说明了 p - 鲁棒优化可降低不确定性风险（平均偏差 ≤ 1.12%）。

为了进一步分析遗传算法效率，给出算法的计算复杂度函数。设 $|I|$、$|L|$、$|K|$、$|J_o|$ 分别表示需求点数量、情景数量、血型数量、开放储备库数量。则　次迭代中：初始化的算法复杂度为 $O(popsize)$；适应度评价的算法复杂度为 $O(popsize \times |I| \times |L| \times |K| \times (2 + |J_o|))$；选择、交叉和变异的复杂度为 $O\left(6 \times \dfrac{1}{2} \times popsize\right)$；其他操作为单步，可不计。因此，一代计算过程的算法复杂度 Com 为：

表 2 - 3　遗传算法与免疫优化算法性能对比（31 个节点算例）

F_B	算法	Z_ω^*			Z_ω			平均差距	Z'	时间（最小）
		情景 1	情景 2	情景 3	情景 1	情景 2	情景 3			
5000000	GA*	933063.00	466531.50	186612.60	933063.00	466531.50	186612.60	0	430351.52	112.80
	IOA	933744.37	466807.61	186723.05	933744.37	466872.20	186748.89	0.01%	430665.83	129.72
3000000	GA*	950770.32	474055.25	189616.01	951172.94	474132.16	189652.87	0.02%	437956.33	109.70
	IOA	955825.65	475360.80	190050.49	955825.65	475831.74	190332.70	0.10%	439779.95	125.94
2000000	GA	967985.49	480617.97	192239.80	967985.49	480640.33	192248.75	0.004%	444731.08	108.98
	IOA	967985.49	480617.97	192239.80	967985.49	480640.33	192248.75	0.004%	444731.08	126.42
1800000	GA	979835.48	484178.41	193210.99	982098.51	484178.41	193663.98	0.16%	449430.86	109.65
	IOA*	968896.00	481020.51	192400.81	968896.00	481020.51	192400.81	0	445112.38	125.76
1600000	GA*	981322.33	485760.36	193550.63	981322.33	489163.75	195665.50	0.73%	451839.80	114.53
	IOA	987643.22	487651.30	194534.76	987643.22	488784.89	195503.82	0.31%	452930.17	128.65
1400000	GA*	1003086.42	490873.30	195917.90	1003086.42	494219.53	197624.86	0.63%	458852.02	113.18
	IOA	1023499.35	493311.06	196812.80	1023499.35	500450.06	199607.77	1.12%	465983.14	131.25

注：1. 平均差距 = $\sum_i \sum_\omega pr_{i\omega}(Z_\omega - Z_\omega^*) \times 100\% / Z_\omega$，表示平均偏差。

2. 标 * 表示该算例下算法性能更优。

表 2 - 4　遗传算法与免疫优化算法性能对比（规模分析）

节点	算法	Z_ω^*			Z_ω			平均差距	Z'	时间（最小）
		情景 1	情景 2	情景 3	情景 1	情景 2	情景 3			
10×10	GA	350336.35	350336.35	350336.35	350336.35	174612.81	69845.12	0.08%	161298.08	14.75
	IOA	350336.35	350336.35	350336.35	350336.35	174612.81	69845.12	0.08%	161298.08	16.64
20×20	GA*	660983.14	328780.38	131512.15	660983.14	328780.38	131512.15	0	303981.57	49.01
	IOA	661062.81	329485.97	131794.39	661062.81	330004.72	132001.89	0.13%	304627.50	58.16
30×30	GA	953149.49	474642.44	189817.85	953149.49	474859.39	189943.76	0.05%	438733.73	107.31
	IOA*	938684.28	467585.06	186969.49	938684.28	468924.19	187540.29	0.24%	432715.46	121.61
40×40	GA*	1383006.48	677437.12	270388.10	1384974.37	680402.08	271660.64	0.39%	632334.12	175.71
	IOA	1406477.69	679310.99	271224.22	1406477.69	682509.67	273002.20	0.46%	638040.45	208.13
50×50	GA*	1693163.38	829483.46	331623.14	1707444.21	829483.46	331793.39	0.19%	775049.50	281.25
	IOA	1731744.06	828433.93	331072.69	1731744.06	840950.17	334131.18	0.92%	784850.21	316.62
60×60	GA	1844042.75	898964.31	359499.17	1872614.79	898964.31	359499.17	0.31%	844450.16	383.50
	IOA*	1832205.96	898721.35	359488.57	1832205.96	902399.88	360953.02	0.32%	838007.78	440.33

注：1. 平均差距 $= \sum_t \sum_\omega pr_{t\omega}(Z_\omega - Z_\omega^*) \times 100\% / Z_\omega$，表示平均偏差。

2. 标 * 表示该算例下算法性能更优。

$$Com = \left[O(popsize) + O\left(6 \times \frac{1}{2} \times popsize\right) \right]$$

$$+ O\left[popsize \times |I| \times |L| \times |K| \times (2 + |J_o|) \right]$$

$$\approx O(popsize \times |I| \times |L| \times |K| \times |J_o|) \qquad (2-50)$$

因为 $|J_o|$ 的理论最大值为 $|I|$，则复杂度可进一步简化为：

$$Com = O(popsize \times |I|^2 \times |L| \times |K|) \qquad (2-51)$$

可知，算法复杂度与节点量的平方 $|I|^2$、情景量 $|L|$、血型数量 $|K|$ 呈正相关关系。因为 $|L|$ 与 $|K|$ 相对 $|I|^2$ 较小，所以复杂度受节点量 $|I|$ 影响大。因此，在迭代代数、种群规模固定时，计算时间主要取决于节点数量 $|I|$。

最后对鲁棒概率参数 p 进行敏感性分析（见表 2-5）。为了便于分析结论，取 10×10 节点算例进行试验（小规模算例更易得到全局最优解）。结果表明：预算参数 F_B 足够大时，参数 p 的取值对解的影响小。反之，F_B 较小时，p 的取值对解的影响较大。原因在于 F_B 越小，模型限制越强，可行解空间越小，对鲁棒概率参数 p 的限制也越强。

表 2-5   鲁棒概率参数 p 的敏感性分析

F_B	p	Z_ω^* ($\omega = 1, 2, 3$)	Z_ω ($\omega = 1, 2, 3$)	差距	Z'	X_j
$F_B = 1000000$	$p = 0.02$	350336.35	350336.35	0	161298.09	3, 4, 5, 9
	$p = 0.01$	174430.37	174612.81	0.10%		
	$p = 0.005$	69772.15	69845.12	0.10%		
	$p = 0.002$					

续表

F_B	p	Z_ω^* ($\omega = 1, 2, 3$)	Z_ω ($\omega = 1, 2, 3$)	差距	Z'	X_j
$F_B = 750000$	$p = 0.02$	383953.01	383953.01	0	169550.61	4, 5, 7
	$p = 0.01$	177335.29	177875.29	0.30%		
	$p = 0.005$	70916.75	71176.75	0.37%		
	$p = 0.002$	—	—	—		
$F_B = 500000$	$p = 0.03$	—	—	—		

注:"—"表示无可行解。

本 章 小 结

　　国家血液战略储备库的建设问题亟待解决。以应急血液保障及时度最高为目标,考虑多情景不确定需求、多血型、多阶段、设施容量限制及协同定位等灾时应急特性,同时考虑日常运营成本与预算约束,建立了一个国家血液战略储备库 LIP 的随机 p – 鲁棒优化模型。采用非线性混合整数规划方法描述该模型,并基于模型性质,设计了一种遗传算法对问题进行求解。通过多组算例验证并与免疫优化算法进行对比,证明了所提模型和算法的有效性。本章给出了若干组不同预算值下的选址　库存决策方案。实践中,决策者可根据预算需求及偏好,选择合适的选址 – 库存决策方案。

　　研究结论及启发是:第一,系统及时度与预算投入正相关,但及时度的改善速度随着预算的增加而大幅下降。因而需要根据实际情况，权衡预算投入与系统及时度目标。在投入较小时，可以少量增加预算，以大幅度提高应急血液保障的效率；反之，若预算过大，可以考虑适当缩减投资，在应急血液保障效率损害很小的前提下大量降低成本。第二，虽然 p - 鲁棒解不能在所有情景下取得最优值，但与确定性情景模型最优值相差不大。由于国家血液储备网络设计问题属于战略性决策问题，因而必须考虑网络构建的鲁棒性，以降低不确定性风险。

本章以国家血液战略储备库为研究对象，实际工作中，可对模型稍作改进，应用于同样存在多情景多阶段不确定应急需求与日常随机需求、多产品、有容量限制及协同定位、改扩建与预算约束等特性的易腐品（药品、粮食等）应急物资储备库 LIP 中。进一步研究可以考虑血液的新鲜度因素，扩展本章提出的 LIP；也可考虑设施中断风险等因素，对选址 - 库存模型进行可靠性优化。

第三章

不确定环境下采血点定位－资源配置集成决策的鲁棒优化问题

第一节 引 言

近年来，我国部分地区的血液紧缺困境日益严重[6]。血液是患者生存的"燃料"。血液制品的保障不力，严重危及人们的生命健康安全。因此，采用各种手段提高血液采集量，对缓解血液短缺、提高血液保障水平具有重大价值。其中，优化采血点定位与资源配置决策，完善采血设施布局体系，是提高血液采集量的一个重要手段。

长期以来，研究者们对设施定位问题（facility location problem，FLP）进行了系统研究[79,81]。区别于一般 FLP，有关采血点或血站等采血 FLP 的研究，更加注重服务网络的及时性以及采血效益的最大化。沙和黄（Sha & Huang）[63] 提出一个应急血液多

周期定位 - 分配模型，并设计了相应的拉格朗日（Lagrange）松弛启发式算法。冈皮纳尔等（Gunpinar et al.）[82]基于随机规划研究了需求不确定下的血液采集优化模型。费雷杜尼等（Fereiduni et al.）[83]研究了灾期与灾后血液供应不确定下的血站FLP决策的鲁棒优化问题。陈等（Chen et al.）[84]采用贝叶斯（Bayes）网络处理不确定性因素，基于两阶段随机规划模型研究了血站设施的定位与库存决策问题。侯赛尼 - 莫特拉格等（Hosseini - Motlagh et al.）[85]以总成本最小和替代水平最小为目标，基于两阶段随机规划研究了血液供应链网络优化中的FLP。周愉峰[64]等考虑储备库失灵风险，研究了灾后重建血站的可靠性 p - 中位选址模型与拉格朗日松弛算法。黄剑[86]研究了单采血浆站的定位优化模型。周愉峰等[87,88]考虑血液的易腐性以及库存轮换运作，研究了国家血液战略储备库的定位问题。

采血点的定位决策过程有时还需匹配相应的资源，如人员、采血设备等。此时，将采血点定位与资源配置问题集成起来加以解决，将促进决策的科学化。萨欣等（Sahin et al.）[89]针对血液产品流动路径，提出双层定位 - 资源分配数学模型，模型上层包括区域性血液中心，模型下层包括血液中心、血站以及用血单位等。纳格尼等（Nagurney et al.）[90]基于双目标线性规划研究了采血设施和实验室的定位、最优资源配置等问题。希拉齐等（Shirazi et al.）[91]基于新冠疫情背景下的系统动力学预测需求，建立了血浆供应链系统中的定位 - 分配模型。哈利里 - 达姆加尼等（Khalili - Damghani et al.）[92]针对级联灾害中的选址 - 指派 - 分配（location-allocation-distribution）问题，提出了一个以灾前成本最小化、灾后救援覆盖面积最大化为目标的两级两阶段双目标优化模型；并分别设计了 epsilon 约束算法求解中小规模问题，杂草入侵优化算法求解大规模问题。

以往有关采血点定位与资源配置优化的研究已较丰富，但仍存在一些问题亟待解决，主要体现为：第一，我国及大多数国家现有的采血设施，主要分为两类——固定采血屋和流动献血车。其中，固定采血屋是长期性设施，一旦定位，短期内难以改变。献血车是流动设施，其定位决策在每个周期是可变的。因此，宜将问题定义为两类异质采血点的定位－资源配置集成动态优化问题。第二，我国若干血液中心的采血实践表明，采血点的志愿者数量及血液供应量等数值无法直接获取。通过目标区域人流量、人员可达性、采血服务水平、献血活跃度、血液采集间隔期等指标对采血车及采血屋候选点进行综合评估，再确定覆盖权重，将使得采血点定位优化决策更为合理且更具操作性。在作者的知识范围内，基于覆盖权重动态化构建两类异质采血点定位－资源配置集成决策模型的研究还未见报道。此外，实际采血过程中，受各种突发事件干扰，可用献血车、人员以及采血设备等参数是不确定的。并且，这些参数的统计分布信息难以准确获取。此时，鲁棒优化更具实用价值[93]。鉴于此，本章基于候选采血候选点多因素综合评估，以覆盖权重最大为目标，考虑环境不确定性，构建两类采血设施的定位－资源配置集成决策鲁棒优化模型。针对模型特点，设计一种改进的灰狼优化算法（grey wolf optimization，GWO）对问题进行求解。

第二节　不确定环境下采血点定位－资源配置集成决策鲁棒优化模型

一、问题描述和参数说明

采血点血液采集量的主要影响因素包括：目标区域人流量、人员可达性、采血服务水平、献血活跃度以及血液采集间隔期等。基于灰色聚类评估、层次分析法（AHP）等方法可以获得候选采血点的综合评估值。候选采血点的综合评估值会随着采血设施的定位和离去而变化。本章基于综合评估值，建立广义最大覆盖模型，对采血点定位以及资源配置的集成决策问题进行最优化建模。模型中考虑两类采血点：固定采血屋和流动献血车。固定采血屋是长期设施，一旦定位，短期内将不能变更。献血车是流动设施，每个周期采血的位置可动态变化。同时，固定采血屋与移动献血车的候选点集合相互独立。受各种现实因素的约束，每周期可用的献血车数量、可供分配的人员和设备数量都是不确定的，但固定采血屋与移动献血车对人员与设备都存在最大可容纳数量限制，且同一采血点配备的设备数与工作人员数之间存在一定的数量关系，本章假设对采血点进行资源分配时，遵循"两人一设备"原则。通过合理布局固定采血屋与流动献血车，同时配置人员和设备等资源，实现决策周期内的总覆盖权重最大，进而实现采血量的最大化。

综上所述，本章研究要解决的问题为：在不确定环境下，固定采血屋应如何布局？流动献血车的采血点如何动态定位？采血人员及设备等资源如何配置？模型相关参数定义如下：

I：献血车候选点集合，$i \in \{1, 2, \cdots, I\}$。

J：固定采血屋候选点集合，$j \in \{1, 2, \cdots, J\}$。

T：周期，$t = 1, 2, 3, 4$。

γ_i：献血车 i 的覆盖度恢复系数。

γ_j：采血屋 j 的覆盖度恢复系数。

ϕ_{it}：献血车 i 在 t 周期的覆盖度。

ϕ_{jt}：采血屋 j 在 t 周期的覆盖度。

ω_{it}：献血车 i 在 t 周期的综合评估系数。

ω_{jt}：采血屋 j 在 t 周期的综合评估系数。

p_t：每周期可用的献血车数量。

q：建立的固定采血屋数量。

u_t^r：在 t 周期时可分配人员数的总量。

u_t^f：在 t 周期时可分配设备数的总量。

G_i^f：献血车 i 的最大可容纳设备数。

G_i^r：献血车 i 的最大可容纳人员数。

L_j^f：采血屋 j 的最大可容纳设备数。

L_j^r：采血屋 j 的最大可容纳人员数。

M：一个大的正数。

模型决策变量包括：

g_{it}^r：献血车 i 在 t 时期分配到的人员数量。

g_{it}^f：献血车 i 在 t 时期分配到的设备数量。

l_{jt}^r：采血屋 j 在 t 时期分配到的人员数量。

l_{jt}^f：采血屋 j 在 t 时期分配到的设备数量。

x_{it}：t 时刻在候选点 i 设立流动献血车为 1，否则为 0。

y_j：在候选点 j 建立固定采血屋为 1，否则为 0。

二、采血点定位 – 资源配置集成决策基本模型

相关参数已知时，两类采血点的定位 – 资源配置集成决策模型 M1 为：

$$\max F = \sum_{i \in I} \sum_{t \in T} \omega_{it} \phi_{it} x_{it} + \sum_{j \in J} \sum_{t \in T} \omega_{jt} \phi_{jt} y_j \qquad (3-1)$$

$$s.t. \sum_{i \in I} x_{it} \leqslant p_t , \quad \forall t \in T \qquad (3-2)$$

$$\sum_{j \in J} y_j = q \qquad (3-3)$$

$$g_{it}^r = 2g_{it}^f , \quad \forall i \in I, \ \forall t \in T \qquad (3-4)$$

$$l_{jt}^r = 2l_{jt}^f , \quad \forall j \in J, \ \forall t \in T \qquad (3-5)$$

$$\phi_{it} = \phi_{i(t-1)} + \gamma_i \left(1 - 2x_{i(t-1)}\right) \cdot \phi_{i0}, \quad \forall i \in I, \ \forall t \in T$$

$$\qquad (3-6)$$

$$\phi_{jt} = \phi_{j(t-1)} + \gamma_j (1 - 2y_j) \cdot \phi_{j0}, \quad \forall j \in J, \ \forall t \in T \qquad (3-7)$$

$$l_{jt}^r \leqslant y_j \cdot M, \quad \forall j \in J, \ \forall t \in T \qquad (3-8)$$

$$l_{jt}^f \leqslant y_j \cdot M, \quad \forall j \in J, \ \forall t \in T \qquad (3-9)$$

$$g_{it}^f \leqslant x_{it} \cdot M, \quad \forall i \in I, \ \forall t \in T \qquad (3-10)$$

$$g_{it}^r \leqslant x_{it} \cdot M, \quad \forall i \in I, \ \forall t \in T \qquad (3-11)$$

$$g_{it}^f \leqslant G_i^f, \quad \forall i \in I, \ t \in T \qquad (3-12)$$

$$g_{it}^r \leqslant G_i^r, \quad \forall i \in I, \ t \in T \tag{3-13}$$

$$l_{jt}^f \leqslant L_j^f, \quad \forall j \in J, \ t \in T \tag{3-14}$$

$$l_{jt}^r \leqslant L_j^r, \quad \forall j \in J, \ t \in T \tag{3-15}$$

$$\sum_{i \in I} g_{it}^r + \sum_{j \in J} l_{jt}^r \leqslant u_t^r, \quad \forall t \in T \tag{3-16}$$

$$\sum_{i \in I} g_{it}^f + \sum_{j \in J} l_{jt}^f \leqslant u_t^f, \quad \forall t \in T \tag{3-17}$$

$$x_{it}, \ y_j \in (0, 1), \quad \forall i \in I, \ \forall j \in J, \ \forall t \in T \tag{3-18}$$

$$g_{it}^r, \ l_{jt}^r, \ g_{it}^f, \ l_{jt}^f \geqslant 0, \quad \forall i \in I, \ \forall j \in J, \ \forall t \in T \tag{3-19}$$

模型中，目标式（3-1）表示所有周期内流动献血车和采血屋的总覆盖度最大。约束（3-2）为献血车数量限制。约束（3-3）为固定采血屋的数量限制。约束（3-4）和约束（3-5）表示采血点配置的设备数与人员数之间的数量关系。约束（3-6）、约束（3-7）分别为献血车和采血屋的覆盖度变化函数。候选采血点的覆盖度会随采血设施的定位而下降、离去而上升。约束（3-8）~约束（3-11）表示分配人员和设备的前提是采血设施已经建立。约束（3-12）~约束（3-15）表示每个候选点配置设备与人员不超过最大可容纳数目。约束（3-16）、约束（3-17）表示每周期配置的人员、设备不超过可分配量。约束（3-14）为0~1整数变量约束。

三、采血点定位－资源配置集成决策鲁棒优化模型

现实决策过程中，每周期内可使用的流动献血车数量、采血

设备数量以及可安排的工作人数均为不确定因素。为此，采用区间数处理不确定参数。参考纳贾菲等（Najafi et al.）[94]的方法，对含有不确定参数的约束进行处理，从而得到鲁棒优化模型。

以流动献血车数量即不确定参数 p_t 为例。设 τ_t 为第 t 个约束中不确定参数的数量，令：

$$\tilde{p}_t = \sum_{s=1}^{\tau_t} \tilde{p}_{ts} \qquad (3-20)$$

式（3-20）中，定义 $\tilde{p}_{ts} \in \left[\bar{p}_{ts} - \hat{p}_{ts}, \bar{p}_{ts} + \hat{p}_{ts}\right]$，$\bar{p}_{ts}$ 和 $\hat{p}_{ts}$ 分别为 $\tilde{p}_{ts}$ 名义值和最大偏离值。引入控制不确定因素扰动的保护水平参数 $\Gamma_t \in \left[0, \lfloor \tau_t \rfloor\right]$，通过 $(\Gamma_t - \lfloor \Gamma_t \rfloor)\hat{p}_{ts}$ 来改变参数 $\tilde{p}_{ts}$。Γ_t 为鲁棒控制参数。Γ_t 越大，模型越保守。将 $\beta(\tau_t, \Gamma_t)$ 定义为约束条件保护函数，于是，含有不确定参数的约束变为：

$$\sum_{i \in I} x_{it} \leq \tilde{p}_t = \sum_{s=1}^{\tau_t} \tilde{p}_{ts} = \sum_{s=1}^{\tau_t} \bar{p}_{ts} - \beta(\tau_t, \Gamma_t) \qquad (3-21)$$

式（3-21）中，$\beta(\tau_t, \Gamma_t) = \max_{\{S_t \cup k_t | S_t \subseteq \tau_t, |S_t| = \lfloor \Gamma_t \rfloor, k_t \in \tau_t \setminus S_t\}} \{\sum_{s \in \tau_t} \hat{p}_{ts} + (\Gamma_t - \lfloor \Gamma_t \rfloor)\hat{p}_{tk_t}\}$。

将 $\beta(\tau_t, \Gamma_t)$ 的值代入式（3-21），得到式（3-22）

$$\sum_{i \in I} x_{it} + \max_{\{S_t \cup k_t | S_t \subseteq \tau_t, |S_t| = \lfloor \Gamma_t \rfloor, k_t \in \tau_t \setminus S_t\}} \{\sum_{s \in \tau_t} \hat{p}_{ts} + (\Gamma_t - \lfloor \Gamma_t \rfloor)\hat{p}_{tk_t}\} \leq \sum_{s=1}^{\tau_t} \bar{p}_{ts} = \bar{p}_t$$
$$(3-22)$$

于是，约束（3-22）可以转换为对应的鲁棒约束表达为：

$$\sum_{i \in I} x_{it} + \lambda_t \Gamma_t + \sum_{s \in \tau_t} \sigma_{ts} \leq \bar{p}_t, \quad \forall t \in T \qquad (3-23)$$

$$\lambda_t + \sigma_{ts} \geq \hat{p}_{ts}, \quad \forall t, s \in \tau_t \qquad (3-24)$$

$$\lambda_t, \sigma_{ts} \geq 0, \quad \forall t, s \in \tau_t \qquad (3-25)$$

同理，对不确定参数 u_t^r 和 u_t^f 进行相似处理，得到最终的鲁棒优化模型 M2 为：

$$\max F = \sum_{i \in I} \sum_{t \in T} \omega_{it} \phi_{it} x_{it} + \sum_{j \in J} \sum_{t \in T} \omega_{jt} \phi_{jt} y_j \qquad (3-26)$$

$$s.t. \quad \sum_{i \in I} x_{it} + \lambda_t \Gamma_t + \sum_{s \in \tau_t} \sigma_{ts} \leqslant \bar{p}_t , \quad \forall t \in T \qquad (3-27)$$

$$\sum_{i \in I} g_{irt}^r + \sum_{j \in J} l_{jrt}^r + \lambda_{rt} \Gamma_{rt} + \sum_{m \in \xi_n} \eta_{rtm} \leqslant \bar{u}_{rt}^r , \quad \forall rt \in T$$
$$\qquad (3-28)$$

$$\sum_{i \in I} g_{ift}^f + \sum_{j \in J} l_{jft}^f + \lambda_{ft} \Gamma_{ft} + \sum_{n \in \zeta_n} \rho_{ftn} \leqslant \bar{u}_{ft}^f , \quad \forall ft \in T$$
$$\qquad (3-29)$$

$$\lambda_t + \sigma_{ts} \geqslant \hat{p}_{ts} , \quad \forall t , \ s \in \tau_t \qquad (3-30)$$

$$\lambda_{rt} + \eta_{rtm} \geqslant \hat{u}_{rtm}^r , \quad \forall rt , \ m \in \xi_{rt} \qquad (3-31)$$

$$\lambda_{ft} + \rho_{ftn} \geqslant \hat{u}_{ftn}^f , \quad \forall ft , \ n \in \zeta_{ft} \qquad (3-32)$$

$$\lambda_t , \ \sigma_{ts} \geqslant 0 , \quad \forall t , \ s \in \tau_t \qquad (3-33)$$

$$\lambda_{rt} , \ \eta_{rtm} \geqslant 0 , \quad \forall rt , \ m \in \xi_{rt} \qquad (3-34)$$

$$\lambda_{ft} , \ \rho_{ftn} \geqslant 0 , \quad \forall ft , \ n \in \zeta_{ft} \qquad (3-35)$$

同时，约束（3-3）~约束（3-15）、约束（3-18）以及约束（3-19）成立。

第三节　求解模型的改进灰狼优化算法

一、传统 GWO 算法

模型 M2 为混合整数非线性规划模型，无法用 CPLEX、GUROBI

等运筹学软件进行最优化求解。为此，设计一种改进的 GWO 算法求解模型 M2。

GWO 算法是米贾利利等（Mirjalili et al.）[95] 提出的一种新型群体智能优化算法。狼群主要分为三个等级：第一等级为 α 狼，主要负责群体决策事务；第二等级为 β 狼，负责协助 α 狼将命令下达给其他成员；第三等级为 δ 狼，其作用主要是听从 α 狼和 β 狼发出的指令，负责狼群的侦查、放哨与看护工作。

GWO 的算法原理可用灰狼的狩猎过程描述。狩猎过程分为追踪和接近猎物、追捕并包围猎物、停止移动并攻击猎物三个步骤。令 N 为灰狼种群数，X_i 为灰狼 i 的位置。种群中最好的三个解分别用 α、β、δ 表示。捕食行为数学模型为：

$$D_p = \left| C \cdot X_p(\theta) - X(\theta) \right| \qquad (3-36)$$

$$X(\theta+1) = X_p(\theta) - A \cdot D_p \qquad (3-37)$$

$$A = 2a \cdot r_1 - a \qquad (3-38)$$

$$C = 2r_2 \qquad (3-39)$$

式中，θ 表示当前迭代次数；$X_p(\theta)$ 为第 θ 次迭代猎物所在位置，$X(\theta)$ 为第 θ 次迭代灰狼所在位置，$X(\theta+1)$ 为第 $\theta+1$ 次迭代灰狼所在位置；A、C 为摆动因子，r_1，$r_2 \in [0, 1]$ 为随机数。

其他灰狼的位置取决于 α 狼、β 狼和 δ 狼的位置：

$$\begin{cases} D_\alpha = \left| C_1 X_\alpha - X(\theta) \right| \\ D_\beta = \left| C_2 X_\beta - X(\theta) \right| \\ D_\delta = \left| C_3 X_\delta - X(\theta) \right| \end{cases} \qquad (3-40)$$

$$\begin{cases} X_1 = \left| X_\alpha(\theta) - A_1 D_\alpha \right| \\ X_2 = \left| X_\beta(\theta) - A_2 D_\beta \right| \\ X_3 = \left| X_\delta(\theta) - A_3 D_\delta \right| \end{cases} \qquad (3-41)$$

$$X(\theta + 1) = \frac{X_1 + X_2 + X_3}{3} \qquad (3-42)$$

二、改进的 GWO 算法

（一）动态权重因子的引入

传统的 GWO 算法，可能因初期分布等因素导致位置不佳，使得迭代陷入局部最优。因此，本章参考文献［96］，引入动态权重因子，加快 GWO 算法的收敛速度，提升算法寻优性能。

在计算迭代过程中 X_1、X_2、X_3 的适应度值的基础上，引入动态比例权重机制，如式（3－43）~式（3－46）所示。其中，w_1、w_2 和 w_3 分别为 α、β、δ 的权重比例，在算法迭代过程中保持动态变化。

$$w_1 = \frac{\left| X_1 \right|}{\left| X_1 \right| + \left| X_2 \right| + \left| X_3 \right|} \qquad (3-43)$$

$$w_2 = \frac{\left| X_2 \right|}{\left| X_1 \right| + \left| X_2 \right| + \left| X_3 \right|} \qquad (3-44)$$

$$w_3 = \frac{\left| X_3 \right|}{\left| X_1 \right| + \left| X_2 \right| + \left| X_3 \right|} \qquad (3-45)$$

$$X(\theta+1) = \frac{w_\alpha X_1 + w_\beta X_2 + w_\delta X_3}{3} \qquad (3-46)$$

（二）基于模拟退火算法与3-opt局部优化的改进策略

为了避免GWO算法陷入早熟，引入模拟退火操作。经过GWO算法更新搜索因子的位置后，用Metropolis准则来确定该搜索因子由原位置 $pop(j,:)$ 更新为 x 的接受概率。令 $df = fit - fitness(j)$ 表示新位置 x 的目标函数值 fit 与原位置的目标函数值 $fitness(j)$ 值之差，当 df 大于0时，则接受该位置为新位置，同时更新位置信息，并将 fit 赋值给 $fitness(j)$；若 df 小于0时，则需要考虑热运动的影响，此时物体是否接受新位置取决于物体处于该位置的概率，其判断公式为：

$$r = \exp\left[df/Tem(iter) \right] \qquad (3-47)$$

在区间（0，1）中生成随机数 s。若 $s < r$，则接受新位置，随后对位置及适应度值进行更新；若 $s \geq r$，则更新失败，统计失败次数。当连续5次更新失败后，按照3-opt局部优化策略对位置及适应度进行更新。

3-opt局部优化算法是k-opt领域算法中局部搜索效率最高的算法。3-opt算法的基本过程包括：设置初始路径T，随机产生3个位置 x_0、y_0、z_0，记 x_1、y_1、z_1 为他们的下一节点位置，对应的3条边表示为 $\{a, b, c\}$。3-opt算法的目的为试图找到另一个边的集合 $\{a_1, a_2, a_3\}$，使得新的费用变小。

（三）改进 GWO 算法的编码/解码与计算步骤

模型需要求解的主要决策变量为设施定位变量 x_{it}、y_j。由于经典 GWO 算法的实数编码方式难以对问题进行编码，在此，采用反编译的方式使离散问题转换成连续问题并加以解决。

1. 位置编码

种群中，灰狼的初始位置由 $0 \sim 1$ 之间的值随机生成。例如，其初始位置矩阵为 $x = [\,0.5556 \quad 0.6973 \quad \cdots \quad 0.6483 \quad 0.4394\,]$。每一只灰狼的位置都包括一个采血定位点和随机分配的资源数（人员、设备等）。随后，对初始数据实施 $[\,-1, 1\,]$ 归一化处理，减少奇异样本对算法收敛的影响，归一化处理之后生成矩阵 $X = [\,0.6040 \quad 0.5053 \quad \cdots \quad 0.1438 \quad 0.0379\,]$（见图 3 - 1）。资源分配变量则通过实数向量随机生成。例如，若固定采血屋的数量为 4，则采血屋位置归一为 $x1 = X(1 : P.q) = [\,0.5273 \quad 0.2709 \quad 0.3163 \quad 0.2928\,]$。分配的人员和设备数则按照规定在可分配数量内随机生成 $x3 = X(P.q + P.p + 1 : 2(P.q + P.p))$，并遵循两人一设备的原则。可得，人员分配 $x3\_1 = x3(1 : P.q) = [\,3.3441 \quad 3.1600 \quad 4.4372 \quad 4.4640\,]$。同理，可得到每个采血屋分配的设备数为 $x4\_1 = x4(1 : P.q) = [\,2.6466 \quad 3.0322 \quad 2.7965 \quad 2.4902\,]$。

线性函数归一化处理原则为：$X = P.\min value + (P.\max value - P.\min value) \times x$。

$x\ [\,0.3453\ 0.5856\ \cdots\ 0.8810\ 0.6013\,] \rightarrow X\ [\,0.6040\ 0.5053\ \cdots\ 0.1438\ 0.0379\,]$

图 3 - 1　归一化处理

2. 位置解码

由于采血点定位是整数变量，通过归一化处理后的数据无法直接体现。为此，采用反归一化操作，即借用 $Topoint$ 函数，将归一化处理后的数据转化为整数。此时，所得的位置信息可对应表示一组可行解（见图 3-2）。需要注意的是，定位点取整过程中，不能选取同一定位点，因此需向上递推未被使用的数值。分配的人员、设备等资源则按四舍五入原则进行取整。随后，通过狼群的包围、狩猎操作更新位置，从而得到新的最优解。

$$x1\ [0.5273\ 0.2709\ 0.3163\ 0.2928]\ \rightarrow\ x1'\ [6\ 3\ 4\ 5]$$

图 3-2　反归一化处理

基于动态权重因子、模拟退火操作和 3-opt 局部优化的混合改进策略的 GWO 算法步骤如下：

步骤 1：算法参数设置与种群初始化。包括设置种群规模（$popsize$）、迭代次数（$iterations$）、初始温度（Tem）以及搜索空间维度（dim）等。

步骤 2：计算初始种群中个体适应度。计算个体适应度值（$fitness$），通过排序确定 α 狼、β 狼和 δ 狼的初始位置与相应适应度值，并将其赋值给全局最优个体与最优适应度值，记录最优解。

步骤 3：狼群位置更新。根据式（3-36）~式（3-42），更新灰狼的位置与 a、A、C 的值。再根据动态权重因子计算方法计算灰狼个体的权重比例。按照权重大小依次排序，排在前三的权重赋值给 w_α、w_β、w_δ，并按式（3-43）~式（3-46）再次更新位置，同时对超出范围的 x 进行修正。

步骤4：模拟退火与3－opt策略改进。根据模拟退火准则，对灰狼个体的适应度值和位置进行更新。同时进行更新失败次数的统计。当出现连续5次未更新位置情况后，采用3－opt策略进行局部优化。

步骤5：算法终止。若算法达到最大迭代次数，停止计算；否则转入步骤3。

第四节　算例分析

一、相关参数的设置

以重庆市的采供血网络为背景，构造算例，使用改进的灰狼优化算法对鲁棒优化模型 M2 计算，验证模型的有效性[97]。相关参数设置为：候选的固定采血屋为 10 个；流动献血车的候选定位点为 40 个；固定采血屋最大可容纳人数为 8 人，可容纳设备数为 4 台；移动献血车最多可容纳 6 人和 3 台设备；周期内可用流动献血车数量为 12；采血屋建设数为 4；周期内可分配人员数为 104，可用设备数为 52。采血计划期以周为单位，每月进行规划，决策周期 $t = 1$，2，3，4。不确定水平参数 $\Gamma_1 = \Gamma_2 = \Gamma_3 = 0.5$，扰动比例设为 10%。初始覆盖度与覆盖度恢复系数分别为：$\phi_{i0} = 1$、$\phi_{j0} = 1$、$\gamma_i = 0.05$、$\gamma_j = 0.01$。

选择三种算法进行计算并比较：改进 GWO 算法（I－GWO）、

GWO 算法（GWO）、粒子群优化算法（PSO）。为实现计算结果的可比性，设置相同实验设备环境，算法种群数和迭代次数保持一致。具体参数设置见表 3 – 1。

表 3 – 1　　　　　　　　　　　算法参数

算法	参数设置		
	种群规模（*popsize*）	迭代次数（*iterations*）	其他参数
1 – GWO	40	500	初始温度：$Tem = 500$
GWO	40	500	—
PSO	40	500	加速因子：$c1 = c2 = 1.457$；惯性权重：$\omega = 0.8$；最大初始速度：$v_{max} = 0.5$；最小初始速度：$v_{min} = -0.5$

固定采血屋候选点的初始评估值为 [5.91，5.55，5.79，6.04，5.65，5.66，6.39，6.23，5.77，5.02]。流动献血车候选点的初始综合评估值见表 3 – 2。

表 3 – 2　　　　　流动献血车候选定位点的初始综合评估值

编号	评估值	编号	评估值	编号	评估值	编号	评估值
1	6.253	11	4.953	21	5.737	31	5.783
2	5.05	12	4.997	22	5.523	32	5.833
3	6.62	13	6.13	23	5.62	33	5.807
4	5.413	14	6.55	24	5.087	34	5.183
5	6.377	15	5.317	25	6.21	35	4.943
6	5.33	16	5.803	26	5.893	36	5.577
7	5.54	17	5.604	27	5.173	37	5.519
8	6.373	18	5.51	28	5.667	38	5.742
9	5.79	19	5.087	29	5.47	39	6.077
10	5.027	20	5.457	30	5.28	40	6.413

二、计算结果

通过 Matlab2018a 软件编写并运行代码，测试环境为 Intel（R）、Core（TM）i5－10210U CPU、2.11GHz、12.00GB 内存以及 Windows10 操作系统的 PC 机。取 20 次 I－GWO 算法求解 M2 模型的随机运算的结果作为最优解，得到流动献血车与固定采血屋的定位及资源配置决策结果（见表 3－3 和表 3－4）；每个周期献血车和采血屋定位点示意图见图 3－3～图 3－6。

表 3－3　　　　　　　　流动献血车定位及资源配置

献血车	人员	设备	献血车	人员	设备	献血车	人员	设备	献血车	人员	设备
$t=1$			$t=2$			$t=3$			$t=4$		
1	4	2	5	4	2	5	6	3	1	4	2
3	6	3	7	4	2	8	4	2	3	6	3
8	6	3	10	4	2	9	6	3	5	4	2
14	4	2	18	4	2	13	4	2	8	4	2
15	6	3	23	6	3	14	4	2	17	4	2
20	4	2	27	4	2	17	4	2	20	6	3
22	6	3	32	6	3	21	4	2	29	6	3
29	4	2	38	4	2	25	4	2	—	—	—
36	6	3	39	4	2	26	4	2	—	—	—
38	4	2	40	4	2	40	4	2	—	—	—

表 3 – 4 固定采血屋定位及资源配置

周期	献血点				人员				设备			
$t=1$	1	4	7	8	4	4	6	4	2	2	3	2
$t=2$	1	4	7	8	6	4	6	4	3	2	3	2
$t=3$	1	4	7	8	6	4	4	6	3	2	2	3
$t=4$	1	4	7	8	4	4	4	4	2	2	2	2

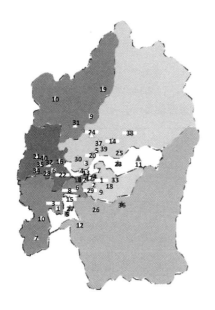

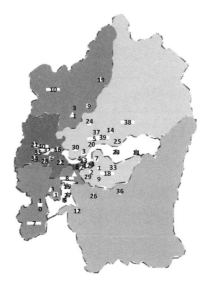

图 3 – 3 $t=1$ 时献血车和
采血屋选取点

图 3 – 4 $t=2$ 时献血车和
采血屋选取点

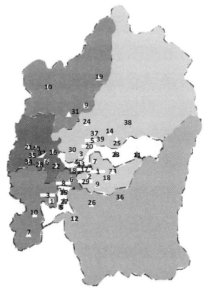

图 3 - 5　t = 3 时献血车和
　　采血屋选取点

图 3 - 6　t = 4 时献血车和
　　采血屋选取点

三、算法性能比较

为了进一步测试算法性能，设置三组不同规模的算例，将研究提出的 I - GWO 算法与 GWO 算法、PSO 算法进行比较。其中，50 个候选点算例为原算例，20 个候选点算例为已有候选点的随机抽取，90 个候选点算例则是在已有算例的基础上再随机生成40 个流动献血车候选点而成。取 20 次随机运算的结果进行分析，目标函数值的收敛情况对比见图 3 - 7 ~ 图 3 - 9，算法性能指标对比见表 3 - 5。结果表明，I - GWO 与传统 GWO、PSO 相比，在收敛速度、解的精度和解的稳定性上均存在明显优势，证明了所提算法的有效性。

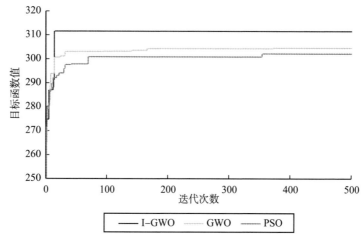

图 3 – 7　不确定参数下的目标函数最优值收敛（20 个候选点）

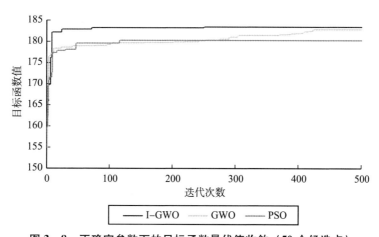

图 3 – 8　不确定参数下的目标函数最优值收敛（50 个候选点）

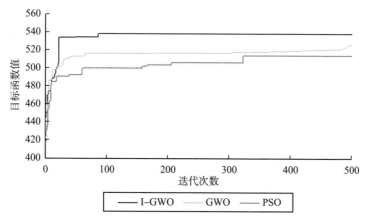

图 3 - 9　不确定参数下的目标函数最优值收敛（90 个候选点）

表 3 - 5　　　　　　　不同算法的性能比较

模型	算法	目标函数值			收敛代数
		最优值	最差值	平均值	
不确定参数 （20 个候选点）	I - GWO	183.458	182.823	183.203	251
	GWO	182.895	180.382	182.027	424
	PSO	180.302	178.636	179.594	117
不确定参数 （50 个候选点）	I - GWO	312.210	263.578	284.847	15
	GWO	304.560	253.667	278.831	372
	PSO	302.214	256.441	276.448	355
不确定参数 （90 个候选点）	I - GWO	538.587	505.654	523.750	87
	GWO	526.336	489.357	510.468	499
	PSO	514.293	485.179	504.979	324

四、模型比较

分别运行 I - GWO、GWO 和 PSO 算法程序，对比分析鲁棒优化模型 M2 与非鲁棒优化模型 M1 计算所得的候选点选址和资源配置优化结果（见图 3 – 10 和表 3 – 6）。尽管鲁棒优化使得定位点的总覆盖度下降，但下降比例很小（最优值 GaP 为 0.19%）；因而鲁棒优化可降低不确定性导致的风险。现实决策环境中，应充分考虑参数的不确定性，对采血点的定位与资源配置决策进行稳健优化，以降低不确定风险。

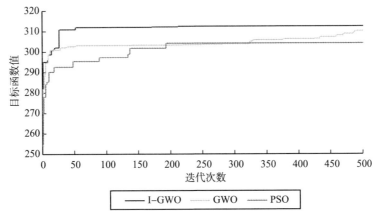

图 3 – 10   确定参数下的目标函数最优值收敛（50 个候选点）

表 3 – 6   鲁棒与非鲁棒优化模型的比较

模型	算法	目标函数值			收敛代数
		最优值	最差值	平均值	
非鲁棒优化模型 M1 （50 个候选点）	I – GWO	312.815	295.736	308.586	212
	GWO	310.184	289.312	297.560	489
	PSO	304.218	287.110	295.268	194
鲁棒优化模型 M2 （50 个候选点）	I – GWO	312.210	263.578	284.847	15
	GWO	304.560	253.667	278.831	372
	PSO	302.214	256.441	276.448	355

在算法性能方面，I－GWO 算法在确定参数模型 M1 下的计算性能同样优于 GWO 算法和 PSO 算法。I－GWO 不仅能快速有效地计算出目标函数最优值，而且针对不确定参数下的模型问题，具有更加明显的计算优势，且收敛速度更快。

五、鲁棒控制参数的敏感性分析

下面对不确定水平参数与扰动比例做敏感性分析实验。针对 50 节点算例，改变可用献血车、采血屋、人员以及设备的名义数量，设置两组算例。其中，算例 1 为献血车 12、采血屋 4、人员 104 和设备 52；算例 2 为献血车 20、采血屋 10、人员 200 和设备 100。每组算例又按不同的不确定水平参数与扰动比例设置 12 个算例进行分析，结果见表 3－7。可知，当不确定水平参数 Γ 的值越小，可用的人力、设备等资源的扰动对目标函数值的影响就越小；但候选点的选取和人员、设备的分配数目却显著增加。说明在该情况下，尽管已安排足够多的流动献血车辆、人员以及设备等资源，但总体覆盖量的增加并不明显。此时，部分资源存在闲置和浪费。随着不确定水平参数的增加，总覆盖量下降，但下降比例增加；同时采血点、派出车辆、人员与设备数减少，资源利用效率提升。因此，决策时需充分考虑参数的不确定性，综合平衡设置鲁棒控制参数，以实现满意的决策效果。

表 3 - 7　不同不确定水平参数与扰动比例下的定位 - 分配结果

分类		不确定水平参数 Γ											
		0.05			0.5			1			3		
	扰动比例（%）	10	20	30	10	20	30	10	20	30	10	20	30
算例1	目标值	312.543	313.026	296.895	312.210	296.674	247.515	264.068	230.691	213.513	196.933	无解	无解
	t1	10/4	10/4	9/4	10/4	9/4	6/4	7/4	5/4	4/4	3/4		
	t2	10/4	10/4	9/4	10/4	9/4	6/4	7/4	5/4	4/4	3/4		
	t3	10/4	10/4	9/4	10/4	9/4	6/4	7/4	3/4	4/4	3/4		
	t4	5/4	2/4	2/4	7/4	3/4	1/4	3/4	3/4	1/4	1/4		
	人数	248	218	208	244	222	154	186	162	120	106		
	设备数	124	109	104	122	111	77	93	81	60	53		
算例2	目标值	520.445	520.270	536.338	505.495	489.604	474.289	506.096	458.324	442.950	442.474	345.337	无解
	t1	17/10	17/10	18/10	16/10	15/10	14/10	16/10	13/10	12/10	12/10	6/10	
	t2	17/10	17/10	18/10	16/10	15/10	14/10	16/10	13/10	12/10	12/10	6/10	
	t3	17/10	17/10	18/10	16/10	15/10	14/10	16/10	13/10	1210	12/10	6/10	
	t4	10/10	3/10	2/10	4/10	5/10	3/10	6/10	3/10	4/10	3/10	3/10	
	人数	472	400	418	402	370	378	446	356	368	348	260	
	设备数	236	200	209	201	185	189	223	178	184	174	130	

注：不确定水平参数 $\Gamma_1 = \Gamma_2 = \Gamma_3$。

本 章 小 结

本章采用广义最大覆盖模型，以最大化总覆盖量为目标，研究了存在两类采血设施的定位－资源配置集成决策鲁棒优化模型。针对所建模型，设计了一种改进的 GWO 算法进行求解。通过与传统 GWO 算法、PSO 算法的比较，发现了改进 GWO 算法性能的优异性。囿于现实决策环境的复杂性，决策者需充分考虑血液采供血网络参数的不确定性，对采血点的定位－资源配置决策进行鲁棒优化，以实现满意的决策效果。下一步研究可考虑献血车在每个周期的路径规划决策问题，建立动态随机环境下，两类采血设施定位－资源配置－路径规划的集成优化决策模型，并研究其高性能优化算法。

第四章

考虑转运、替代与公平关切的
应急血液调度优化问题

第一节 引 言

近年来，血液供应已成为全球性的医疗资源保障难题。美国、加拿大等国家都面临着"血荒"困境带来的一系列挑战[7]。我国的血荒更为严重。新冠疫情暴发以来，我国 40 多个大中城市出现不同程度的血液紧缺现象。例如，2019 年 12 月 20 日，重庆万州血站库存告急①；2020 年 2 月 16 日，四川泸州血站库存告急②；2020 年 2 月，武汉市全血采集量不足往年同期水平的 10%，北京市街头全血采集量较上年同期下降 2/3。血液是临床治疗不可缺少的资源。血液的供应不足，会造成大量手术被延

---

① 天寒血库频告急，亟盼市民献爱心 [EB/OL]. 搜狐网新闻, 2019 - 12 - 21.
② 泸州市血液中心紧急呼吁：机关事业单位可有组织分时段献血 [EB/OL]. 四川新闻网, 2020 - 2 - 16.

迟，严重威胁公众的生命健康安全。血液中心向区域内医院调配血液产品是血液供应链中的关键环节。优化血液中心与医院之间的血制品供需匹配关系，研究应急血液调度决策问题，对提高应急血液供应链绩效，提升血液使用效益，具有重大现实意义。

转运与替代是解决血液紧缺的两种策略。转运是跨地域的血制品调剂策略。替代是不同血型血制品之间的兼容使用策略。在血制品短缺状态下，实行跨域转运策略[215]和不同血型血制品的兼容替代策略[116]，可以有效提高血液调度效率与使用效益。已有部分学者针对血液产品的转运和替代进行了相关研究。例如，纳贾菲等（Najafi et al.）[98]考虑血液产品转运与替代的特性，研究了医院血液库存优化问题，以达到最小化血液短缺与报废的目的。但在应急血液调度问题上，多数研究仍基于考虑单因素影响的决策方法来解决血液调度决策问题。在血液短缺状态下，仅考虑转运或替代的单因素决策方法，难以完全满足应急血液公平高效调配的决策需求。同时，血液供不应求的矛盾使得应急血制品公平分配成为社会关切的问题。在实际操作中，临床供血还需满足重症优先与急症优先的原则。因此，在应急血液调度决策中，还应考虑不同医院对血液产品需求优先权重的异质性[6]。

鉴于此，本章针对血液中心-医院的两级供应链系统，考虑转运、替代以及异质优先权需求等因素，构建应急血液调度优化模型，并通过数值计算与重要参数的敏感性分析，验证模型的有效性。本章的理论贡献有：（1）在应急血液调度决策过程中整合了具有不同优先权需求的资源分配问题；（2）改进了传统的模糊聚类技术，建立了基于医院异质需求的血液需求优先度决策方法；（3）同时考虑了转运、替代策略以及医院血液需求优先权对应急血液调度决策的影响，结合线性化转化方法，建立了线性混合整数规划模型。本章其他内容组织如下：第二节回顾了相关文献。第三节构建了应急血液需求优先度计算方法和考虑转运、替代与异质优先权需求的应急血液调度优化模型。第四节为数值计算与敏感性分析。最后为结论。

第二节　文献综述

一、常规物资的应急调度优化研究

应急资源的调度决策是应急管理过程的重要组成部分，众多学者对其进行了多角度的探索与开发。例如，佐诺齐和卡尔加里（Zonouzi & Kargari）[99]基于数据挖掘建立数学模型来分配救援资源，目标是在救灾与救援点不确定情况下，最大化救援车辆对受灾点的覆盖范围。李艳等[100]考虑灾难后伤员伤情随机恶化和运输时间不稳定的情景，以最小化死亡率为目标，建立了应急物资调度模型。苏等（Su et al.）[101]突破现有确定性资源调度方法仅对单事件资源分配有效的限制，提出一个多重约束整数线性规划模型，致力于以并行方式解决多灾难并发的应急资源调度问题。王喆等[102]将层次任务网络方法与分布式约束满足技术进行集成，构建了应急行动方案的基本框架，解决了应急智能规划中的多资源调度协作问题。在现实应急物资的调度中，面临的最大挑战是调度的低效率和不公平。为此，达斯和花冈（Das & Hanaoka）[103]针对救援车队调度效率低下问题，建立基于 Agent 的智能体建模框架；其模型对资源调度中利益相关者的利益进行了整合。休（Sheu）[104]针对紧急救援需求，建立了一个三层应急物流分配框架，通过一种混合模糊聚类优化方法实现对受灾区域的分组，以保障应急物流的公平性。胡等（Hu et al.）[105]面向多灾区，以追求最大效率与公平性为目标，构建了一个供给短缺不确定情境下的双目标应急资源分配鲁棒模型，并据此建立基于决策者偏好的决策方法。王和孙（Wang & Sun）[106]也在考虑物资调度效率与公平性的基础上，提出最小化分配成本和最小化损失的多目标资源分配模型。此外，文献［107，108］等也考虑调度效率和分派公平，研究了应急情境下的医疗资源调度问题。

二、血液产品的调度优化研究

上述文献研究的是常规物资的应急调度优化问题。血液产品因其特有的生理特性和保障特性，其调度策略明显有别于常规物资[88]。其中，血液产品的异地转运和不同血型的兼容替代等性质，受到了众多学者的关注。在血液转运策略研究方面，贾法尔汗和亚古比（Jafarkhan & Yaghoubi）[109]考虑血液转运关系，研究了血液中心向医院分配不同血型红细胞的库存－路径问题。德哈尼等[40]研究了医院血液的转运策略和最优转运量阈值。在文献［17］基础上，德哈尼和阿巴斯[120]进一步分析了血液转运策略对血液库存管理的影响，结果表明，考虑转运策略的血液库存管理潜在成本比不考虑转运策略的潜在成本更低。在血制品兼容替代策略研究方面，马等（Ma et al.）[110]开发了一个考虑最佳血型兼容替代策略的混合整数规划模型，通过该模型实现总未满足需求最小，从而提高血液分配效率，减少血液短缺。埃祖格乌等（Ezugwu et al.）[111]针对血库的有效管理问题，提出一个动态数学模型，该模型考虑了不同血型的兼容替代特征，可为动态环境下的血液调度提供较好的解决途径。还有部分文献同时考虑了转运与替代策略对血液供应的影响，如纳贾菲等[4]考虑供需不确定、转运策略，以及输血过程中不同血型之间的替代关系，建立了医院内部不同血液产品的订购与发放模型，以减少血液短缺和浪费。

三、本书研究的提出

现有文献多以血液新鲜度、供给满足率、过期报废率以及供给成本等为目标[112]，对血液供应链绩效展开优化研究。但对于应急血液调度决策问题，追求血液的调配效益和关注不同需求点对血液产品的异质优先权，更加切合应急状态下的血液供应现实[5]。因此，在应急血液调度决策过程中，有必要将转运策略与替代策略结合起来，同时考虑医院血液需求优先度，建立一套有效的应急血液调度决策方法。在已有的研究基础上，本章面向血液中心－医院的两级供应链系统，建立应急血液产品的调度优化模型。首先，采用改进的模糊聚类方法计算不同需求点的血液需求优先度，刻画不同医院的血液需求优先权重；其次，综合考虑转运策略和替代策略对血液调配决策的影响，以区域整体的血液调度效益最大化为目标，构建应急血液调度优化模型；最后，通过数值计算与敏感性分析，为应急血液保障决策提供参考。

第三节　数　学　模　型

一、问题描述

重大涉血突发公共事件发生后，血液中心出现库存告急，会导致各医院血液产品的供应紧张。为了更好地保障血液供应，应急条件下，政府会开启血液产品的转运通道，力图从相邻区域调度短缺型血液，以满足本区域医院的血液需求。每家医院如何从各渠道获取自己所需的血液产品而采取的行动集合，构成了医院应急血液的调度方案。各医院与区域血液中心之间的应急血液资源供需关系见图4-1。相关假设如下：

（1）具备先进的血液供应信息平台，供应方（血液中心）和需求方（医院）能够及时准确地分享区域内血液库存、需求量等信息。

（2）若本地血液中心库存不足，距离最近的邻域血液中心将加入应急血液产品调度行列。

（3）血液紧缺状况下，遵循生命至上原则（弱经济性）。模型不考虑运输成本，仅考虑运输过程中产生的时间成本和血液质量成本，以及考虑不同血液产品之间进行替代而产生的治疗效用替代成本，即仅考虑应急血液调度过程中产生的非经济成本。

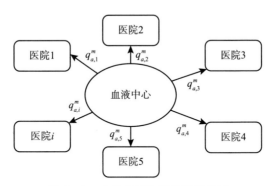

图 4-1 应急血液资源的供需关系

二、模型描述

（一）计算血液需求优先度

在血制品供不应求的情况下，根据不同医院的异质需求信息，对医院血液需求优先权重进行科学评价，有助于保障应急血液调度的相对公平。本章采用医院急症患者的用血需求量、重症患者用血需求量、其他常规用血需求量和医院现有医疗人员、设备资源状况等指标，共同描述医院用血需求紧迫状况，实现对医院的分组和需求优先度计算。上述描述指标具有清晰数、语言短语等多种类型。模糊聚类分析技术为处理这些指标并进行医院分组提供了方法。

基于模糊聚类技术对医院进行分组。设论域 $N = (i \mid i = 1,$

2，…，n）表示血液中心需要考虑的供应范围内 n 家医院的集合。表 4-1 所示的 4 个属性用来表示医院血液紧缺程度。使用一种基于二进制转化的模糊层次聚类方法[10]，以识别不同医院的血液紧缺程度，计算医院血液需求优先度参数。

表 4-1 　　　　　　　　医院血液紧缺程度描述的特性评价因素

符号	特性评价因素
d_{i1}	血液紧缺时医院 i 急症患者用血需求量
d_{i2}	血液紧缺时医院 i 重症患者用血需求量
d_{i3}	血液紧缺时医院 i 其他常规用血需求量
d_{i4}	血液紧缺时医院 i 医疗资源的紧缺程度

因此，医院的血液紧缺状况可描述为：

$$d_i = (d_{i1},\ d_{i2},\ d_{i3},\ d_{i4})(i=1,\ 2,\ 3,\ 4) \qquad (4-1)$$

将描述血液紧缺度的四个属性转化为统一的二进制数值，降低指标数据实时变化对最终聚类结果的影响，提高模糊聚类方法的科学性与适用性。二进制数据转换过程如下：

步骤 1：通过统一度量语言对各评价因素的数值进行转换。转换规则如式（4-2）所示。

$$\varphi\left[d'_{ij}\right] = \begin{cases} VS & d_{ij} \geq 0.8 d_j^{max} \\ S & 0.6 d_i^{max} \leq d_{ij} < 0.8 d_i^{max} \\ N & 0.4 d_j^{max} \leq d_{ij} < 0.6 d_j^{max} \\ P & 0.2 d_j^{max} \leq d_{ij} < 0.4 d_j^{max} \\ VP & 其他 \\ (i=1,\ 2,\ \cdots,\ n;\ j=1,\ 2,\ 3) \end{cases} \qquad (4-2)$$

式（4-2）中，$\varphi[d_{ij}]$ 是对 d_{ij} 的语言描述。其中，VS 表示非常紧缺，S 表示紧缺，N 表示正常，P 表示充足，VP 表示非常充足。$d_j^{\max}$ 为区域内的所有医院第 $j(j=1，2，3)$ 个指标的最大值。医院医疗资源紧缺程度指标可根据语言描述对应关系，直接转换。

步骤 2：将步骤 1 得出的定性语言描述，转换为定量的 4 位二进制数值描述。4 位二进制编码转换规则见表 4-2。

表 4-2   定量描述的 4 位二进制编码表示

定性标准	二进制编码			
	ϑ_{ij}^1	ϑ_{ij}^2	ϑ_{ij}^3	ϑ_{ij}^4
非常紧缺（4-VS）	1	1	1	1
紧缺（4-S）	1	1	1	0
正常（4-N）	1	1	0	0
充足（4-P）	1	0	0	0
非常充足（4-VP）	0	0	0	0

则医院 i 的第 j 个评价指标可被刻画为：

$$\varphi_{ij}=\left[\ \vartheta_{ij}^1，\ \vartheta_{ij}^2，\ \vartheta_{ij}^3，\ \vartheta_{ij}^4\ \right] \qquad (4-3)$$

基于模糊聚类技术，实现医院血液紧缺程度的分组。模糊聚类过程包括：构造各类模糊矩阵、计算相关系数、确定聚类阈值对医院进行聚类等步骤。其中，模糊相关系数的计算采用平方差倒数法，即令 $r_{pq}=R(u_p，u_q)$ 表示 u_p 和 u_q 之间的相似系数，则：

$$r_{pq}=\begin{cases} 1 & |\vartheta_{pj}^k-\vartheta_{qj}^k|=0 \\ M\left(\sum_{k=1}^4\sum_{j=1}^4|\vartheta_{pj}^k-\vartheta_{qj}^k|\right)^{-1} & \text{其他} \end{cases} \qquad (4-4)$$

式（4-4）中，M 为一个确定的常数。M 确保 $r_{pq} \in [0, 1]$ 的成立。

采用专家群决策法进行聚类阈值。假设有 W 个专家，每个专家分别对除自身之外的其他所有专家的权重进行评估，记 λ_{xy} 为专家 x 对专 y 的所占权重评估赋值。则 λ_{xy} 满足 $\sum\limits_{y=1}^{W} \lambda_{xy} = 1$，且当 $x = y$ 时，$\lambda_{xy} = 0$。令 ω_x 为专家 x 在群决策中的权值，得到权重计算方程：

$$\begin{cases} \sum\limits_{x=1}^{W} \omega_x = 1 \\ \sum\limits_{x=1}^{W} \lambda_{xy} \ \omega_x = \omega_y \end{cases} \quad (4-5)$$

解方程组可得专家权重向量组（ω_1，ω_2，$\cdots$，ω_W）。设第 x 个专家设置的聚类阈值为 λ_x，利用求得的专家权重对专家所设置的阈值进行评估，得到聚类阈值 $\lambda = \sum\limits_{x=1}^{W} \lambda_x \omega_x$，确定最佳的聚类阈值。利用最佳阈值，对所有医院进行聚类分组。

将所有医院聚类成不同血液紧缺度的 Z 组，用 δ_z 表示第 z 组内所含医院的数量，则第 z 组医院血液紧缺度的描述向量可表示为：

$$\psi_z = [\ \tilde{\varphi}_{i,j}^{\,k}, \ i_z = 1, \ 2, \ \cdots, \ \delta_z; \ j, \ k = 1, \ 2, \ 3, \ 4] \quad (4-6)$$

引入优先度参数 η_z 表示第 z 组医院的血液分配优先度：

$$\eta_z = \frac{\sum\limits_{j=1}^{4} \partial_j [\ \sum \forall i_z \sum\limits_k^{4} \varphi_{i,j}^{\,k}\ ]}{\delta_z} \quad (4-7)$$

式（4-7）中，∂_j 表示第 j 个属性的权重。遵循临床治疗中急症优先、重症优先、急症优先于重症等救治原则，可知 $\partial_1 > \partial_2 >$

$\partial_3 > \partial_4$。最终，可计算出每组医院的血液分配优先度参数。

（二）应急血液调度优化模型

模型中的相关符号和参数设置如下：

血液制品的血型设定考虑为 $M = \{A+, A-, B+, B-, AB+, AB-, O+, O-\}$。

$N = (i \mid i = 1, 2, \cdots, n)$：表示区域内 n 家医院集合。

$a1$，$a2$：其中 $a1$ 表示本地血液中心，$a2$ 表示邻域血液中心。

$m \in M$，$p \in M$：表示医院需求的 m 型血液产品和可替代 m 型的 p 型血液产品。

η_i：表示血液需求优先度参数，数值越大，优先级越高。

$L^{p \rightarrow m}$：表示血液产品替代权重，数值越大，替代优先级越低。血型替代权重参考表 4-3[113]。

表 4-3 血液产品的血型替代优先级关系

替代血型	被替代血型							
	AB+	AB-	B+	B-	A+	A-	O+	O-
AB+	1	—	—	—	—	—	—	—
AB-	2	1	—	—	—	—	—	—
B+	3	—	1	—	—	—	—	—
B-	4	2	2	1	—	—	—	—
A+	5	—	—	—	1	—	—	—
A-	6	3	—	—	2	1	—	—
O+	7	—	3	—	3	—	1	—
O-	8	4	4	2	4	2	2	1

q_i^m：表示医院 i 对 m 型血液产品的实际需求量。

V_{a1}^m，V_{a2}^m：分别表示本地血液中心 m 型血液产品的现有库存量。

V_{a1}^p，V_{a2}^p：分别表示本地和邻域血液中心可替代 m 型的 p 型血液产品的现有库存量。

α_i^m：表示医院从本地血液中心获取 1 单位 m 型血液产品的调度成本。

β_i^m：表示 p 型替代 m 型血液产品时产生的单位替代成本。

ρ_i^m：表示医院从邻域血液中心获取 1 单位 m 型血液产品的转运成本。

Q^m：表示区域内所有医院 m 型血液产品的总需求量。

$C_i^{fq_i^m}$：表示医院 i 为获取自身所需要的 m 型血液产品所付出的总成本。

$u_{i,a1}^m$：表示医院 i 获取本地血液中心的 m 型血液产品的数量。

$u_{i,a1}^p$：表示医院 i 获取本地血液中心的可替代 m 型血液产品的 p 型血液产品的数量。

$u_{i,a2}^m$：表示医院 i 获取邻域血液中心的 m 型血液产品的数量。

$u_{i,a1}^p$：表示医院 i 获取邻域血液中心的可替代 m 型血液产品的 p 型血液产品的数量。

各医院依据面临的紧缺型血液产品需求数量，对本地血液中心提出血液产品调度申请。若本地血液中心库存量不足，则邻域血液中心加入应急调度行动。该方法可加快救援速度，减少生命财产损失。具体规则描述如下：

若 $Q \leq V_{a1}^m$，则本地血液中心按照各用血医院的用血申请，分配 m 型血液产品；此时 $u_{i,a1}^m \geq 0$，$u_{i,a1}^p = 0$，$u_{i,a2}^m = 0$，$u_{i,a2}^p = 0$。

若 $V_{a1}^m < Q \leqslant V_{a2}^m + V_{a1}^m$，则本地血液中心除将 m 型血液产品全部投入分配以外，还需要从邻域血液中心转运库存以满足医院用血需求；此时，$u_{i,a1}^m \geqslant 0$，$u_{i,a2}^m \geqslant 0$，$u_{i,a1}^p = 0$，$u_{i,a2}^p = 0$。

若 $V_{a2}^m + V_{a1}^m < Q \leqslant V_{a2}^m + V_{a1}^m + V_{a1}^p$，则本地血液中心除将本地库存中的 m 型血液产品全部投入分配以及将邻域血液中心库存中的 m 型血液产品全部投入分配外，还需要利用本地库存的其他 p 型血液产品对 m 型进行替代，以满足医院用血需求。此时，$u_{i,a1}^m \geqslant 0$，$u_{i,a1}^p \geqslant 0$，$u_{i,a2}^m \geqslant 0$，$u_{i,a2}^p = 0$。

若 $Q > V_{a2}^m + V_{a1}^m + V_{a1}^p$，则本地与邻域血液中心分别库存的 m 型、p 型血液产品均投入分配中，以满足医院用血需求。此时，$u_{i,a1}^m \geqslant 0$，$u_{i,a1}^p \geqslant 0$，$u_{i,a2}^m \geqslant 0$，$u_{i,a2}^p \geqslant 0$。

至此，可分析系统的血液调度成本。对医院 i 的第 f 个调度策略 $s_i^f = (u_{i,a1}^{f,m}, u_{i,a1}^{f,p}, u_{i,a2}^{f,m}, u_{i,a2}^{f,p})$，医院 i 获取期望血液产品需求量所要付出的调度成本为：

$$C_i^f = \alpha_i^m \times u_{i,a1}^{f,m} + (\alpha_i^m + \rho_i^m) \times u_{i,a2}^{f,m} + \sum_{p \neq m}^M (\alpha_i^m + \beta_i^m \times L^{p \to m}) \times u_{i,a1}^{f,p}$$

$$+ \sum_{p \neq m}^M (\alpha_i^m + \rho_i^m + \beta_i^m \times L^{p \to m}) \times u_{i,a2}^{f,p} \qquad (4-8)$$

在模型中，效益函数反映了医院在某个血液调度方案下期望得到的效益水平。当医院 i 选择某种方案时，其所获得的血液制品供应量与血液制品调度成本之比来表示医院 i 在血液产品调度决策中选择该方案的期望效益。区域内所有医院的总效益函数等于获得的血液制品总量（按医院血液需求优先度加权）与血制品总调度成本之比。因此，各医院的效益函数为：

$$P_i^{f,m} = \frac{u_i^{f,m}}{C_i^{f,q_i^m}}$$

$$= \frac{u_{i,a1}^{f,m} + u_{i,a2}^{f,m} + \sum_{p \neq m}^{M} u_{i,a1}^{f,p} + \sum_{p \neq m}^{M} u_{i,a2}^{f,p}}{\alpha_i^m \times u_{i,a1}^{f,m} + (\alpha_i^m + \rho_i^m) \times u_{i,a2}^{f,m} + \sum_{p \neq m}^{M} (\alpha_i^m + \beta_i^m \times}{} \qquad (4-9)$$

$$L^{p \to m}) \times u_{i,a1}^{f,p} + \sum_{p \neq m}^{M} (\alpha_i^m + \rho_i^m + \beta_i^m \times L^{p \to m}) \times u_{i,a2}^{f,p}$$

由此，可得医院 i 的效益矩阵为：

$$\begin{bmatrix} P_{i1}^1 & P_{i1}^2 & \cdots & P_{i1}^{H(i)} \\ P_{i2}^1 & P_{i2}^2 & \cdots & P_{i2}^{H(i)} \\ \vdots & \vdots & & \vdots \\ P_{ih(i)}^1 & P_{ih(i)}^2 & \cdots & P_{ih(i)}^{H(i)} \end{bmatrix} \qquad (4-10)$$

其中，P_{ij}^g 表示当其他医院选取方案组合 s_{-ig} 时，医院 i 选取相应的 g 方案的组合所得的效益，$s_{-ig} \in \{S_1, S_2, \cdots, S_{i-1}, S_{i+1}, \cdots, S_n\}$。$H(i)$ 表示除医院 i 以外的其他医院的方案组合总数，$h(i)$ 为医院 i 的方案总数，$H(i) = \prod_{j=1, j \neq i}^{n} h(j)$。则，对 n 个血液需求点可以确定 n 个效益矩阵。

此时，所有医院的总效益函数为：

$$P^{f,m} = \frac{\sum_i^N \eta_i u_i^{f,m}}{\sum_i^N C_i^{f,q_i^m}}$$

$$= \frac{\sum_i^N \eta_i (u_{i,a1}^{f,m} + u_{i,a2}^{f,m} + \sum_{p \neq m}^{M} u_{i,a1}^{f,p} + \sum_{p \neq m}^{M} u_{i,a2}^{f,p})}{\sum_i^N [\alpha_i^m \times u_{i,a1}^{f,m} + (\alpha_i^m + \rho_i^m) \times u_{i,a2}^{f,m} + \sum_{p \neq m}^{M} (\alpha_i^m + \beta_i^m \times}{} \qquad (4-11)$$

$$L^{p \to m}) \times u_{i,a1}^{f,p} + \sum_{p \neq m}^{M} (\alpha_i^m + \rho_i^m + \beta_i^m \times L^{p \to m}) \times u_{i,a2}^{f,p}]$$

应急血液调度优化的目标，是在考虑各个医院不同需求优先权的情况下，使总的效益函数最大化。故模型目标函数定义为：

$$F(P) = \max P^{f,m} \qquad (4-12)$$

至此，可构建如下的应急血液调度优化模型：

$$\max P^{f,m} = \frac{\sum_{i}^{N} \eta_i (u_{i,a1}^{f,m} + u_{i,a2}^{f,m} + \sum_{p \neq m}^{M} u_{i,a1}^{f,p} + \sum_{p \neq m}^{M} u_{i,a2}^{f,p})}{\sum_{i}^{N} \left[\alpha_i^m \times u_{i,a1}^{f,m} + (\alpha_i^m + \rho_i^m) \times u_{i,a2}^{f,m} + \sum_{p \neq m}^{M} (\alpha_i^m + \beta_i^m \times L^{p \to m}) \times u_{i,a1}^{f,p} + \sum_{p \neq m}^{M} (\alpha_i^m + \rho_i^m + \beta_i^m \times L^{p \to m}) \times u_{i,a2}^{f,p} \right]}$$

$$(4-13)$$

$$\begin{cases} \sum_{i}^{N} u_{i,a1}^{f,m} \leqslant V_{a1}^{m} \\[2mm] \sum_{i}^{N} u_{i,a1}^{f,p} \leqslant V_{a1}^{p} \end{cases} \quad \forall i, m, p \qquad (4-14)$$

$$\begin{cases} \sum_{i}^{N} u_{i,a2}^{f,m} \leqslant V_{a2}^{m} \\[2mm] \sum_{i}^{N} u_{i,a2}^{f,p} \leqslant V_{a2}^{p} \end{cases} \quad \forall i, m, p \qquad (4-15)$$

$$u_{i,a1}^{f,m} + u_{i,a1}^{f,p} + u_{i,a2}^{f,m} + u_{i,a2}^{f,p} \geqslant q_i^m \quad \forall i, m, p \qquad (4-16)$$

$$u_{i,a1}^{f,m} \geqslant 0, \ u_{i,a2}^{f,m} \geqslant 0, \ u_{i,a1}^{f,p} \geqslant 0, \ u_{i,a2}^{f,p} \geqslant 0 \quad \forall i, m, p$$

$$(4-17)$$

式（4-13）表示所有医院的整体效益最大化；式（4-14）、式（4-15）表示本地与邻域血液中心的血液产品库存约束；式（4-16）表示医院血液产品获得量不低于需求量，式（4-17）为决策变量取值约束。

目标函数（4-13）中，分子和分母均含有一元决策变量。采

用线性化技术将分式目标函数线性化。具体步骤如下：令 $y > 0$ 且

$$y = \cfrac{1}{\sum\limits_{i}^{N} \left[\alpha_i^m \times u_{i,a1}^{f,m} + (\alpha_i^m + \rho_i^m) \times u_{i,a2}^{f,m} + \sum\limits_{p \neq m}^{M} (\alpha_i^m + \beta_i^m \times L^{p \to m}) \times u_{i,a1}^{f,p} + \sum\limits_{p \neq m}^{M} (\alpha_i^m + \rho_i^m + \beta_i^m \times L^{p \to m}) \times u_{i,a2}^{f,p} \right]}$$

$$(4-18)$$

则模型可转化为：

$$\max \sum_{I}^{N} \eta_i \left(u_{i,a1}^{f,m} y + u_{i,a2}^{f,m} y + \sum_{p \neq m}^{M} u_{i,a1}^{f,p} y + \sum_{p \neq m}^{M} u_{i,a2}^{f,p} y \right) \quad (4-19)$$

$$y \sum_{i}^{N} \left[\alpha_i^m \times u_{i,a1}^{f,m} + (\alpha_i^m + \rho_i^m) \times u_{i,a2}^{f,m} + \sum_{p \neq m}^{M} (\alpha_i^m + \beta_i^m \times L^{p \to m}) \times u_{i,a1}^{f,p} + \sum_{p \neq m}^{M} (\alpha_i^m + \rho_i^m + \beta_i^m \times L^{p \to m}) \times u_{i,a2}^{f,p} \right] = 1 \quad (4-20)$$

$$\begin{cases} \sum\limits_{i}^{N} u_{i,a1}^{f,m} y \leqslant V_{a1}^m y \\[2mm] \sum\limits_{i}^{N} u_{i,a1}^{f,p} y \leqslant V_{a1}^p y \end{cases} \quad \forall i, \ m, \ p \qquad (4-21)$$

$$\begin{cases} \sum\limits_{i}^{N} u_{i,a2}^{f,m} y \leqslant V_{a2}^m y \\[2mm] \sum\limits_{i}^{N} u_{i,a2}^{f,p} y \leqslant V_{a2}^p y \end{cases} \quad \forall i, \ m, \ p \qquad (4-22)$$

$$u_{i,a1}^{f,m} y + u_{i,a1}^{f,p} y + u_{i,a2}^{f,m} y + u_{i,a2}^{f,p} y \geqslant q_i^m y \quad \forall i, \ m, \ p \quad (4-23)$$

$$u_{i,a1}^{f,m} y \geqslant 0, \ u_{i,a2}^{f,m} y \geqslant 0, \ u_{i,a1}^{f,p} y \geqslant 0, \ u_{i,a2}^{f,p} y \geqslant 0 \quad \forall i, \ m, \ p$$

$$(4-24)$$

再令 $x_i^g = u_i^g y$，得到最终的目标函数和约束条件为：

$$\max \sum_{I}^{N} \eta_i \sum_{g}^{16} x_i^g \qquad (4-25)$$

$$\sum_i^N \left[\alpha_i^m \times x_i^1 + (\alpha_i^m + \rho_i^m) \times x_i^2 + \sum_{g=3}^9 (\alpha_i^m + \beta_i^m \times L^{p \to m}) \times \right.$$

$$\left. x_i^g + \sum_{g=10}^{16} (\alpha_i^m + \rho_i^m + \beta_i^m \times L^{p \to m}) \times x_i^g \right] = 1 \qquad (4-26)$$

$$\begin{cases} \sum_i^N x_i^1 \leqslant V_{a1}^m y \\ \\ \sum_{g=3}^N \sum_{} x_i^g \leqslant V_{a1}^p y \end{cases} \qquad \forall i, m, p, g \qquad (4-27)$$

$$\begin{cases} \sum_i^N x_i^2 \leqslant V_{a2}^m y \\ \\ \sum_i^N \sum_{g=10}^{16} x_i^g \leqslant V_{a2}^p y \end{cases} \qquad \forall i, m, p, g \qquad (4-28)$$

$$\sum_g^{16} x_i^g \geqslant q_i^m y \qquad \forall i, m \qquad (4-29)$$

$$y > 0, \ x_i^g \geqslant 0, \ \forall i, g \qquad (4-30)$$

此时，模型为线性混合整数规划问题，可通过 GUROBI、CPLEX 等软件进行优化求解。

第四节　数值计算与结果分析

一、参数设置与结果计算

区域血液供应链系统为一对多的二级供应链系统，由一个血液中心与若干医院组成。设定本地血液中心为 $a1$，根据就近原则，设距离最近的域外血液中心为邻域血液中心 $a1$。当 $a1$ 血液产品库存量无法满足需求时，a2 的库存产品加入应急血液调度分配过程。根据医院数量的不同，设置 3 个算例。不同算例中，医院对红细胞的需求和血液中心红细胞的供给情况见表 4 - 4 和表 4 - 5。

表 4 - 4 　　　　　　医院对 m 型红细胞的需求情况 　　　　　　单位：U

算例编号	医院	d_{i1}	d_{i2}	d_{i3}	q_i^m	d_{i4}
算例1	1	15.0	11.0	7.0	33	VS
	2	15.0	9.0	6.0	30	S
	3	16.0	7.0	6.0	29	N
算例2	1	7.0	7.0	5.0	19	S
	2	6.0	5.0	4.0	15	N
	3	3.0	5.0	6.0	14	N
	4	3.0	3.0	7.0	13	S
	5	4.0	2.0	5.0	11	N
算例3	1	16.0	11.0	7.0	34.0	S
	2	15.0	9.0	6.0	30.0	S
	3	12.0	7.0	5.0	24.0	S
	4	11.0	5.0	6.0	22.0	VS
	5	7.0	8.0	5.0	20.0	N
	6	7.0	7.0	5.0	19.0	S
	7	6.0	6.0	5.0	17.0	N
	8	5.0	5.0	4.0	14.0	N
	9	3.0	4.0	6.0	13.0	N
	10	5.0	2.0	4.0	11.0	N

表 4 – 5 血液中心血液红细胞库存量 单位：U

算例编号	血液中心	红细胞库存	
		V^m	V^p
算例 1	$a1$	50	25
	$a2$	45	25
算例 2	$a1$	30	15
	$a2$	26	15
算例 3	$a1$	100	50
	$a2$	85	50

由表 4 – 4 和表 4 – 5 可知，本地血液中心 $a1$ 对血液产品的供应不能完全满足医院红细胞需求。因此，邻域血液中心 $a2$ 加入血液产品的调度中。血液中心与医院在进行红细胞的应急调度过程中产生相关成本，相应的血液应急调度成本、转运成本和替代成本以及替代优先级设置见表 4 – 6。

表 4 – 6 血液红细胞产品相关调度成本

算例编号	医院	α_i^m	ρ_i^m	β_i^m	$L^{p \to m}$
算例 1	1	2.5	3.0	5.0	2.0
	2	3.0	2.5		
	3	2.7	2.8		
算例 2	1	2.0	3.0	5.0	2.0
	2	2.2	2.9		
	3	2.3	3.2		
	4	2.2	2.7		
	5	2.4	2.8		

续表

算例编号	医院	α_i^m	ρ_i^m	β_i^m	$L^{p \to m}$
算例3	1	2.2	3.2	5.0	2.0
	2	2.3	3.1		
	3	2.4	2.9		
	4	2.2	2.7		
	5	2.2	3.0		
	6	2.3	2.8		
	7	2.8	2.9		
	8	2.6	3.1		
	9	2.8	3.2		
	10	2.6	3.0		

采用 GUROBI 软件对三个数值案例进行求解，结果见表 4-7。

表 4-7　　　　　　　　　　三个算例的计算结果

算例编号	医院	η_i	$u_{i,a1}^m$	$u_{i,a2}^m$	$u_{i,a1}^p$	$u_{i,a2}^p$	$C_i^{fq,m}$	$P_i^{f,m}$	$\sum\limits_i^N C_i^{f,q_m}$	$P^{f,m}$
算例1	1	4.1	20	13	0	0	121.5	0.27	362.3	1.04
	2	4.1	18	12	0	0	120.0	0.25		
	3	4.1	12	17	0	0	120.8	0.24		
算例2	1	3.5	15	0	4	0	78.0	0.24	393.3	0.52
	2	3.1	6	7	2	0	73.3	0.20		
	3	2.7	9	0	5	0	82.2	0.17		
	4	2.5	0	1	1	1	81.0	0.16		
	5	1.9	0	8	3	0	78.8	0.14		

续表

算例编号	医院	η_i	$u_{i,a1}^m$	$u_{i,a2}^m$	$u_{i,a1}^p$	$u_{i,a2}^p$	$C_i^{fq_m}$	$P_i^{f,m}$	$\sum_i^N C_i^{f,q_m}$	$P^{f,m}$
算例3	1	3.9	32	0	2	0	94.8	0.36	932.3	0.61
	2	3.9	26	2	2	0	95.2	0.32		
	3	2.7	12	12	0	0	92.4	0.26		
	4	3.0	6	16	0	0	91.6	0.24		
	5	2.7	4	16	0	0	92.0	0.22		
	6	2.7	2	17	0	0	91.3	0.21		
	7	1.7	2	15	0	0	92.6	0.18		
	8	1.7	8	0	6	0	96.4	0.15		
	9	1.3	7	0	6	0	96.4	0.13		
	10	1.0	0	7	4	0	89.6	0.12		

二、策略比较

为了验证该模型的有效性，设置四种策略并分析不同策略的决策结果。策略一：同时考虑转运与替代。策略二：仅考虑转运。策略三：仅考虑替代。策略四：不考虑转运与替代。在策略一的基础上，将策略二替代成本设置为无穷大；策略三血液转运成本设置为无穷大；策略四血液替代成本与转运成本均设置为无穷大。在所有策略下，血液短缺成本为20。根据不同的策略，对3个算例进行求解，各策略下的调度成本和整体效益结果见表4-8和图4-2。

表4-8 不同策略下的结果对比

策略编号	算例1		算例2		算例3	
	$\sum_{i}^{N} C_i^{f,q_i^m}$	$P^{f,m}$	$\sum_{i}^{N} C_i^{f,q_i^m}$	$P^{f,m}$	$\sum_{i}^{N} C_i^{f,q_i^m}$	$P^{f,m}$
策略一	362.3	1.04	393.3	0.52	932.3	0.61
策略二	362.3	1.04	518.8	0.33	1004.3	0.53
策略三	794.9	0.39	786.3	0.18	1920.3	0.25
策略四	948.4	0.22	902.2	0.11	2305.8	0.15

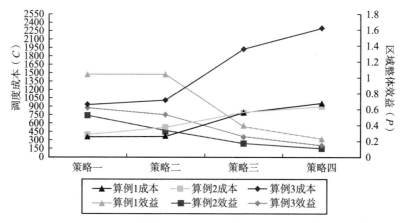

图4-2 不同策略下血液产品调度成本与效益

由表4-8和图4-2可知，在应急血液调度中，策略二和策略三的成本均低于策略四，策略三调度成本低于策略二。当某种血液产品出现短缺，本地库存无法满足需求时，策略一的调度成本低于策略二与策略三。相应地，策略一的调度效用最高，策略三次之，策略二再次之，策略四效用最低。该结论验证了考虑转运与替代策略的应急血液调度优化模型的有效性。

三、敏感性分析

对血液调度成本和不同血型兼容替代的优先级参数进行敏感性分析。参数值与基本值相比分别改变20%、50%和80%，并利用 MATLAB 软件和 GUROBI 求解器重新对模型进行计算。表4-9、表4-10，以及图4-3和图4-4分别显示了血液调度总成本随参数变化的情况。

结果表明，医院的单位血液调度成本越高，总调度成本也越高。替代优先级越高，血液的调度成本越低；反之，优先级越低，其成本越高。因此，血液紧缺环境下，医院应尽量选择调度

表4-9　　　　　　　血液红细胞调度成本参数敏感性分析

算例编号	α_i^m、ρ_i^m、β_i^m						
	-80%	-50%	-20%	0	20%	50%	80%
算例1	72.46	181.15	289.84	362.3	434.76	543.45	652.14
算例2	78.66	196.65	314.64	393.3	471.96	589.95	707.94
算例3	186.46	466.15	745.84	932.3	1118.76	1398.45	1678.14

表4-10　　　　　　　血液血型替代优先级参数敏感性分析

算例编号	$L^{p \to m}$						
	2	3	4	5	6	7	8
算例1	362.3	362.3	362.3	362.3	362.3	362.3	362.3
算例2	393.3	473.3	553.3	633.3	713.3	793.3	873.3
算例3	932.3	1032.3	1132.3	1232.3	1332.3	1432.3	1532.3

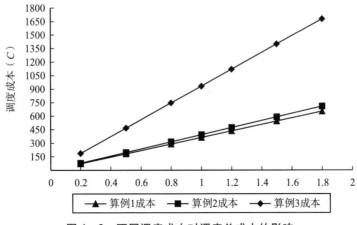

图 4-3　不同调度成本对调度总成本的影响

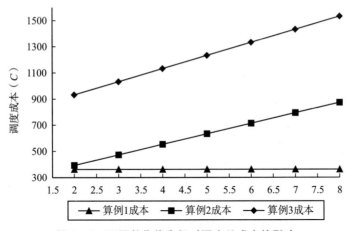

图 4-4　不同替代优先级对调度总成本的影响

成本较低的运输方式和路线，降低血液调度过程中产生的时间成本和质量成本；选择替代优先级较高的替代品种，从而降低调度成本，提高区域整体的应急血液调度效益。

本 章 小 结

　　针对应急血液调度决策问题，结合血液产品的跨域转运与血型兼容替代策略，考虑不同医院对应急血液需求的异质优先权权重，建立了一个以区域整体效益最大为目标的应急血液调度优化模型。最后，通过不同算例验证了模型的可行性。

　　算例结果表明：第一，提出的优化模型可以为血液短缺状况下的血液调度决策提供合理方案；第二，同时考虑血制品转运与替代策略所获得的潜在调度效益，比仅考虑单因素或不考虑转运与替代因素的调度策略，潜在效益更高；第三，在血型兼容性替代过程中，替代优先级越低，其替代成本越高，区域整体血液调度效益越小。因此，应急血液调度过程中，决策者应充分考虑血制品转运与替代因素对血液供应系统整体效益的影响，提高决策效率与决策质量。本章建立的模型还考虑了不同血液需求类型的异质优先权特征，可有效实现临床输血所要求的"急症优先、重症优先"。与传统的血液调度方法相比，本章所建模型更加切合现实且更具实用性。最后，本章构建的决策模型还可以为灾害发生时其他应急资源的配置决策提供参考。

　　进一步研究可以考虑血制品的多库龄共存信息和供需不确定性，构建应急血液调度优化模型。还可以集成医院的血库管理问题，同时考虑交叉配型对医院不同血制品供需平衡的影响，研究应急血液调度优化问题。

考虑生命周期、转运与分配的血液供应链运作优化问题

第一节 引 言

实行转运策略并协调血液供应链库存，是治理血荒难题的两大关键措施。血液转运会影响本地的血液采集与库存（见图 5 - 1），而目前缺少考虑转运的血液供应链运作方法。主要难点在于：（1）血液是一种特殊的易腐物品，具有固定生命周期，最优库存决策必须清楚所有库存产品的剩余生命周期（库存状态）。（2）血荒状态下供需信息不确定加大了决策的复杂性。（3）血液的多样化需求也加大了库存状态描述的难度。某些输血治疗对血液新鲜度要求更高。例如，急性失血伤员与伴有心、肺、肝、肾等功能障碍的患者的救治应使用新鲜度较高的血液[7]。（4）血液采集、转运、分配等决策在长周期内相互影响且

为动态过程[4]。因此，不确定环境下考虑生命周期分布与转运的血液供应链决策问题是一个亟待解决的难题。

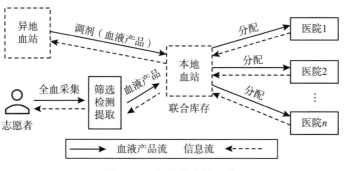

图 5 - 1　血液供应链示意

研究者们针对血液采集、血液库存、血液转运等决策问题进行了大量研究[22]，但大多基于单阶段静态决策，以解决某类决策问题。单阶段静态决策难以满足血荒状态下的紧急需求。需在血液供应链动态决策过程中，整合转运决策与分配决策等，建立集成动态优化方法。

鉴于此，本章考虑不确定供需、血液产品生命周期状态、转运、公平供应等因素，研究血荒状态下的血液供应链决策问题。通过供需波动特征模拟大量血荒事件，采用离散事件系统仿真建立了血液供应链决策的仿真方法，并在仿真过程中嵌入血液转运决策优化模型与血液分配决策优化模型。最后针对关键参数进行系列敏感性分析，得出一些有价值的管理启示。本章的理论贡献有：（1）考虑血液转运的影响，集成血液供应链库存的横向协调与纵向协调；（2）在库存决策中整合具有不同优先权需求与公平性关切的血液产品分配问题；（3）在库存系统建模中同时考虑供需波动、生命周期分布、转运、新鲜度约束等复杂性因素。

第二节　不确定环境下考虑转运与分配的血液供应链决策方法

一、问题描述

在中国，各级血站 [包括血液中心、中心血站（central blood bank）、中心血库] 对辖区医院实行定向供血。各级血站在运作上彼此独立、互不从属。日常状态下，区域内的血液库存系统为"1 对多"的二级库存系统（血站－医院）。其中，血站是血液产品供应链的中枢节点，负责全血采集，血液产品检测、制备、库存管理，医院供血等业务。血荒状态下，允许区域内的医院进行血液转运。在中国，高校学生是无偿献血的主要来源渠道之一。中国高校通常集中在中心城市，由于寒暑假高校学生回流，中心城市经常会出现"季节性血荒"。因此，寒暑假期间，中心城市所在的血液中心需要从附近的其他血站调入血液，同时，由于血液紧缺，也需要将调入与采集的血液进行公平分配，以实现好的血液保障效果。血站每日的可采血量是随机的，一般服从正态分布，可通过历史数据拟合。中国主要中心城市血站的历史数据表明，一旦进入寒暑假期间，相比平时，可采血量会锐减。

血液是一种固定生命周期的易腐物品，其固定保存期为 M

天，在保存期内使用价值不变；血液采集提前期为 L 天；入库血液为全新血液，即剩余有效期为 M 天。进入血液紧缺期后，血液供给会大量减少。之后血液供给恢复到常规水平。

在临床输血治疗中，部分血液需求对血液新鲜程度还有要求。即某些用血需求不宜采用"陈血"，而要求输入剩余有效期大于 r 天的血液。因此，本章将两类血液需求分别称为"任意有效期血液需求"（简称 A 类）和"新鲜血液需求"（简称 F 类）[31]。同时，医院临床用血也分为急症需求、重症需求、常规需求等不同优先等级。其中，急症需求是指输血要求非常迫切的需求，重症需求是指病症严重但输血要求紧急性稍低的需求，常症需求则为急症与重症需求外的需求。急症用血与重症用血通常为预约用血，其需求是确定的，常症需求为不确定需求，其概率分布可根据医院用血的历史数据拟合。因此，血液分配需要同时考虑患者的公平性关切与不同优先权需求。

在长周期血液供应链决策过程中，主要决策目标是保障血液供给，提高血液分配公平性，并减少血液报废量。需要解决的问题是：在何时进行血液采集？采集多少？如何进行血液转运决策？如何进行血液分配决策？如何进行库存控制参数的仿真优化？

二、血液库存状态的描述

血液采集计划过程中，需要计算每天不同剩余有效期血液的出库量、过期报废量、采集量，并根据计算结果对每天的库存状态进行更新。

可采用递归方程建立参量之间的联系，计算库存检查周期内和提前期内的各个变量。第 t 周期向第 $t+1$ 周期的库存状态转移方程取决于计划周期 t、血液采集量 S、库存状态变量 x、两类血液需求（A，F）和出库策略 R（FIFO，LIFO），其中 FIFO 为先进先出策略，LIFO 为后进先出策略。即可将其描述成：

$$x(t+1) = x_R[x(t), A, F, S]$$

由于考虑 A 类和 F 类这两种血液需求，库存状态转移方程也分为两类，两类需求的状态转移相互衔接。在临床中，F 类血液需求通常是预约手术用血，往往在当天出库时优先满足，故在此假设优先保证 F 类血液需求后，再根据剩余库存状态供应 A 类血液需求。

基于 FIFO 策略的 F 类血液需求状态转移方程可以表示为：

$$
\begin{cases}
x_m(t+1) = \left\{ x_{m+1}(t) - \left[D_o^F(t) - \sum_{j=r}^{m} x_j(t) \right]^+ \right\}^+, & r \leq m \leq M-1 \\
x_M(t+1) = S(t+1-L)
\end{cases}
$$

$$(5-1)$$

其中，r 为 F 类血液要求的最低剩余保质期。$D_o^{kF}(t)$ 为第 t 周期血液中心 o 对 F 类血液的需求。$D_o^F(t) = d_{oe}^F(t) + d_{os}^F(t) + d_{og}^F(t)$，$d_{og}^F(t) \sim N\{\overline{d}_{og}^F(t), [\sigma_{og}^F(t)]^2\}$。

$$D_o^F(t) = d_{oe}^F(t) + d_{os}^F(t) + d_{og}^F(t) = \sum_{h \in H} \left[d_{he}^F(t) + d_{hs}^F(t) + d_{hg}^F(t) \right]$$

$d_{he}^F(t)$，$d_{hs}^F(t)$，$d_{hg}^F(t)$ 分别为第 t 周期 h 医院对 k 型 F 类血液制品的急症需求量、重症需求量与常规需求量。

基于 FIFO 策略的 A 类血液需求的状态转移方程如下：

$$\begin{cases} x_m(t+1) = \left\{ x_{m+1}(t) - \left[D_o^A(t) - \sum_{j=1}^{m} x_j(t) \right]^+ \right\}^+, \ 1 \le m \le M-1 \\ x_M(t+1) = S(t+1-L) \end{cases}$$

$$(5-2)$$

其中，$D_o^A(t) = d_{oe}^A(t) + d_{os}^A(t) + d_{og}^A(t)$，$d_{og}^A(t) \sim N\{ \bar{d}_{og}^A(t)$，$[\sigma_{og}^A(t)]^2 \}$。$D_o^A(t)$ 为第 t 周期血液中心 o 对 A 类血液的需求。

$$D_o^A(t) = d_{oe}^{kA}(t) + d_{os}^A(t) + d_{og}^A(t) = \sum_{h \in H} [d_{he}^A(t) + d_{hs}^A(t) + d_{hg}^A(t)]。$$

$d_{he}^A(t)$，$d_{hs}^A(t)$，$d_{hg}^A(t)$ 分别为第 t 周期医院 h 对 A 类血液制品的急症需求量、重症需求量与常规需求量。

基于 LIFO 策略的 F 类血液需求状态转移方程可表示为：

$$\begin{cases} x_m(t+1) = \left\{ x_{m+1}(t) - \left[D_o^F(t) - \sum_{j=m+2}^{M} x_j(t) \right]^+ \right\}^+, \ r \le m \le M-2 \\ x_{M-1}(t+1) = \left[x_M(t) - D_o^F(t) \right]^+ \\ x_M(t+1) = S(t+1-L) \end{cases}$$

$$(5-3)$$

基于 LIFO 策略的 A 类血液需求状态转移方程可表示为：

$$\begin{cases} x_m(t+1) = \left\{ x_{m+1}(t) - \left[D_o^A(t) - \sum_{j=m+2}^{M} x_j(t) \right]^+ \right\}^+, \ 1 \le m \le M-2 \\ x_{M-1}(t+1) = \left[x_M(t) - D_o^F(t) \right]^+ \\ x_M(t+1) = S(t+1-L) \end{cases}$$

$$(5-4)$$

三、血液采集决策方法

采用文献 [11] 提出的 EWA 补货策略进行血液采集决策。

EWA 策略在采集决策过程中采用估计预期报废量的方法。该库存策略将可能存在的报废量考虑进库存补充过程中，可以处理血液库存补充的动态决策过程，同时也可以最大限度地降低缺血量。

首先定义预期最终库存水平 EFS：

$$EFS = 当前库存总量 - 预期需求量 - 预期报废量$$

基于血液中心所管辖医院血库的历史数据，以医院预期总需求作为预期需求量。即，血液中心 F 类血液的预期需求量为：

$$FD_o^F(t) = \sum_{h \in H} \left[\overline{d}_{he}^F(t) + \overline{d}_{hs}^F(t) + \overline{d}_{hg}^F(t) \right] \qquad (5-5)$$

式（5-5）中，$\overline{d}_{he}^{kF}(t)$，$\overline{d}_{hs}^{kF}(t)$，$\overline{d}_{hg}^{kF}(t)$ 分别为第 t 周期医院 h 对 k 型 F 类血液制品的急症需求量、重症需求量与常规需求量均值。

血液中心 A 类血液的预期需求量 $FD_o^A(t)$ 为：

$$FD_o^A(t) = \sum_{h \in H} \left[\overline{d}_{he}^A(t) + \overline{d}_{hs}^A(t) + \overline{d}_{hg}^A(t) \right] \qquad (5-6)$$

式（5-6）中，$\overline{d}_{he}^A(t)$，$\overline{d}_{hs}^A(t)$，$\overline{d}_{hg}^A(t)$ 分别为第 t 周期医院 h 对 A 类血液制品的急症需求量、重症需求量与常规需求量均值。

预计报废量则以预期需求量为基础进行预测。FIFO 策略下，第 t 周期 F 类血液制品的预期"变陈"量 $FQ_o^F(t)$ 为：

$$FQ_o^F(t) = \left[x_r(t) - FD_o^F(t) \right]^+ \qquad (5-7)$$

即，预期"变陈"量为剩余保质期为 r 的血液库存减去预期需求量。

第 t 周期 A 类血液的预期报废量为：

$$FQ_o^A(t) = \left[x_1(t) - FD_o^A(t) \right]^+ \qquad (5-8)$$

即，过期报废量为剩余保质期为 1 天的血液库存减去预期需求量。

因此，可得 FIFO 策略下 k 型 F 类与 A 类血液的 EFS 表达式分别为：

$$EFS^F = \sum_{m=r}^{M} x_m(t) - FD_o^F(t) - [x_r(t) - FD_o^F(t)]^+$$

$$(5-9)$$

$$EFS^A = \sum_{m=1}^{M} x_m(t) - FD_o^A(t) - [x_1(t) - FD_o^A(t)]^+$$

$$(5-10)$$

同理，可得 LIFO 策略下，第 t 周期 F 类血液的预期"变陈"量 $FQ_o^{kF}(t)$ 为：

$$FQ_o^F(t) = \{x_r(t) - [FD_o^F(t) - \sum_{m=r+1}^{M} x_m(t)]^+\}^+$$

$$(5-11)$$

LIFO 策略下，第 t 周期 A 类血液的预期报废量 $FQ_o^{kA}(t)$ 为：

$$FQ_o^A(t) = \{x_1(t) - [FD_o^A(t) - \sum_{m=2}^{M} x_m(t)]^+\}^+ \quad (5-12)$$

因此，可得 LIFO 策略下两类血液的 EFS 表达式分别为：

$$EFS^F = \sum_{m=r}^{M} x_m(t) - FD_o^F(t) - \{x_r(t) - [FD_o^F(t) - \sum_{m=r+1}^{M} x_m(t)]^+\}^+$$

$$(5-13)$$

$$EFS^A = \sum_{m=1}^{M} x_m(t) - FD_o^A(t) - \{x_1(t) - [FD_o^A(t) - \sum_{m=2}^{M} x_m(t)]^+\}^+$$

$$(5-14)$$

令 $SS(t)$ 为第 t 周期的安全库存量，λ 为血液的保障水平，$\sigma_{og}^F(t)$ 为第 t 周期对 F 类血液常规需求的标准差，$\sigma_{og}^A(t)$ 为第 t 期对 A 类血液常规需求的标准差。

$$SS(t) = \lambda \sqrt{ L \left\{ \left[\sigma_{og}^{F}(t) \right]^{2} + \left[\sigma_{og}^{A}(t) \right]^{2} \right\} } \qquad (5-15)$$

EWA 策略的血液采集决策规则为：若 $EFS \geqslant SS$，则不进行血液采集；若 $EFS < SS$，则进行血液采集。

第 t 周期的采集量 $S(t)$ 为：

$$S(t) = \min \left[TSL - EFS, \ \overline{S}(t) \right] \qquad (5-16)$$

其中，TSL 为血液的目标库存水平，$\overline{S}(t)$ 为最大采血能力约束。

四、血液转运决策方法

血液供应不足时，本地血站需向外地血站发出转运需求。若外地血站在保障自身需求外尚存"余力"，则可以调出不同数量与不同库龄的血液制品。转运决策以总转运量最大以及运达血液的新鲜度最大为目标，以保证缺血最少，以及 F 类需求能优先得到满足。血液中心转运决策流程见图 5 - 2：

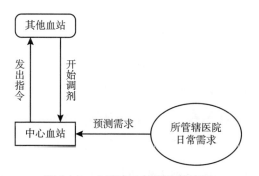

图 5 - 2　血液中心转运决策流程

转运决策模型中涉及的参数如下：

o：血液中心的标号。

B：其他血站集合，$b = \{1, 2, \cdots, n\}$。

H：血液中心所管辖医院集合，$h \in H$。

M：血液制品的最大保质期。

m：血液制品的剩余保质期（$0 \leqslant m \leqslant M$）。

L：血液的采集提前期。

λ：血液制品的保障水平。

A：任意有效期血液需求标识。

F：新鲜血液需求标识。

X_{om}：血液中心中剩余保质期为 m 的血液制品的库存量。

D_o：血液中心对血液制品的总需求量。

d_h：医院 h 对血液制品的需求量。

fd_h：医院 h 对血液制品的预约需求量。

rd_h：医院 h 对血液制品的随机需求量。

d_{he}^{F}：h 医院对 F 类血液制品的急症需求量。

d_{he}^{A}：h 医院对 A 类血液制品的急症需求量。

d_{hs}^{F}：h 医院对 F 类血液制品的重症需求量。

d_{hs}^{A}：h 医院对 A 类血液制品的重症需求量。

d_{hg}^{F}：h 医院对 F 类血液制品的其他需求量。

d_{hg}^{A}：h 医院对 A 类血液制品的其他需求量。

IP_o：血液中心中血液制品的库存量。

n_{bm}：其他血站 b 对剩余保质期为 m 的血液制品的可转运量。

决策变量：

β_{bm}：若其他血站 b 将血液转运给血液中心则为 1，反之则为 0。

B_{bm}：其他血站 b 对剩余保质期为 m 的血液的转运量。

根据以上的转运原则做出转运决策，构建模型 P1。

模型 $P1$：

$$\max f_1 = \sum_b \sum_m \beta_{bm} B_{bm} \qquad (5-17)$$

$$\max f_2 = \frac{\sum_b \sum_m (B_{bm} \times m)}{\sum_b \sum_m B_{bm}} \qquad (5-18)$$

$s.t.$

$$\sum_b \sum_m B_{bm} \leqslant \lambda(D_o - IP_o)$$

$$1 \leqslant m \leqslant M, \ 1 \leqslant \lambda \leqslant 2 \qquad (5-19)$$

$$B_{bm} = 0 \quad \forall b \qquad (5-20)$$

$$B_{bm} \leqslant n_{bm} \quad 1 \leqslant m \leqslant M, \ \forall b \qquad (5-21)$$

$$B_{bm} = \beta_{bm} B_{bm} \quad 1 \leqslant m \leqslant M \quad \forall b \qquad (5-22)$$

$$\beta_{bm} \in \{0, 1\} \quad 1 \leqslant m \leqslant M \quad \forall b \qquad (5-23)$$

$$B_{bm} \geqslant 0 \quad 1 \leqslant m \leqslant M \quad \forall b \qquad (5-24)$$

目标式（5-17）表示最大化血液转运量；目标式（5-18）表示调入的血液新鲜度最好。约束（5-19）为血液转运总量限制；式（5-20）表示剩余保质期为 1 天的血液不允许转运；式（5-21）为剩余保质期为 m 的血液制品的可转运量限制；式（5-22）、式（5-23）、式（5-24）为决策变量的值域约束。

令 $f_1^{\max}$、$f_1^{\min}$ 分别表示为 f_1 的最大值和最小值；$f_2^{\max}$、$f_2^{\min}$ 分别表示为 f_2 的最大值和最小值。将两个目标进行无量纲化处理，并将多目标优化问题转化为式（5-25）所示的单目标优化问题。

$$\max F = \omega \left[\frac{f_1}{f_1^{\max}}\right] + (1-\omega)\left[\frac{f_2}{f_2^{\max}}\right] \quad 0 \leqslant \omega \leqslant 1 \qquad (5-25)$$

采用机会约束规划处理不确定需求，约束（5 - 19）可以改写为式（5 - 26）：

$$\sum_b \sum_m B_{bm} \leq \lambda \left(\sum_{h \in H} d_{he}^A + \sum_{h \in H} d_{hs}^A + \sum_{h \in H} d_{he}^F + \sum_{h \in H} d_{hs}^F + \sum_{h \in H} \overline{d}_{hg}^F \right.$$
$$\left. + \sum_{h \in H} \overline{d}_{hg}^A - IP_o \right) - \lambda \Phi^{-1}(\alpha) \sqrt{\sum_{h \in H} (\sigma_{hg}^F)^2 + \sum_{h \in H} (\sigma_{hg}^A)^2}$$

$$(5 - 26)$$

五、血液分配决策方法

分配决策是指将血液中心的库存分配到辖区内的各个医院（见图 5 - 3）。血液不同于一般的物资，其分配决策除了保证短缺

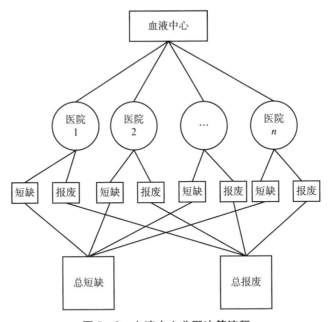

图 5 - 3 血液中心分配决策流程

量最少外，还必须充分考虑患者的公平性关切。在临床治疗中，输血需求还必须满足急诊优先、重症优先、急症优于重症等分配原则。

血液分配决策模型的相关参数描述如下：

$|H|$：血液中心所管辖的医院数量。

d_h^F：医院 h 对 F 类血液制品需求量。

d_h^A：医院 h 对 A 类血液制品需求量。

d_{he}^F：h 医院对 F 类血液制品的急症需求量。

d_{he}^A：h 医院对 A 类血液制品的急症需求量。

d_{hs}^F：h 医院对 F 类血液制品的重症需求量。

d_{hs}^A：h 医院对 A 类血液制品的重症需求量。

d_{hg}^F：h 医院对 F 类血液制品的常症需求量。

$\overline{d}_{hg}^F$：h 医院对 F 类血液制品的常症需求量均值。

d_{hg}^A：h 医院对 A 类血液制品的常症需求量。

$\overline{d}_{hg}^A$：h 医院对 A 类血液制品的常症需求量均值。

σ_{hg}^A：h 医院对 A 类血液制品的常症需求量标准差。

ω：目标所占权重。

决策变量：

Q_h^F：h 医院中 F 类血液制品的分配量。

Q_h^A：h 医院中 A 类血液制品的分配量。

Q_{he}^F：h 医院中 F 类血液制品急症病人的分配量。

Q_{he}^A：h 医院中 A 类血液制品急症病人的分配量。

Q_{hs}^F：h 医院中 F 类血液制品重症病人的分配量。

Q_{hs}^A：h 医院中 A 类血液制品重症病人的分配量。

Q_{hg}^F：h 医院中 F 类血液制品其他病人的分配量。

Q_{hg}^A：h 医院中 A 类血液制品其他病人的分配量。

为了衡量血液分配过程的公平性，在此，引入经济收入公平性的评价指标——基尼系数（Gini index），作为血液分配的目标函数。我国常用的基尼指数为：

$$f = \frac{1}{2n^2 \bar{u}} \sum_i \sum_j |u_i - u_j| \,, \quad i \neq j \qquad (5-27)$$

其中：$\bar{u}$ 表示所有行业的平均收入；u_i、u_j 表示第 i 和第 j 个行业的平均收入；n 表示行业的种类数。

令 $\bar{u} = \dfrac{\sum\limits_{h \in H} Q_h}{\sum\limits_{h \in H} d_h}$ 为各医院 h 对分配的血液制品的满足率的均值；

则 $u_i = \dfrac{Q_i}{d_i}$，$i \in H$、$u_j = \dfrac{Q_j}{d_j}$，$j \in H$ 分别为医院 i 和医院 j 对分配的血液制品的满足率。可得，基于基尼系数的血液分配公平性指标为：

$$G = \frac{1}{2 |H|^2 \dfrac{\sum\limits_{h \in H} Q_h}{\sum\limits_{h \in H} d_h}} \sum_i \sum_j \left| \frac{Q_i}{d_i} - \frac{Q_j}{d_j} \right| \quad i \neq j \qquad (5-28)$$

至此，建立 F 类血液产品分配决策模型 $P2$：

模型 $P2$：

$$\min f_3 = \omega \frac{1}{2 |H|^2 \dfrac{\sum\limits_{h \in H} Q_h}{\sum\limits_{h \in H} d_h}} \sum_i \sum_j \left| \frac{Q_i^F}{d_i^F} - \frac{Q_j^F}{d_j^F} \right|$$

$$+ (1 - \omega) \left[\frac{\sum\limits_{h \in H} (d_h^F - Q_h^F)}{\sum\limits_{h \in H} d_h^F} \right] \quad i \neq j \qquad (5-29)$$

s. t.

$$\left(d_{ie}^F - d_{je}^F\right)\left(\frac{Q_{ie}^F}{d_{ie}^F} - \frac{Q_{je}^F}{d_{je}^F}\right) \geqslant 0 \quad i \neq j, \quad i, j = 1, 2, \cdots, n$$

$$(5-30)$$

$$\left(d_{is}^F - d_{js}^F\right)\left(\frac{Q_{is}^F}{d_{is}^F} - \frac{Q_{js}^F}{d_{js}^F}\right) \geqslant 0 \quad i \neq j, \quad i, j = 1, 2, \cdots, n$$

$$(5-31)$$

$$\left(d_{ig}^F - d_{jg}^F\right)\left(\frac{Q_{ig}^F}{d_{ig}^F} - \frac{Q_{jg}^F}{d_{jg}^F}\right) \geqslant 0 \quad i \neq j, \quad i, j = 1, 2, \cdots, n$$

$$(5-32)$$

$$\begin{cases} Q_{ie}^F = d_{ie}^F \quad \sum_i d_{ie}^F \leqslant IP_o^F \leqslant \sum_i d_{ie}^F + \sum_i d_{is}^F, \quad i = 1, 2, \cdots, n \\ Q_{ie}^F + Q_{is}^F = d_{ie}^F + d_{is}^F \quad IP_o^F \geqslant \sum_i d_{ie}^F + \sum_i d_{is}^F, \quad i = 1, 2, \cdots, n \end{cases}$$

$$(5-33)$$

$$\frac{Q_{ie}^F}{d_{ie}^F} \geqslant \frac{Q_{is}^F}{d_{is}^F} \geqslant \frac{Q_{ig}^F}{d_{ig}^F} \quad i = 1, 2, \cdots, n \qquad (5-34)$$

$$0 \leqslant \frac{Q_{ie}^F}{d_{ie}^F}, \frac{Q_{is}^F}{d_{is}^F}, \frac{Q_{ig}^F}{d_{ig}^F} \leqslant 1 \quad i = 1, 2, \cdots, n \qquad (5-35)$$

$$Q_i^F = Q_{ie}^F + Q_{is}^F + Q_{ig}^F \qquad (5-36)$$

$$\begin{cases} d_h^F = d_{he}^F + d_{hs}^F + d_{hg}^F \quad h = 1, 2, \cdots, n \\ d_{hg}^F \sim N(\overline{d}_{hg}^F, \sigma_{hg}^{F2}) \quad h = 1, 2, \cdots, n \end{cases} \qquad (5-37)$$

$$0 \leqslant \sum_{h \in H} Q_h^F \leqslant \left(IP_o^F + \sum_{m=r}^M B_{bm}\right) \qquad (5-38)$$

$$0 \leqslant Q_h^F \leqslant d_h^F \quad i = 1, 2, \cdots, n \qquad (5-39)$$

目标（5-29）表示公平性最好与血液短缺率最少；式（5-30）

表示急症病人优先，即急症需求较多的医院其急症需求满足率较高；式（5-31）表示重症病人优先；式（5-32）表示对常症需求的公平分配；式（5-33）表示若血液供应量满足急症需求，但不能满足重症需求和常症需求之和，则优先满足急症需求，次优先满足重症需求，最后再满足常症需求；式（5-34）表示急症需求的满足率大于重症需求的满足率，重症需求的满足率大于常症需求的满足率；（5-35）表示 F 类血液的需求满足率大于 0 且小于等于 1；式（5-36）表示总分配量为急症、重症和常症需求分配量的总和；式（5-37）表示血液需求为急症需求、重症需求以及常症需求之和，其中常症需求量服从正态分布；式（5-38）表示血液分配量小于当前库存量；式（5-39）表示血液分配量不大于需求量。

将式（5-32）运用机会约束规划变形为 $\Phi^{-1}(\alpha)\left(\dfrac{\sigma_{ig}^{F}}{\sigma_{jg}^{F}}Q_{jg}^{F}-\right.$ $\left.\dfrac{\sigma_{jg}^{F}}{\sigma_{ig}^{F}}Q_{ig}^{F}\right)\leqslant\dfrac{\overline{d}_{jg}^{F}}{d_{ig}^{F}}Q_{ig}^{kF}+\dfrac{\overline{d}_{ig}^{F}}{d_{jg}^{F}}-Q_{jg}^{F}Q_{ig}^{F}-Q_{jg}^{F}$，将式（5-34）运用机会约束规划变形为 $\dfrac{Q_{ie}^{F}}{d_{ie}^{F}}\geqslant\dfrac{Q_{is}^{F}}{d_{is}^{F}}\geqslant\dfrac{Q_{ig}^{F}}{d_{ig}^{F}}+\Phi^{-1}(\alpha)\dfrac{Q_{ig}^{F}}{\sigma_{ig}^{F}}$，将式（5-35）中其他需求满足率运用机会约束规划变形为 $0\leqslant\dfrac{Q_{ig}^{F}}{d_{ig}^{F}}+\Phi^{-1}(\alpha)\dfrac{Q_{ig}^{F}}{\sigma_{ig}^{F}}\leqslant 1$，将式（5-39）运用机会约束规划变形为 $0\leqslant Q_{h}^{F}\leqslant d_{he}^{F}+d_{hs}^{F}+\overline{d}_{hg}^{F}-\Phi^{-1}(\alpha)\sigma_{ig}^{F}$。

A 类血液制品的库存分配模型与模型 P2 相同。只需在分配决策前，更新库存策略。

六、离散事件仿真系统

离散事件系统是由离散事件驱动的，并且由离散事件按一定的运行规则相互作用，导致状态动态变化的一种系统。对离散事件系统建立模型及进行分析的过程就是离散事件系统仿真。通过该方法模拟要研究的离散系统的行为，记录重要参数，并分析系统的性能，从而指导现实生活中的实际运作活动。鉴于血液的易腐性、需求的随机性、多产品、多阶段性等复杂性，大量研究者采用离散事件系统仿真的手段来进行库存系统优化[107,108]。考虑到血液供需信息的波动性，库存状态的多维性，采集、转运与分配等决策的动态性和复杂性等特征，本章使用离散事件系统仿真研究血液的供应链决策问题。通过系统运行，记录缺血量、报废量、新鲜度等重要参数，分析库存管理效果。同时通过仿真实验对一些重要参数执行敏感性分析，得出一些有益的管理启示，指导血站优化库存管理运作。血液供应链管理是一个动态过程，其基本流程可描述为图 5 - 1。具体操作过程描述如下：

步骤一：记录期初库存状态。

步骤二：整合所有医院的需求订单。

步骤三：通过以下的方法，判断是否满足转运条件。

（1）若血液中心的库存量 IP_o 大于等于总需求量 D_o，即 $IP_o \geq D_o$，则不需要进行转运。

（2）若血液中心的库存量 IP_o 小于总需求量 D_o，

①若其他血站 b 的库存量 IP_{bo} 小于等于自身可转运量 n_{bm}，

即
$$\begin{cases} IP_o < D_o \\ \sum_{m=1}^{M} n_{bm} \leqslant 0 \end{cases} \forall b，其中 \sum_{m=1}^{M} n_{bm} = IP_b - D_b，则不需要进$$

行转运。

②若其他血站的库存量 IP_b 大于自身的可转运量 n_{bm}，

即
$$\begin{cases} IP_o < D_o \\ \sum_{m=1}^{M} n_{bm} > 0 \end{cases} \forall b，其中 \sum_{m=1}^{M} n_{bm} = IP_b - D_b 可以进行转运。$$

步骤四：应用转运模型，进行转运决策。模型在 Matlab 仿真系统中通过调用 IPOPT 求解。

步骤五：应用库存决策方法，进行血液采集决策。

步骤六：$t - L$ 天前的采集血液入库，更新库存状态。

步骤七：应用血液分配决策模型，进行血液分配决策。其中 F 类血液先进行分配决策，之后更新库存状态，再分配 A 类血液需求。分配模型在 Matlab 仿真系统中通过调用 IPOPT 求解。

步骤八：计算血液的缺血量、过期报废量、公平性等指标。

步骤九：更新期末的库存状态。

步骤十：进入下一日。

当最优的库存策略挑选出来以后，接下来则对该库存策略进行敏感性分析。首先依然随机模拟大量的需求事件，然后输入不同的库存参数，计算不同库存参数下的库存策略的缺血量、过期报废量以及公平性等指标，通过比较这些指标的差异设计合适的库存控制参数。敏感性分析流程见图 5 - 4。

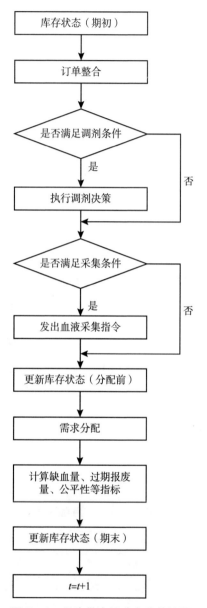

图5－4　血液供应链动态决策流程

第三节 数 值 仿 真

一、血液供应链决策

取中国西部某市血液中心红细胞制品的调研数据进行数值仿真。辖区内有 20 家医院，其需求信息见表 5 – 1 和表 5 – 2。血液中心周围存在着 4 个异地血站，每个血站的日可转运血液库存状态每日通过信息系统传递给血液中心。血液中心的初始库存状态见表 5 – 3。血液中心的最大可采集量信息见表 5 – 4 与表 5 – 5。血液制品的最大保质期 M 为 21 天，提前期 $L = 1$ 天，F 类血液制品的剩余有效期阈值为 15 天。根据中国医院输血临床经验，F 类血液需求比例取 30%，其余为 A 类血液需求。选择暑假作为研究时段。中国高校暑假约为 6 周，即 42 天。为了准确涵盖季节性血荒周期，将暑假前后各 42 天纳入仿真周期。即，仿真周期长度为 126 天。

表 5 –1 医院急症和重症用血需求

医院	星期一		星期二		星期三		星期四		星期五		星期六		星期日	
	急症	重症	急症	重症	急症	重症	急症	重症	急症	重症	急症	重症	急症	重症
1	18.3	27.45	12.68	19.03	12.65	18.98	11.73	17.59	14.13	21.19	3.1	4.65	3.19	4.79
2	14.24	21.35	9.87	14.8	9.84	14.76	9.12	13.68	10.99	16.48	2.41	3.62	2.48	3.73
3	21.73	32.6	15.06	22.6	15.02	22.54	13.92	20.89	16.78	25.16	3.68	5.52	3.79	5.69

续表

医院	星期一		星期二		星期三		星期四		星期五		星期六		星期日	
	急症	重症	急症	重症	急症	重症	急症	重症	急症	重症	急症	重症	急症	重症
4	12.22	18.32	8.47	12.7	8.44	12.67	7.83	11.74	9.43	14.15	2.07	3.1	2.13	3.2
5	16.84	25.27	11.67	17.51	11.64	17.46	10.79	16.19	13	19.5	2.85	4.28	2.94	4.41
6	6.13	9.2	4.25	6.38	4.24	6.36	3.93	5.89	4.73	7.1	1.04	1.56	1.07	1.61
7	3.83	5.75	2.65	3.98	2.65	3.97	2.45	3.68	2.96	4.43	0.65	0.97	0.67	1
8	8.82	13.23	6.11	9.17	6.1	9.15	5.65	8.48	6.81	10.21	1.49	2.24	1.54	2.31
9	10.40	15.6	7.21	10.81	7.19	10.78	6.66	9.99	8.03	12.04	1.76	2.64	1.81	2.72
10	10.53	15.79	7.3	10.95	7.28	10.92	6.75	10.12	8.13	12.19	1.78	2.67	1.84	2.76
11	6.38	9.57	4.42	6.64	4.41	6.62	4.09	6.14	4.93	7.39	1.08	1.62	1.11	1.67
12	0.76	1.14	0.53	0.79	0.52	0.79	0.49	0.73	0.59	0.88	0.13	0.19	0.13	0.2
13	11.8	17.71	8.18	12.27	8.16	12.24	7.56	11.34	9.11	13.67	2	3	2.06	3.09
14	6.12	9.18	4.24	6.36	4.23	6.35	3.92	5.88	4.72	7.09	1.04	1.55	1.07	1.6
15	13.73	20.6	9.52	14.27	9.49	14.24	8.8	13.19	10.6	15.9	2.32	3.49	2.4	3.59
16	6.51	9.77	4.51	6.77	4.5	6.75	4.17	6.26	5.03	7.54	1.10	1.65	1.14	1.7
17	5.29	7.94	3.67	5.5	3.66	5.48	3.39	5.09	4.08	6.13	0.9	1.34	0.92	1.39
18	3.27	4.9	2.26	3.4	2.26	3.39	2.09	3.14	2.52	3.78	0.55	0.83	0.57	0.86
19	5.92	8.87	4.1	6.15	4.09	6.14	3.79	5.69	4.57	6.85	1	1.5	1.03	1.55
20	0.97	1.45	0.67	1.01	0.67	1.01	0.62	0.93	0.75	1.12	0.16	0.25	0.17	0.25

表5-2　　　　　　　　　　医院常规用血需求信息

医院	星期一		星期二		星期三		星期四		星期五		星期六		星期日	
	期望	方差	期望	方差	期望	方差	期望	方差	期望	方差	期望	方差	期望	方差
1	45.76	20.342	31.71	11.262	31.63	12.042	29.32	10.282	35.32	11.162	7.75	2.752	7.99	3.162
2	35.59	16.942	24.67	10.582	24.6	11.262	22.8	9.952	27.47	10.142	6.03	2.662	6.21	2.552
3	54.34	22.172	37.66	15.542	37.56	16.392	34.81	12.292	41.94	18.72	9.2	3.522	9.48	4.632
4	30.54	14.622	21.17	11.052	21.11	10.292	19.57	9.222	23.58	10.022	5.17	2.392	5.33	2.222

续表

医院	星期一		星期二		星期三		星期四		星期五		星期六		星期日	
	期望	方差	期望	方差	期望	方差	期望	方差	期望	方差	期望	方差	期望	方差
5	42. 11	19. 522	29. 19	13. 682	29. 11	14. 432	26. 98	10. 822	32. 5	13. 462	7. 13	2. 982	7. 35	3. 652
6	15. 33	6. 772	10. 63	4. 252	10. 6	4. 72	9. 82	4. 532	11. 83	4. 932	2. 6	1. 12	2. 68	1. 292
7	9. 58	4. 312	6. 64	2. 522	6. 62	2. 182	6. 14	2. 162	7. 39	3. 852	1. 62	0. 662	1. 67	0. 662
8	22. 06	10. 122	15. 29	6. 902	15. 25	7. 442	14. 13	6. 832	17. 02	6. 912	3. 74	1. 282	3. 85	1. 382
9	26	12. 342	18. 02	8. 052	17. 97	7. 342	16. 66	7. 52	20. 07	9. 942	4. 4	1. 732	4. 54	1. 892
10	26. 32	5. 432	18. 25	8. 092	18. 2	7. 412	16. 87	7. 562	20. 32	9. 022	4. 46	1. 752	4. 6	1. 822
11	15. 96	7. 012	11. 06	4. 422	11. 03	4. 882	10. 23	4. 662	12. 32	5. 132	2. 7	1. 252	2. 79	1. 252
12	1. 9	0. 462	1. 315	0. 62	1. 31	0. 612	1. 22	0. 582	1. 47	0. 392	0. 32	0. 142	0. 33	0. 132
13	29. 51	11. 342	20. 45	10. 452	20. 4	9. 082	18. 91	7. 062	22. 78	8. 782	4. 99	1. 332	5. 15	2. 152
14	15. 3	5. 772	10. 605	5. 252	10. 58	4. 72	9. 805	4. 522	11. 81	4. 922	2. 59	1. 22	2. 67	1. 32
15	34. 33	13. 622	23. 79	11. 352	23. 73	10. 032	21. 99	9. 772	26. 5	12. 862	5. 81	2. 592	5. 99	2. 472
16	16. 28	6. 132	11. 28	5. 52	11. 25	4. 972	10. 43	4. 732	12. 57	5. 242	2. 76	1. 272	2. 84	1. 42
17	13. 23	5. 942	9. 165	4. 672	9. 14	4. 092	8. 48	3. 072	10. 21	4. 232	2. 24	1. 132	2. 31	1. 312
18	8. 17	3. 092	5. 66	2. 022	5. 65	2. 352	5. 23	2. 072	6. 3	2. 252	1. 38	0. 452	1. 43	0. 622
19	14. 79	4. 572	10. 25	4. 112	10. 23	5. 052	9. 48	3. 412	11. 42	5. 062	2. 51	1. 062	2. 58	1. 162
20	2. 42	1. 082	1. 675	0. 682	1. 68	0. 662	1. 55	0. 692	1. 87	0. 752	0. 41	0. 152	0. 42	0. 152

表 5 - 3　　　　　　　　血液中心的初始库存状态

剩余保质期	库存量	剩余保质期	库存量	剩余保质期	库存量	剩余保质期	库存量
1	16. 8	7	20. 72	13	19. 6	19	39. 2
2	16. 8	8	19. 6	14	19. 6	20	27. 16
3	16. 8	9	19. 6	15	18. 2	21	26. 88
4	16. 8	10	19. 6	16	18. 2	合计	448. 84
5	19. 6	11	19. 6	17	16. 8	—	—
6	21. 28	12	19. 6	18	36. 4	—	—

表 5 – 4   日常血液可采集量信息

时间	统计分布	特征参数
星期一	Normal	$N \sim N(738.75, 370.06^2)$
星期二	Normal	$N \sim N(668.24, 320.35^2)$
星期三	Normal	$N \sim N(613.43, 307.36^2)$
星期四	Normal	$N \sim N(754.77, 315.17^2)$
星期五	Normal	$N \sim N(725.28, 311.17^2)$
星期六	Normal	$N \sim N(484.76, 225.38^2)$
星期日	Normal	$N \sim N(465.83, 210.59^2)$

表 5 – 5   寒暑假期间的血液可采集量信息

时间	统计分布	特征参数
星期一	Normal	$N \sim N(147.75, 69^2)$
星期二	Normal	$N \sim N(133.65, 65.08^2)$
星期三	Normal	$N \sim N(122.69, 62.45^2)$
星期四	Normal	$N \sim N(150.95, 55.06^2)$
星期五	Normal	$N \sim N(145.06, 67.72^2)$
星期六	Normal	$N \sim N(96.95, 34.46^2)$
星期日	Normal	$N \sim N(93.17, 36.2^2)$

采用 EWA 策略，按照图 5 – 5 所示流程进行库存参数组合的敏感性分析。大量的数值仿真表明，安全库存量 SS 取 $1.8 \times \sum_{h \in H} fd_h$，目标库存水平 TSL 取 2000U 比较合理。在最优控制参数下，继续模拟 20 个随机事件，每个事件随机运行 126 天，取平均值得到运行结果见表 5 – 6。结果表明，FIFO 策略可以降低缺血量，同时减少血液转运。

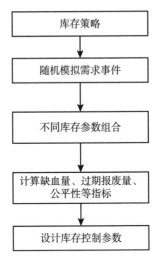

图 5 – 5　敏感性分析流程

表 5 – 6　　　　　　　　　　　EWA 策略下的最优结果

库存策略	短缺量		平均公平指数		总转运量		总采集量		总过期量
	短缺天数	总短缺量	F 类血液	A 类血液	F 类血液	A 类血液	F 类血液	A 类血液	
FIFO（平时）	0	0	0	0	870.42	7790	3169.55	16629.38	0
FIFO（暑假）	28	8568.36	0.02	0.41	1536.03	6222.28	3886.95	811.05	0
LIFO（平时）	0	0	0	0	1177.63	10725.71	3620.49	32436.97	6186.26
LIFO（暑假）	30	9872.64	0.02	0.42	1894.44	5556.69	3250.73	2019.28	0

二、主要库存策略的比较

接下来，分析不同库存策略的决策效果。按照图 5 – 6 所示，分别输入 EWA（FIFO）、EWA（LIFO）、（s，S）（FIFO）、（s，S）（LIFO）、（s，Q）（FIFO）、（s，Q）（LIFO）、（t，S）（FIFO）、 （t，S）（LIFO）8 种库存策略。同样模拟 20 个随机事件，每个事件随机运行 126 天，得到缺血量、过期报废量以及公平性等指标。通过比较这些指标，最终选择出较好的库存策略。

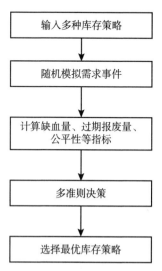

图 5－6 最优库存策略选择流程

假期内不同库存策略的决策指标见表 5－7。基于理想点法的评估结果表明，EWA（FIFO）库存策略是比较合理的库存策略，而（t，S）（LIFO）库存策略则是最不可行的策略。

表 5－7 不同库存策略的各项指标

库存策略	F 类血液总短缺量	A 类血液总短缺量	总报废量	F 类血液总转运量	A 类血液总转运量	F 类血液总采集量	A 类血液总采集量	平均公平指数
EWA（FIFO）	227.28	8341.08	0	1536.03	6222.28	3886.95	811.05	0.43
EWA（LIFO）	491.63	9381	0	1894.44	5556.69	3250.73	2019.28	0.44

续表

库存策略	F 类血液总短缺量	A 类血液总短缺量	总报废量	F 类血液总转运量	A 类血液总转运量	F 类血液总采集量	A 类血液总采集量	平均公平指数
(s, S)（FIFO）	147.3	8536	0	921.62	1804.25	1952.65	3465.35	0.49
(s, S)（LIFO）	245.49	13066.17	26.41	1228.83	0	1818.55	4110.86	0.51
(s, Q)（FIFO）	196.4	9789.42	0	921.62	541.27	3244	2466	0.49
(s, Q)（LIFO）	245.49	1228.83	247	1228.83	0	4185	1965	0.51
(t, S)（FIFO）	2005.69	15916.14	0	1484.83	0	2636.8	453.2	0.53
(t, S)（LIFO）	2375.59	17917.78	0	1689.64	0	3625.42	2524.58	0.49

为了评估最优的库存策略，采用理想点法与灰色关联度分析法这两种经典多属性决策方法进行综合评估。基于理想点法的综合评估结果见表5-8与图5-7。

表5-8　　　　　理想点法的 D 值和相对接近度排序

库存策略	D_i^+	D_i^-	C_i	排序
EWA（FIFO）	1.967	0.3337	0.145	1
EWA（LIFO）	1.8522	0.3924	0.1748	2
(s, S)（FIFO）	1.81	0.7482	0.2925	3
(s, S)（LIFO）	1.6994	0.9851	0.367	5
(s, Q)（FIFO）	1.7793	0.8232	0.3163	4
(s, Q)（LIFO）	1.5361	1.2905	0.4565	6
(t, S)（FIFO）	1.1555	1.0465	0.4752	7
(t, S)（LIFO）	1.0524	1.187	0.53	8

注：D_i^+ 为距离最大值的长度、D_i^- 为距离最小值的长度，C_i 为相对接近度。

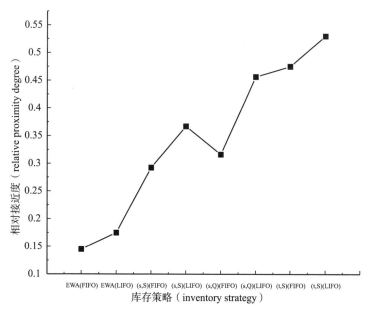

图 5 - 7　理想点法的相对接近度排序

　　基于灰色关联度分析方法的综合评估结果见表 5 - 9 与图 5 - 8。基于灰色关联度分析的决策结果表明，EWA（FIFO）库存策略是最为合理的库存策略；而（t，S）（LIFO）库存策略的效果较差。其结论与理想点法几乎一致。因此，本章采用的 EWA 库存策略效果较好。

表 5 - 9　　　　　　　　灰色关联法的关联系数

底层指标	EWA (FIFO)	EWA (LIFO)	(s, S) (FIFO)	(s, S) (LIFO)	(s, Q) (FIFO)	(s, Q) (LIFO)	(t, S) (FIFO)	(t, S) (LIFO)
F 类血液总短缺量	0.9753	0.9480	0.9838	0.9733	0.9785	0.9733	0.8171	0.7904
A 类血液总短缺量	0.5179	0.4885	0.5121	0.4068	0.4779	0.8794	0.3602	0.3333
报废量	1	1	1	0.9971	1	0.9732	1	1

续表

底层指标	EWA （FIFO）	EWA （LIFO）	（s, S） （FIFO）	（s, S） （LIFO）	（s, Q） （FIFO）	（s, Q） （LIFO）	（t, S） （FIFO）	（t, S） （LIFO）
F 类血液总转运量	0.8536	0.8255	0.9067	0.8794	0.9067	0.8794	0.8578	0.8413
A 类血液总转运量	0.5901	0.6172	0.8324	1	0.9430	1	1	1
F 类血液总采集量	0.6974	0.7338	0.8210	0.8313	0.7342	0.6816	0.7726	0.7119
A 类血液总转运量	0.9170	0.8161	0.7211	0.6855	0.7842	0.8201	0.9518	0.7802
平均公平指数	1	1	0.9999	0.9999	0.9999	0.9999	0.9999	0.9999
关联度 R	0.9184	0.8856	0.8126	0.7286	0.7616	0.8607	0.7269	0.6577
优劣次序	1	2	4	6	5	3	7	8

评价结果见图 5 - 8。

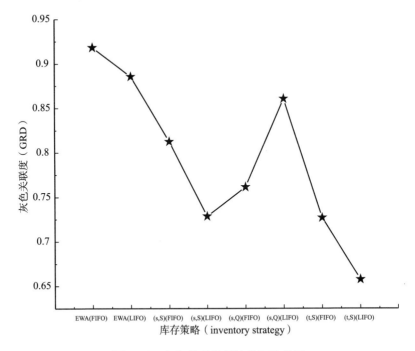

图 5 - 8　灰色关联分析法的评价结果

三、关键参数的敏感性分析

（一）安全库存量的灵敏度分析

取目标库存水平 $TSL = 2000$，对安全库存量 SS 进行灵敏度分析。研究表明（见表 5 – 10），安全库存量的设置对决策效果有显著影响：安全库存量设置得大，缺血情况会减缓，反之缺血情况会更严重。由于对 F 类血液的需求进行优先满足，因此 F 类血液需求的短缺程度远低于 A 类血液需求的短缺程度。由于 EWA 策略会对库存情况进行预测，因此会提前向异地血站发出转运指令，尽可能地将符合要求的血液转运到血液中心的库存中。安全库存量 SS 的变化对采集量也存在影响，安全库存量越高，则需要的采集量越大。

表 5 – 10　　　　　　　　安全库存指数灵敏度分析

TSL	SS	F 类血液总短缺量	A 类血液总短缺量	总采集量	平均公平指数	总报废量
2000	1.1	261.16	11435.13	24114	0.39	0
	1.3	227.28	9379.31	25018	0.36	0
	1.6	227.28	8820.21	24249	0.42	0
	1.8	227.28	8341.08	24497	0.43	0

（二）目标库存水平的灵敏度分析

取安全库存量 $SS = 1.8 \times \sum_{h \in H} fd_h$ ，对目标库存水平 TSL 进行

灵敏度分析。由表5-11可知，目标库存水平的设置量对库存决策的效果有着显著影响：对目标库存水平进行适当的提高，可以有助于降低血液的短缺量，但同时也会增加血液的采集量。由于短缺量的降低，不断地满足各个医院的急症需求和重症需求，因此公平指数也越来越小，各个医院的需求满足率也不断趋于一致。

表5-11　　　　　　　　　　目标库存水平灵敏度分析

SS	TSL	F类血液总短缺量	A类血液总短缺量	总采集量	平均公平指数	总报废量
	1000	297.58	10508.26	21999	0.29	0
1.8	1500	227.28	9058.34	24934	0.36	0
	2000	227.28	8341.08	24497	0.43	0

（三）血液需求波动的仿真分析

将实际需求在预测需求的上下以一定的幅度进行波动。然后在这个波动范围内，产生大量需求事件。由表5-12可见需求波动越大，其可能产生的短缺量越大。

表5-12　　　　　　　　　　血液需求波动的灵敏度分析

参数	波动程度（%）	F类血液总短缺量	A类血液总短缺量	总采集量	平均公平指数	总报废量
SS = 1.8 TSL = 2000	20	617.24	11617.5	28106	0.49	0
	10	422.26	10097.92	23577	0.46	0
	5	368.04	9854.33	24558	0.45	0

在需求波动较大的情况下，对目标库存水平进一步进行灵敏度分析。表5-13的分析结果显示，目标库存水平对决策影响依然存在着重要影响，随着目标库存水平的增加，血液的短缺量减少，采集量增加。

表5-13　　　需求剧烈波动下的安全库存量灵敏度分析

参数	TSL	F类血液总短缺量	A类血液总短缺量	总采集量	平均公平指数	总报废量
SS = 1.8 20%	1000	765.54	15169.45	23840	0.35	0
	1500	617.24	11901.49	27798	0.49	0
	2000	617.24	11617.5	28106	0.49	0

在需求波动较大的情况下，对安全库存量进行灵敏度分析。表5-14同样说明了，安全库存量水平的设置对库存决策有重要影响。

表5-14　　　需求剧烈波动下的目标库存水平灵敏度分析

参数	SS	F类血液总短缺量	A类血液总短缺量	总采集量	平均公平指数	总报废量
TSL = 1500 20%	1.3	617.25	11979.22	27650	0.45	0
	1.6	617.25	11901.5	27798	0.49	0
	1.8	617.24	11901.49	27798	0.49	0
TSL = 2000 20%	1.3	617.25	13310.4	26572	0.41	0
	1.6	628.06	11935.88	27553	0.45	0
	1.8	67	10601.87	55863.77	0.49	0

在上述所有的灵敏度分析中，采用 EWA 库存策略，其所有的血液的过期报废量都为 0，说明 EWA 策略能够很好地解决血液浪费的问题。

本 章 小 结

本章研究不确定供需环境下考虑血液产品生命周期状态的血液供应链决策问题，并基于离散事件系统仿真建立血液供应链决策的仿真方法。在仿真过程中集成血液采集决策、血液转运决策与血液分配决策。提出一种 EWA 库存策略，并设计一套关键库存参数设计的敏感性分析方法。本章的主要贡献有：（1）以转运时间最短、运送血液的新鲜度最大为目标，构建紧缺血液产品的转运决策优化模型，研究转运决策的触发条件及转运量决策规则。（2）以公平性最好、总体短缺量最小为目标，建立具有多类优先级（急诊优先、重症优先、急症优于重症等）需求的分配规划模型。（3）基于血液短缺量、过期报废量以及公平指数等指标，比较分析不同的库存策略，发现 EWA 库存策略最优。（4）灵敏度分析实验表明，安全库存量、目标库存水平、需求的波动幅度等对血液库存控制效果均有重要影响。应反复模拟测试可能发生的各类随机事件，然后根据计划需要，确定合理的库存控制参数。

进一步研究，可以考虑极端缺血条件下血液产品的替代问题，在血液供应链动态决策过程中研究不同血型替代策略的边界条件与优化方案。

第六章

突发公共卫生事件应急血液两阶段转运－分配决策多目标优化

第一节 引 言

新冠疫情的暴发对全球血液供应链安全构成了严重威胁[114]。2020 年 3 月，美国的献血活动被取消，血液供应量骤减[115]。在疫情肆虐的形势下，许多国家的采供血机构只能维持 1～2 天的库存量。而他们过去则通常维持 1～2 周的血液库存量[116]。与非疫情年相比，印度在封锁阶段的血液采集量减少了 35.13%[117]。2020 年上半年，中国 30 多个大中城市出现了不同程度的血液库存短缺。针对这种情况，整合跨区域血液转运、灾区血液库存补充、血液制品配送等环节，对优化灾区血液供应链具有重要意义。

研究人员对常规环境下的血液转运[118,119]和血液分配[120,121]已经进行了广泛的研究。一些研究人员也对自然灾害紧急情况下的血液转运和分配进行了研究。与以往研究不同，新冠疫情期间的血液转运和分配问题更为复杂[122~124]。首先，新冠疫情期间的血液转运和分配可分为两个不同的阶段。在疫情的第一阶段，疫区的人员流动受到严格控制。这导致当地献血者数量急剧减少，因此疫区的自采血渠道基本中断。在初始库存外，只能通过跨区域转运来补充血液库存。在疫情消退的第二阶段，人流部分恢复。这时，一些低风险地区的血站可以采血。除了通过跨地区转运补充血液外，可以通过本地采集补充部分血液库存，也可以从区域内其他受灾点的低风险血站转运。其次，转运问题与分配问题相互影响。显然，将跨域转运和分配优化这两个问题集成决策，更有利于提高血液供应链绩效。此外，血液制品的大规模跨域转运涉及多种运输方式的选择。不同运输方式的选择会影响血液制品的质量。因此，宜将该问题定义为考虑运输模式选择的两阶段跨域转运 – 分配集成决策问题。

以往关于血液供应链的研究通常追求血液制品的充足供应和较少报废[125,126]。本章根据重大疫情下血液供应链的特点，拓展了问题的优化目标。首先，本章考虑了不同运输方式和初始新鲜度对血液制品质量的影响，建立了接收血液制品质量最佳的优化目标。其次，建立了灾区血液制品分配满意度最优的目标函数。其中，考虑了需求的紧迫性。最后，本章建立的成本目标函数还包括血液短缺的惩罚成本。此外，血液制品的调度过程是一个冷链过程。本章考虑了血液制品的冷链成本，这在以往的文献中很少考虑。

鉴于此，本章综合考虑新冠疫情期间血液保障问题的众多复杂特性，如两阶段多式联运、不同运输方式对血液制品质量的影响、全程冷链和血液制品配送满意度等。该问题是一个多目标优化问题，旨在优化血液的转运与分配。表 6－1 总结了本章与以往研究的主要区别。

表 6－1　　　　　　　　相关研究及其特征

文献	多目标	经济成本	冷链	短缺	多阶段	血液质量	满意度	疫情风险
[17]				√	√		√	√
[18]				√			√	
[19]		√		√		√		
[20]	√	√			√			
[21]		√		√				
[22]	√	√		√				
[6]	√	√		√		√	√	
[7]		√		√				
[23]		√				√		
[24]	√	√				√		
[25]				√			√	
[26]	√	√			√	√		
本章	√	√	√	√	√	√	√	√

　　本章的贡献如下：（1）将新冠疫情期间新出现的两阶段血液转运－分配问题表述为一个多目标优化问题。该问题源于但不限于血液供应链行业。如上节所述，提出的问题考虑了疫情的许多新特点，如两阶段、跨区域和多式联运，不同运输方式对血液制品质量、全程冷链和分配满意度等。（2）根据模型的特点，设计

了一种定制化的多目标鲸鱼优化算法（MOWOA）。该算法采用整数编码且引入了贪婪规则。

接下来的内容安排如下：第二节回顾了相关文献；第三节介绍了问题描述和数学模型；第四节讨论了所提出的改进MOWOA；第五节进行了计算实验和案例研究；最后是结论和未来工作。

第二节　文 献 综 述

本节将回顾以下三类相关文献。常规环境下的血液转运和分配问题、应急情况下的血液转运和分配问题以及新冠疫情中的血液供应链管理。

一、常规环境下的血液转运与分配问题

由于血液制品具有易腐性等生理特点，血液制品的运输和分配决策与常规物资不同。除经济成本外，此类研究通常还考虑易腐性和利用率等特点。布罗德海姆和普拉斯塔科斯（Brodheim & Prastacos）[120]对长岛血液分配系统进行了研究，该系统根据程序化的血液配送系统模型和策略，最大限度地提高了血液的可用性和利用率。皮尔斯卡拉和萨塞蒂（Pierskalla & Sassetti）[118]发现血站之间的血液转运可以有效降低系统成本。萨庞齐斯（Sapountzis）[49]建立了一个整数编程模型来解决从中心血站到地方医院

的血液分配问题。该模型考虑了配送血液的不同生命周期，以减少过期量。西马库马尔和加内什（Sivakumar & Ganesh）[137]分别分析了公立与私立血液保障系统的结构体系，使用混合整数规划与层次分析法的组合分析模型，以解决血液的分配与运输路径集成问题。海姆梅尔和多恩（Hemmelmayr & Doerne）[138]研究了如何经济有效地组织奥地利医院的血液制品运送，所开发的方法基于整数规划和变量邻域搜索。朗恩（Lang）[139]研究了血液库存控制问题，同时考虑了血型替代和转运策略。马丁内利等（Martinelly et al.）[140]提出了血液配送路线的设计和优化，并研究了医院间兼容产品替代和转运对血液需求满足的影响。德哈尼（Dehghani）[119]为血液供应链中的主动转运问题建立了一个两阶段随机规划模型。其主要目标是在浪费和短缺之间建立有效的平衡。周等（Zhou et al.）[6]研究了血液供应链的动态决策问题，建立了运输时间最短、新鲜度最大的双目标血液转运优化模型。根据疫情特点，本章同样研究了考虑新鲜度的血液转运问题，且进一步考虑了不同运输方式对血液质量的影响。

二、新冠疫情下的血液供应链管理

新冠疫情导致全球血液库存短缺[145]。目前，关于新冠疫情下血液供应链管理的文献较少。新冠疫情的血液供应链管理涉及一些新的因素，如病毒变异、地区风险、人类行为对病毒传播的影响等。阿伊尔迪兹等（Ayyildiz et al.）[146]介绍了新冠疫情恢复阶段的血浆供应预测模型，以帮助设计更有效的血液供应链机制。吉拉尼等（Gilani et al.）[55]提出了一种稳健的多阶段优化方法来建立供血网络模型，以确保高效采血。萨马尼和霍萨尼－莫特拉格（Samani & Hosseini－Motlagh）[147]通过两阶段优化工具，提出了一种协调活动的机制，以缓解新冠疫情期间的血液短缺问题。凯南和迪亚巴特（Kenan & Diabat）[127]在新冠疫情期间使用两阶段随机规划研究了血液供应链网络设计问题。与上述文献不同的是，本章综合考虑了新冠疫情背景下血液制品调度的一些新特点，如疫区风险、不同运输方式对血液制品质量的影响、全程冷链、分配满意度等。在此基础上，提出了血液转运－分配决策的新型多目标优化模型。

第三节　应急血液两阶段转运－分配模型

一、问题描述

假设物流网络中包含如图6－1所示的血站体系，网络中，有多个出救血站和多个受灾血站。每个受灾血站服务于多家医院。血制品从出救血站转运到受灾血站，然后每个受灾血站将血制品分配给其区域内的医院。在第一阶段，由于风险高，灾区采集血液的工作被迫中断。血站补充的血液只能跨地区转运。在第二阶段，低风险地区的一些血站恢复采血，低风险地区也允许受灾血站之间转运血液制品。

　　血液转运有多种方式，如公路运输和航空运输。不同的运输方式会影响血液制品的质量。因此，除了转运血液的新鲜度外，收到的血液制品的质量也取决于选择的运输方式。此外，短缺惩罚成本也被纳入总成本目标。在现实中，血液短缺会造成严重后果，表现为手术延迟或紧急采血费用的增加等。这种设定在血液供应链管理中被广泛采用。在流行病期间，为确保满足血液制品的紧急需求，疫区血液制品的满意分配也被列为优化目标。因此，模型设计三个优化目标：（1）转运血液制品的质量；（2）血液需求的满意度；（3）包含短缺惩罚的总成本。

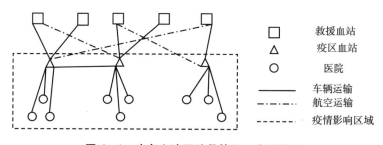

图6－1　应急血液两阶段转运－分配图示

二、应急环境下的血液转运与分配问题

　　以往关于应急血液转运和分配问题的研究主要集中在地震方面[131]。由于血液制品具有独特的生理特点和保障属性，其应急转运策略与其他应急物资有着明显的不同[128]。王和马（Wang & Ma）[128]构建了基于库龄的紧缺血液转运模型，并提出了两种血液转运的优选方法。王等（Wang et al.）[131]基于矩模糊集描述了灾后血液需求的不确定性，提出了两阶段分布式鲁棒优化模型来设计血液供应链网络。贝鲁兹和蒙福雷德（Behroozi & Monfared）[141]利用六目标优化框架研究了紧急情况下的血液供应链网络设计问题。该问题被描述为混合整数线性规划模型。栾等（Luan et al.）[142]研究了灾后紧急临时血液供应点的鲁棒定位 – 分配问题。大多数血液分配研究的重点是血液供应链优化，尤其是选址或选址 – 路径问题[143,144]。

三、符号与定义

1. 集合

S：决策阶段集合，$S = \{s \mid s = 1, 2\}$。

T：各阶段的周期集合，$T = \{t \mid t = 1, 2, \cdots, t_{end}\}$。

I：出救血站集合，$i \in I$。

J：受灾血站集合，$j, n \in J$。

JH：血站 j 服务的医院集合，$jh \in JH$. 下标 jh 代表血站 j 覆盖区域内的医院 h。

M：运输方式集合，$m = \{m \mid m = 1, 2\}$，其中 $m = 1$ 表示公路运输，$m = 2$ 表示航空运输。

P：血液制品集合，其中 $P = \{p \mid p = wb, bp, rc\}$，$wb$、$bp$ 和 rc 分别代表全血、血浆和红细胞悬液。

2. 参数

d_{ij}^m：使用 m 运输方式时，地点 i 与地点 j 之间的距离。

v^m：m 运输方式的速度。

τ_{ij}^m：使用 m 运输方式从 i 到 j 的运输时间。

τ^m：使用运输方式 m 所花费的准备时间，它包括装卸货物和将货物运至机场所花费的时间。

Cap^m：m 运输方式的容量限制。

TU_s：s 阶段的运输时间限制。

ΔT^p：血液制品 p 的制冷温度系数。

c_s：单位短缺成本。

c_m：使用 m 运输方式的血液制品单位运输成本。

c_e：单位制冷成本。

f^m：m 运输方式的单次固定成本。

λ_p：血液制品 p 的产出系数。

$N(\mu_{jh}^p, \sigma_{jh}^{p2})$：$j$ 血站覆盖的 h 医院的 p 血液制品每日预测需求量，其服从均值为 μ_{jh}^p 和方差为 σ_{jh}^{p2} 的正态分布。

$de_{jh,s}^p(t)$：s 阶段 t 周期 j 血站覆盖的 h 医院对血液制品的实际需求量。

$\overline{B}_{i,s}^p$：s 阶段从 i 出救血站转运 p 血液制品的上限。

$I_{j,0}^p$：j 血站 p 血液制品的初始库存。

$I_{jh,0}^p$：j 血站覆盖的 h 医院的 p 血液制品的初始库存。

$Q_{j,s}(t)$：s 阶段 t 周期 j 血站的血液采集量。

$q_{j,s}^p(t)$：s 阶段 t 周期 j 血站 p 血液制品的制备量。

$r_{j,s}$：若 j 血站 s 阶段为低风险地区则为 1，否则为 0。

3. 中间变量

$I_{j,s}^p$：j 血站 p 血液制品在 s 阶段末的库存。

$I_{jh,s}^{p}$：j 血站覆盖的 h 医院的 p 血液制品在 s 阶段末的库存。

$x_{j,s}^{p}$：s 阶段 j 血站中 p 血液制品的可分配量。

$R_{jh,s}^{p}$：s 阶段 j 血站覆盖的 h 医院的 p 血液制品的短缺量。

4. 决策变量

$x_{ij,s}^{p}$：s 阶段从 i 出救血站转运往 j 受灾血站的 p 血液制品的数量。

$X_{jn,s}^{p}$：s 阶段从 j 血站转运往 n 受灾血站的 p 血液制品的数量。

$y_{ij,s}^{m}$：s 阶段从 i 出救血站转移到 j 受灾血站使用 m 运输方式的车辆或飞机数量。

$z_{jh,s}^{p}$：s 阶段由 j 受灾血站向 h 医院分配的 p 血液制品的数量。

四、目标函数

基于上述问题描述，推导模型的以下三个目标函数。

1. 转运血液制品的质量目标

设 θ^{m} 为 m 运输方式的恶化率参数。式（6 - 1）旨在最大限度地提高血液制品的质量。相关研究表明，运输方式会影响血液质量[15,148]。航空运输对血液质量的影响大于公路运输，即 $\theta^{2} > \theta^{1}$。设 $fr_{i,s}$ 是 i 出救血站阶段 s 的血液质量。$fr_{i,s}$ 表示从 i 出救血站转运的血液制品的剩余保质期与总保质期之间的平均比率。短期运输过程中血液制品质量的恶化可以用 $\exp\left[-\theta^{m}(\tau_{ij}^{m} + \tau^{m})\right]$ [149,150] 来衡量。对于 s 阶段的 j 受灾血站，设 $f_{ij,s}$ 为从 i 出救血站收到的血液制品与从所有出救血站收到的总血液制品的量的比率。可以得到：

$$f_{ij,s} = \sum_{p \in P} x^p_{ij,s} / \sum_{i \in I} \sum_{p \in P} x^p_{ij,s}, \quad \forall i, j, s \qquad (6-1)$$

至此，所转运血液制品质量的目标函数可以表示为：

$$\max Z_1(s) = \sum_{i \in I} \sum_{j \in J} \sum_{m \in M} \exp[-\theta^m(\tau^m_{ij} + \tau^m)] \cdot f_{ij,s} \cdot fr_{i,s}$$

$$\qquad (6-2)$$

2. 应急血液分配满意度目标

每个阶段血液制品库存水平的可用时间的归一化可以计算为：

$$\alpha^p_{jh,s} = \min\left\{\frac{I^p_{jh,s-1}}{\mu^p_{jh,s} \cdot t_{end}}, 1\right\}, \quad \forall jh, s, p \qquad (6-3)$$

由于医院的血液需求量各不相同，因此，每家医院的预测需求量的无量纲表达式为：

$$\beta^p_{jh,s} = \frac{\mu^p_{jh,s}}{\max \mu^p_{jh,s}}, \quad \forall jh, p, s \qquad (6-4)$$

因为每家医院的血液制品可用时间越短，其需求的紧迫性就越高。因此，需求紧急程度 $\eta^p_{jh,s}$ 可以用下式来衡量：

$$\eta^p_{jh,s} = \sqrt{(1 - \alpha^p_{jh,s})\beta^p_{jh,s}}, \quad \forall jh, s, p \qquad (6-5)$$

若医院库存足以满足当前阶段的需求，即 $I^p_{jh,s-1} \geqslant \mu^p_{jh,s} \cdot t_{end}$，则血液制品的紧急程度为 $\eta^p_{jh,s} = 0$。

则，医院的实际需求满足率可以通过下式计算得出：

$$w^p_{jh,s} = \min\left\{\frac{I^p_{jh,s-1} + z^p_{jh,s}}{\sum\limits_{t=1}^{T} de^p_{jh,s}(t)}, 1\right\}, \quad \forall jh, s, p \qquad (6-6)$$

满意度可以通过紧急程度 $\eta^p_{jh,s}$、实际需求满足率 $\eta^p_{jh,s}$、各血液制品的需求比例 $\eta^p_{jh,s}$ 进行加权。故在每个阶段，需求紧迫性背景下的满意度最大化目标可以如下计算：

$$\max Z_2(s) = \sum_{j \in J} \sum_{h \in H} \sum_{p \in P} \eta_{jh,s}^p \cdot w_{jh,s}^p \cdot \frac{\mu_{jh,s}^p}{\sum_{p \in P} \mu_{jh,s}^p} \qquad (6-7)$$

3. 包括短缺惩罚的总成本目标

出救血站与受灾血站各阶段的运输成本可表示为：

$$c_1(s) = \sum_{i \in I} \sum_{j \in J} \sum_{p \in P} \sum_{m \in M} x_{ij,s}^p \cdot d_{ij}^m \cdot c_m \cdot y_{ij,s}^m + \sum_{i \in I} \sum_{j \in J} \sum_{m \in M} f^m \cdot y_{ij,s}^m$$

$$(6-8)$$

其中，第一项是可变运输成本，第二项是固定运输成本。

每个阶段受灾血站之间的运输成本可以表示为：

$$c_2(s) = \sum_{j \in J} \sum_{n \in J} \sum_{p \in P} X_{jn,s}^p \cdot d_{jn} \cdot c_m \cdot y_{jn,s}^1 + \sum_{j \in J} \sum_{n \in J} f^1 \cdot y_{jn,s}^1$$

$$(6-9)$$

每个阶段的血液冷链成本可以表示为：

$$c_3(s) = c_e \sum_{i \in I} \sum_{j \in J} \sum_{m \in M} \sum_{p \in P} x_{ij,s}^p \cdot (\tau_{ij}^m + \tau^m) \cdot \Delta T_p \quad (6-10)$$

每个阶段的短缺惩罚成本可以表示为：

$$c_4(s) = c_s \sum_{j \in J} \sum_{h \in H} \sum_{p \in P} R_{jh,s}^p \qquad (6-11)$$

综上所述，每个阶段的总成本目标函数表示如下：

$$\min Z_3(s) = c_1(s) + c_2(s) + c_3(s) + c_4(s) \qquad (6-12)$$

五、数学模型

突发公共卫生事件中血液制品两阶段转运 - 分配决策的多目标优化模型可以表示为：

$$\max Z_1 = \sum_{s \in S} Z_1(s) = \sum_{s \in S} \sum_{i \in I} \sum_{j \in J} \sum_{m \in M} \exp[-\theta^m(\tau_{ij}^m + \tau^m)] \cdot f_{ij,s} \cdot fr_{i,s}$$

$$(6-13)$$

$$\max Z_2(s) = \sum_{s \in S} Z_2(s) = \sum_{s \in S} \sum_{j \in J} \sum_{h \in H} \sum_{p \in P} \eta_{jh,s}^p \cdot w_{jh,s}^p \cdot \frac{\mu_{jh,s}^p}{\sum_{p \in P} \mu_{jh,s}^p}$$

$$(6-14)$$

$$\min Z_3(s) = \sum_{s \in S} Z_3(s) = \sum_{s \in S} \left[c_1(s) + c_2(s) + c_3(s) + c_4(s)_3 \right]$$

$$(6-15)$$

$$s.t.\ q_{j,s}^p(t) \leqslant \lambda_p \cdot Q_{j,s}(t) \cdot r_{j,s}, \quad \forall j,\ s,\ t,\ p \quad (6-16)$$

$$\tau_{ij}^m = \frac{di_{ij}^m}{v^m} \quad \forall i,\ j,\ m \quad (6-17)$$

$$\tau_{ij}^m + \tau_i^m \leqslant TU_s \quad \forall i,\ j,\ m,\ s \quad (6-18)$$

$$x_{j,s}^p = \begin{cases} \sum_{i \in I} x_{ij,s}^p + I_{j,0}^p, & s = 1 \\ \sum_{i \in I} x_{ij,s}^p + I_{j,s-1}^p + \sum_{t=1}^{T} q_{j,s}^p(t), & s = 2 \end{cases} \quad \forall j,\ p$$

$$(6-19)$$

$$\sum_{n \neq j} X_{jn,s}^p \cdot \sum_{n \neq j} X_{nj,s}^p = 0 \quad (6-20)$$

$$I_{j,s}^p = \begin{cases} I_{j,s-1}^p + x_{j,s}^p - \sum_{jh \in JH} z_{jh,s}^p, & s = 1 \\ I_{j,s-1}^p + x_{j,s}^p + \sum_{t=1}^{T} q_{j,s}^p(t) - \sum_{jh \in JH} z_{jh,s}^p, & s = 2 \end{cases} \quad \forall j,\ p$$

$$(6-21)$$

$$I_{jh,s}^p = \left[I_{jh,s-1}^p + z_{jh,s}^p - \sum_{t=1}^{T} de_{jh,s}^p(t) \right]^+ \quad \forall jh,\ s,\ p$$

$$(6-22)$$

$$\sum_{jh \in JH} z_{jh,s}^p \leqslant x_{j,s}^p \quad \forall j,\ p,\ s \quad (6-23)$$

$$\sum_{n \neq j} X_{jn,s}^p \leq \begin{cases} 0, \quad s = 1 \\ (x_{j,s}^p - \sum_{h \in H} z_{jh,s}^p) r_{j,s}, \quad s = 2 \end{cases} \quad \forall j, \ p \quad (6-24)$$

$$R_{jh,s}^p = \left[\sum_{t=1}^{T} de_{jh,s}^p(t) - I_{jh,s-1}^p - z_{jh,s}^p \right]^+ \quad \forall jh, \ s, \ p$$
$$(6-25)$$

$$\sum_{j \in J} x_{ij,s}^p \leq \overline{B}_{i,s}^p \quad \forall i, \ s, \ p \quad (6-26)$$

$$\sum_{p \in P} x_{ij,s}^p \leq Cap_m y_{ij,s}^m \quad \forall i, \ j, \ s \quad (6-27)$$

$$r_{j,s} \in \{0, \ 1\} \quad \forall j, \ s \quad (6-28)$$

$$x_{ij,s}^p \ 、 \ X_{nj,s}^p \ 、 \ z_{jh,s}^p \geq 0 \quad \forall i, \ j, \ s, \ p, \ jh, \ m \quad (6-29)$$

$$y_{ij,s}^m \in N^* \quad \forall i, \ j, \ s, \ m \quad (6-30)$$

式（6-13）是最大限度地提高转运血液的质量。式（6-14）表示最大化血液需求的满意度。式（6-15）是最小化总成本。式（6-16）是对血液制品采集量的限制，表示血站只能在低风险地区采集。式（6-17）是不同运输方式的运输时间的表达式。式（6-18）给出了对转运时间的限制。式（6-19）表示对血液制品可用分配量的限制。式（6-20）是转运血液的平衡约束。式（6-21）是每个阶段结束时每个血站库存水平的表达式。式（6-22）表示每个阶段结束时每家医院的库存水平表达式。式（6-23）是受灾血站可用于分配血液数量的约束。式（6-24）是受灾血站之间转运量的约束。式（6-25）是各家医院短缺量的表达式。式（6-26）是对出救血站可转运量的约束。式（6-27）是不同运输方式的容量约束。式（6-28）~式（6-30）是对变量取值的约束。

六、血液产品采集量估计

在日常生活中，每个时期 t 到采血点的献血者数量 n 可以描述为泊松分布，其分布函数为[151]：

$$\Pr(n \mid \lambda t) = \frac{\lambda^{n} e^{-\lambda t}}{n!}, \ n = 0, \ 1, \ 2, \ \cdots, \ \infty \qquad (6-31)$$

疫情暴发后，捐赠者的到达率波动较大。为了模拟这一点，将单位时间内随机事件的平均频率 λ 建模服从参数为 (α, β) 的伽马（Gamma）分布：

$$g(\lambda) = \frac{1}{\Gamma(\alpha)\beta^{\alpha}} \lambda^{(\alpha-1)} e^{-\lambda/\beta}, \ 0 \leqslant \lambda < \infty \qquad (6-32)$$

(α, β) 的不同值被用来反映疫情期间献血者到访采血点的变化。假设每个到访献血者满足采血条件的概率为 p。在疫情暴发后每个周期内，符合条件的献血者数量 $\bar{n}$ 在到访采血点的人数 n 中，其概率分布可以表示为：

$$\Pr(\bar{n} \mid n) = C_{n}^{\bar{n}} (1-p)^{(n-\bar{n})} p^{\bar{n}}, \ \bar{n} = 0, \ 1, \ 2, \ \cdots, \ n$$

$$(6-33)$$

因此，在一段时间内符合条件的献血者的概率分布由下式给出：

$$\Pr(\bar{n}) = \int_{\lambda=0}^{\infty} \sum_{n=0}^{\infty} \Pr(\bar{n} \mid n) \Pr(n \mid \lambda) g(\lambda) d\lambda$$

$$= C_{\bar{n}}^{\bar{n}+\alpha-1} \left(\frac{\beta t p}{1+\beta t p}\right)^{\bar{n}} \left(\frac{1}{1+\beta t p}\right)^{\alpha}, \ n = 0, \ 1, \ 2, \ \cdots, \ \infty;$$

$$\bar{n} = 0, \ 1, \ 2, \ \cdots, \ n \qquad (6-34)$$

因此，$\overline{n}$ 的期望为：

$$E(\overline{n}) = \alpha\beta tp \qquad (6-35)$$

假设每个献血者的平均献血量为 q，那么一个时期内各区域的采血上限为：

$$Q_{j,s}^t = \alpha_{j,s}\beta_{j,s}tpq \qquad (6-36)$$

第四节　改进的多目标鲸鱼优化算法

本章提出的模型是多目标混合整数非线性规划模型。该问题为非确定性多项式难（NP – hard）问题，难以用分支定界算法，或 CPLEX、GUROBI 等运筹学软件精确求解。此时，元启发式算法对解决此类问题具有更好的适用性。

求解多目标问题的方法大致可分为两类。第一类，使用线性加权或理想点法（TOPSIS）将多目标问题转换为单目标问题。第二类，则是获得帕累托（Pareto）前沿解集。决策者可根据实际情况，从帕累托解集中选择满意的解。

鲸鱼优化算法（WOA）于 2016 年提出，因其收敛速度快、参数少而受到广泛关注[152]。MOWOA[153] 是在传统 WOA 的基础上提出的。它被广泛用于解决各种多目标组合优化问题。根据所提模型的特点，本书设计了一种改进的带贪婪规则的混合 MOWOA。本书将混合 MOWOA 的性能与多目标遗传算法（NSGA – Ⅱ）、多目标差分进化算法（MODE）和多目标灰狼优化算法（MOGWO）进行了比较。

之所以选择 MODE 和 NSGA – Ⅱ 作为比较对象，是因为这两种算法是最经典的多目标进化算法，其应用广泛。而 MOGWO 则是一种相对较新的优化算法，在某些情况下其性能表现良好[164]。

一、鲸鱼位置编码

鲸鱼位置的编码被设计为一个矩阵。矩阵的每一行代表一种血液制品。该行用于编码血液制品的运输方式和转运量。每一行有 4 个子串。前两个子串用于编码第 1 阶段的变量，后两个子串用于编码第 2 阶段的变量。4 个子串均包含 $|I|$ 个位置段。每个位置段代表一个出救血站。每个位置段都有 $|J|$ 位。因此，每个子串有 $|I| \times |J|$ 个位置。一个完整的鲸鱼位置是一个大小为 $|P| \times [2 \times S \times (|I| \times |J|)]$ 的矩阵（见图 6–2）。

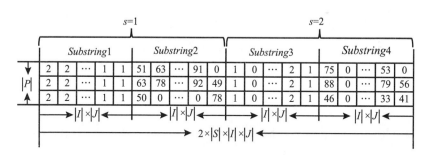

图 6 – 2　鲸鱼位置编码图示

在子串 1 中，每个位均在 {0，1，2} 之间随机产生。不同的位值表示不同的运输模式。0 表示两个血站之间没有转运。1 和 2 分别表示公路和航空运输模式，即 $m = 1$ 或 $m = 2$。假设有 6 家出救血站和 3 家受灾血站，则子串 1 的位数为 18（见图 6 - 3）。第 1 位表示受灾血站 1 由出救血站 1 转运，选择的运输方式为空运，即 $m = 2$。第 6 位表示受灾血站 3 由出救血站 2 转运，选择的运输方式为公路运输，即 $m = 2$，以此类推。子串 2 用于编码转运量 $x_{ij,s}^{p}$。初始种群的每位均为 $[0, \overline{B_{i,s}^{p}}]$ 中随机生成的正整数。假设图 6 - 4 中所示的子串 2 位于编码矩阵的 p 行和 s 阶段。第一个位表示在 s 阶段，p 血液制品从出救血站 1 转运到受灾血站 1 的量为 51U，其他位的编码也以此类推。

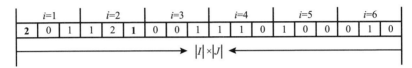

图 6 - 3　子串 1 编码图示

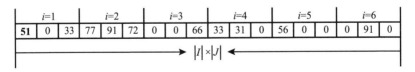

图 6 - 4　子串 2 编码图示

子串 3 和子串 4 是阶段 2 的编码。子串 3 的编码方式与子串 1 相同，子串 4 的编码方式与子串 2 相同。其他血液制品的编码，即矩阵的其他行，也类似于上面描述的子串 1 ~ 子串 4 进行编码。生成初始编码后，需要适度改进编码，改进规则如下：

（1）在鲸鱼位置的同一行中，针对子串 1 和子串 2，若对应位置的子串 1 的编码为 0，且子串 2 > 0，则子串 2 的该位置应修改为 0。这意味着两个血站之间不存在转运，转运量应修改为 0。同一行中的子串 3 和子串 4 的编码也以相同的方式改进。

（2）若不同行鲸鱼位置中具有相同序列号的子串 1 的编码不同，则将所有行中的位的值更改为这些位的最大值。这种操作可以将血站之间的运输方式统一为一种模式，也可以使不同的血液制品一起转运。不同行中的子串 2 的编码也以相同的方式进行修改。

$x_{j,s}^p$ 可以基于 $x_{ij,s}^p$ 来计算，$z_{jh,s}^p$ 可以使用下面给出的步骤 3.3 中详细描述的贪婪启发式规则来获得。

二、算法流程

步骤 1：算法初始化。将鲸鱼种群数量设置为 L，最大迭代次数设置为 $T_{\max}$。

步骤 2：初始化鲸鱼位置。根据第四节中的编码规则随机生成 L 条鲸鱼，每个鲸鱼的位置 $\vec{X}_i$（$i = 1$，2，3，$\cdots$，l）是一个初始解。参数 $\vec{a}$，$\vec{A}$，$\vec{C}$，p 也需要初始化，其中 $\vec{A}$，$\vec{C}$ 是系数向量，用于控制鲸鱼的游弋模式。计算方法如式（6 - 37）~式（6 - 39）所示。

$$\vec{A} = 2\vec{a} \cdot \vec{r} - \vec{a} \qquad (6-37)$$

$$\vec{C} = 2\vec{r} \qquad (6-38)$$

$$\vec{a} = 2 - 2t/T_{\max} \qquad (6-39)$$

其中，$\vec{a}$ 是控制参数，$\vec{r}$ 为 [0，1] 之间的随机向量，t 是当前迭代次数。

步骤 3：适应度值计算。其计算步骤如下。

步骤 3.1：对于个体 l 和阶段 1，根据第四节中的解码方法获得运输方式 m 和转运量 $x_{ij,s}^p$。

步骤 3.2：计算 $\sum\limits_{p \in P} x_{ij,s}^p$，$\forall i$，$j$，$s = 1$。然后，变量 $y_{ij,s}^m$，$\forall i$，j，m，$s = 1$ 可以从约束（6 - 27）中获得。

步骤 3.3：根据贪婪规则计算所有医院的分配量 $z_{jh,s}^p$，$\forall jh$，p，$s = 1$。首先，根据式（6 - 3）~ 式（6 - 5）计算所有医院的需求紧急程度 $\eta_{jh,s}^p$，$\forall jh$，p，$s = 1$。然后，选择最大 $\eta_{jh,s}^p$，$\forall jh$，p，$s = 1$ 和医院 jh。这家医院的分配量可以通过 $z_{jh,s}^p = \sum\limits_{t=1}^{T} de_{jh,s}^p(t) - I_{jh,s-1}^p$，$\forall jh$，$p$，$s = 1$ 来计算。更新 $x_{j,s}^p = x_{j,s}^p - z_{jh,s}^p$，$\forall j$，$p$，$s = 1$。然后将医院的需求分配给第二大的 $\eta_{jh,s}^p$，$\forall jh$，p，$s = 1$。对其他医院也进行同样操作，直到所有血站将所有血液制品分配给医院。

步骤 3.4：通过实际需求量 $de_{jh,s}^p(t)$，$\forall jh$，p，$s = 1$ 更新 $I_{j,s}^p$，$\forall j$，p，$s = 1$，$I_{jh,s}^p$，$\forall jh$，p，$s = 1$，$\forall jh$，p，$s = 1$。

步骤 3.5：对于第二阶段，若 $r_{j,s} = 1$，$\forall j$，$s = 2$，则根据式（6 - 16）更新 $q_{j,s}^p(t)$。类似于步骤 3.2 和步骤 3.3，对所有 $\sum\limits_{p \in P} x_{ij,s}^p$，$\forall i$，$j$，$s = 2$ 以及 $x_{j,s}^p$，$\forall j$，p，$s = 2$ 进行计算。

步骤 3.6：对于两个受灾血站 $j1$ 和 $j2$，若 $\forall r_{j1,2} = 1$，$r_{j2,2} = 1$ 且 $I_{j1,2}^p > 0$，$\forall p$，$\sum\limits_{jh \in JH} R_{jh,2}^p > 0$，$\forall p$，则血液制品从 $j1$ 转运到 $j2$ 并且 $X_{j1j2,2}^p = \min\{I_{j1,2}^p, \sum\limits_{jh \in JH} R_{jh,2}^p\}$，$\forall p$。

步骤 3.7：计算个体 l 的适合度值。令 $Fit(l) = \{f_1, f_2, f_3\}$，

其中，f_1、f_2、f_3 分别是 3 个目标函数的值。

步骤 3.8：按照步骤 3.1 至步骤 3.7 计算所有个体的适合度值。

步骤 4：非支配排序。为了方便非支配排序，令 $f_1 = -f_1$，$f_2 = -f_2$。然后对所有个体执行非支配排序。

步骤 5：拥挤度计算。具有相同非支配等级的个体 $F\{i\}$ 的拥挤距离可以根据下式计算：

$$di(l_1, l_2) = \sqrt{\sum_{i=1}^{3} \left[\frac{f_i(l_1) - f_i(l_2)}{f_i^{\max} - f_i^{\min}} \right]^2} \qquad (6-40)$$

步骤 6：领导种群选择。第一个非支配等级的鲸鱼被选为领导者，以形成较好的种群。

步骤 7：鲸鱼位置更新。采用下述方法更新所有鲸鱼的位置。

若 $p < 0.5$，$|\vec{A}| < 1$，鲸鱼移动以包围猎物，鲸鱼的位置可根据下式更新：

$$\vec{X}(t+1) = \vec{X}^*(t) - \vec{A} \cdot \vec{D}_1 \qquad (6-41)$$

其中，$\vec{X}^*$ 是领导种群中随机选择的鲸鱼的位置向量；$\vec{A}$ 被设置为目标猎物的位置；$\vec{D}_1$ 是个体鲸鱼与猎物之间的距离，其计算方法如下：

$$\vec{D}_1 = |\vec{C} \cdot \vec{X}^*(t) - \vec{X}^*(t)| \qquad (6-42)$$

若 $p < 0.5$，$|\vec{A}| > 1$，当鲸鱼寻找猎物时，它不再根据领导的鲸鱼来更新位置，而是随机选择当前种群中的一个鲸鱼位置来更新位置。在寻求最佳解决方案的同时，保持了种群的多样性。鲸鱼位置根据下式进行更新：

$$\vec{X}(t+1) = \vec{X}_{rand} - \vec{A} \cdot \vec{D}_{rand} \qquad (6-43)$$

其中，$\vec{X}_{rand}$ 表示随机选择的鲸鱼位置矢量，$\vec{X}_{rand}$ 的计算方法与式（6－42）相同。

若 $p \geq 0.5$，鲸鱼做出螺旋式位置更新动作。使用螺旋方程用于模拟这一过程。鲸鱼位置根据下式进行更新：

$$\vec{X}(t+1) = |\vec{X}^*(t) - \vec{X}(t)| \cdot e^{bv} \cdot \cos(2\pi v) + \vec{X}^*(t)$$

$$(6－44)$$

其中，b 是用于定义对数螺旋形状的常数，v 是 $[-1, 1]$ 之间的随机数。

步骤8：鲸鱼位置调整和搜索空间检查。四舍五入鲸鱼的位置向量，检查它是否在搜索空间之外。其中，子串1和子串3的传输模式被直接向下取整。子串2和子串4的转运量根据下式更新：

若 $\sum\limits_{j \in J} x_{ij,s}^p \leq \overline{B}_{i,s}^p$，$\forall i, s, p$，$x_{ij,s}^p$ 直接向下取整。

若 $\sum\limits_{j \in J} x_{ij,s}^p > \overline{B}_{i,s}^p$，$\forall i, s, p$，$x_{ij,s}^p$ 根据式（6－45）进行更新，然后向下取整。

$$x_{ij,s}^p = \left[\frac{x_{ij,s}^p}{\sum\limits_{j \in J} x_{ij,s}^p} \cdot \overline{B}_{i,s}^p \right], \quad \forall i, s, p \qquad (6－45)$$

步骤9：适应度值计算。按照步骤3计算新鲸鱼种群的适应度值。

步骤10：种群合并。将新的种群与原始种群合并，并根据步骤4和步骤5计算种群的帕累托水平和拥挤度距离。

步骤11：锦标赛选择。比较种群个体的非支配等级，然后比较拥挤距离。选择非支配等级、拥挤距离较小的个体进入下一步。

步骤12：淘汰和选择。按照步骤11的方法选择前 L 个个体进入下一代，并淘汰其他个体以保持相同的种群规模。

步骤13：算法终止。若 $t = T_{\max}$，算法终止。否则，返回步骤4。

算法流程图见图 6 – 5。

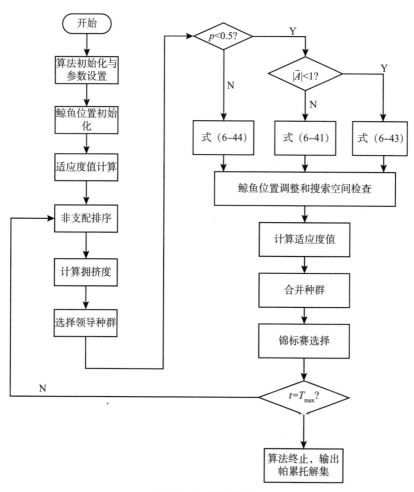

图 6 – 5　算法流程

第五节 案例研究与数值实验

一、案例描述与数据

本节构建一个基于新冠疫情的数值算例来评估模型。出救血库被设计为9个城市的血液中心（由字母 CQ、CD、CS、GY、NJ、NC、HF、ZZ、XA 表示），标注为 $i = 1, 2, \cdots, 9$。5个城市设计为接收转运血液的主要城市（由字母 WH、YC、XY、HG、JZ 表示）。这些城市的血站都受到了影响。不同血站之间的空中和陆地运输距离通过实际路线或公路公里数来测量（见表6-2）。

表6-2　　　　出救血站与受灾血站之间的运输距离　　　　单位：千米

距离（空运/公路）		出救血站								
		CQ	CD	CS	GY	NJ	NC	HF	ZZ	XA
受灾血站	WH	754/944	979/1156	297/329	865/1044	457/536	262/341	310/378	467/510	653/739
	YC	471/581	694/834	319/401	636/859	728/842	495/636	575/688	503/625	453/683
	XY	—/802	—/976	—/524	—/1029	—/768	—/647	—/613	—/392	—/510
	HG	—/946	—/1236	—/386	—/1100	—/512	—/290	—/357	—/576	—/849
	JZ	—/667	—/933	—/330	—/825	—/749	—/537	—/594	—/586	—/704

　　出救血站血液制品转运量的上限见表 6-3。医院的每日血液需求可根据历史数据得到。表 6-4 模拟了 WH 市 20 家医院的日均需求数据。受灾血站血液制品的初始库存水平见表 6-5。根据第三节中给出的方法计算采集的血液量，相关参数设置为 $\alpha = 20$，$\beta = 20$，$q = 1.5$，$p = 2/3$。血液制品的制备量根据采集量计算（见表 6-5）。

表 6-3　　　　　　　　　　出救血站血液制品转运量上限

阶段1/阶段2	CQ	CD	CS	GY	NJ	NC	HF	ZZ	XA
wb（U）	809/443	839/460	639/359	822/450	791/434	646/364	769/423	730/406	799/401
bp（U）	3236/1770	3357/1839	2557/1432	3287/1804	3165/1743	2582/1451	3076/1698	2900/1610	3160/1732
rc（U）	4046/2213	4197/2299	3197/1799	4109/2255	3957/2179	3228/1814	3846/2123	3625/2013	3950/2075
质量	0.95/0.98	0.96/0.97	0.93/0.96	0.90/0.95	0.91/0.92	0.92/0.97	0.95/0.92	0.97/0.94	0.91/0.93

表 6-4　　　　　　　　　　WH 市医院日均用血量

血制品/医院	1	2	3	4	5	6	7	8	9	10
wb（U）	14	12	13	12	12	14	14	12	14	12
hp（U）	56	48	54	53	50	55	55	50	55	53
rc（U）	70	60	67	66	63	69	69	63	69	67
血制品/医院	11	12	13	14	15	16	17	18	19	20
wb（U）	15	15	14	15	13	14	14	12	14	13
bp（U）	59	60	56	59	52	56	55	49	55	53
rc（U）	73	73	71	73	66	70	69	62	68	67

表 6 - 5　　　　　　　不同受灾血站的初始库存水平和采集量

血制品/ 血站	WH		YC		XY		HG		JZ	
	$I^p_{j,0}$	$q^p_{j,s}(t)$	$I^p_{j,0}$	$q^p_{j,s}(t)$	$I^p_{j,0}$	$q^p_{j,s}(t)$	$I^p_{j,0}$	$q^p_{j,s}(t)$	$I^p_{j,0}$	$q^p_{j,s}(t)$
wb（U）	776	—	664	40	579	40	463	—	558	40
bp（U）	3103	—	2656	160	2313	160	1852	—	2232	160
rc（U）	3879	—	3320	200	2891	200	2315	—	2789	200
$r_{j,s}$	0		1		1		0		1	

在第二波疫情暴发后的第一周，这五个城市都处于高风险状态。该阶段，血液消耗主要取决于受灾血站的库存和出救血站的转运。其中，所有受灾血站都位于高风险地区，即 $r_{j,s}=0$，$\forall j$，$s=1$。经过一周的控制，一些城市的疫情没有扩散，受灾地区之间可以开始血液转运和采集。因此，第 1 阶段被设定为疫情暴发后的第 1~7 天，第 2 阶段被设定于疫情暴发后第 8~14 天。

模型的其他参数设置如下：$v^1=100$ 千米/时，$v^2=800$ 千米/时，$\tau^1=1$ 时，$\tau^2=2$ 时，$Cap^1=2000$U，$Cap^2=10000$U，$TU_1=12$ 时，$TU_2=24$ 时，$\theta^1=0.01$，$\theta^2=0.1$，$c_s=100$CNY，$c_1=0.01$CNY，$c_2=0.02$CNY，$c_e=0.1$CNY，$f_1=500$CNY，$f_2=2000$CNY。MOWOA 的参数设置如下：鲸鱼种群 $L=100$，最大迭代次数 $T_{max}=400$。

二、计算结果

使用 MatlabR2019a 作为编程环境。运行平台为 CPU@ AMD Ryzen 7 5800H、3.2 千兆赫，16GB 内存，64 位 Windows 11 系统的个人电脑。运行时间为 131 秒。当算法终止时，所有解都收敛到帕累托前沿面，并且有 100 个不同的帕累托解。其分布见图 6 - 6。图 6 - 6（b）、图 6 - 6（c）和图 6 - 6（d）是不同目标之间解的分布图。一些典型的帕累托解见表 6 - 6。

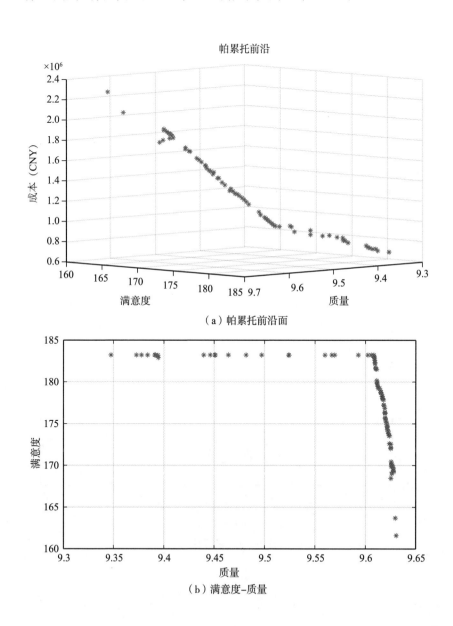

（a）帕累托前沿面

（b）满意度–质量

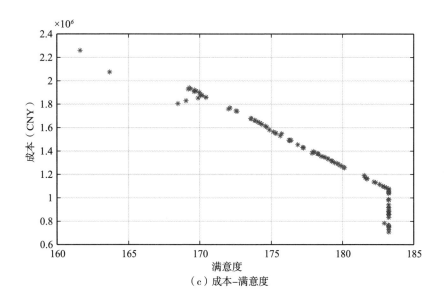

（c）成本–满意度

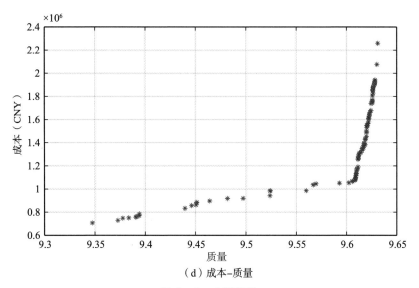

（d）成本–质量

图 6 – 6　求解结果

表 6－6　　　　　　　　　　　一些典型的帕累托解

序号	目标值	阶段	$x_{ij,s}$（U）									Shortage（U）
1	$z_1 = 9.348$ $z_2 = 183.229$ $z_3 = 706799$	1	1821	4318	330	4538	3320	722	241	636	1492	0
			3871	1168	329	1955	1900	314	674	80	1199	
			0	0	0	0	0	0	217	5334	4781	
			0	0	0	551	0	4947	6137	0	0	
			749	0	5729	1162	0	378	419	865	0	
		2	3604	1892	511	1262	1950	268	665	541	2430	
			0	2440	554	3014	1326	194	361	571	1398	
			328	0	0	182	0	241	496	2655	70	
			0	0	132	0	60	2561	501	0	111	
			0	174	1992	0	25	340	2200	0	317	
2	$z_1 = 9.631$ $z_2 = 161.560$ $z_3 = 2259484$	1	2723	2854	169	3003	5537	712	670	521	6675	11590
			5351	5505	216	5177	2372	518	741	176	1223	
			0	0	0	0	0	0	6550	0	0	
			0	0	36	0	5186	0	0	0	0	
			0	0	6006	0	0	37	0	0	0	
		2	1781	1217	49	2038	2819	417	2766	191	1420	
			2615	3359	104	2450	1517	278	1455	168	2908	
			0	0	0	0	0	0	0	3644	0	
			0	0	0	0	0	2910	0	0	0	
			27	0	3417	0	0	0	0	0	0	
3	$z_1 = 9.619$ $z_2 = 176.849$ $z_3 = 1454537$	1	2664	2695	117	2832	5577	259	522	396	1034	3728
			5397	5695	144	5376	2334	183	314	154	640	
			0	0	0	0	0	0	0	6689	6215	
			11	0	0	0	5086	6852	0	0	0	
			17	0	6128	0	926	0	0	0	0	
		2	1740	1461	85	2046	2768	122	2677	132	1436	
			2684	3111	68	2442	1562	97	1547	89	2872	
			0	0	0	0	0	0	0	3777	19	
			0	0	0	0	0	3387	0	0	0	
			0	0	3418	0	0	0	0	0	0	

注：对于 $x_{ij,s}$，列表示受灾血站，行表示出救血站。

从图 6-6 和表 6-6 可知，总成本目标与新鲜度目标存在悖反关系。由于考虑了短缺惩罚，满意度和成本之间冲突性不大。当满意度上升到较高水平时，优化转运方案可以显著降低总成本［见图 6-6（c）右端］。过度追求转运血液的质量，会将出救血站的选择集中在靠近受灾区的城市，导致产生大量的短缺成本。

三、算法比较

为了测试本章提出的改进 MOWOA 的性能，将其与 NSGA - Ⅱ[156]、MODE[157] 和 MOGWO[154] 进行对比。设计 9 个数值算例进行比较。算例 1 是上文构造的算例。其他 8 个算例是在算例 1 的基础上随机生成的，具有不同规模。三种算法的最大迭代次数均为 400。种群规模（个体数量/灰狼种群）为 100。三种比较算法都使用其经典方法。但为了求解提出的模型，它们都使用与本书相同的编码和解码规则。

使用 4 个指标来评估这些算法的性能。Tiers 表示最终非支配层级的数量。若不为 1，表示算法未收敛。CPU 时间用于测度算法的计算效率。不同的帕累托解代表了解的多样性。HV 用于同时评估解的收敛性和分布[155]。HV 定义如下：

$$HV(S, z^{ref}) = volume(\bigcup_{i=1}^{|S|} c^i) \qquad (6-46)$$

其中，z^{ref} 是预设的参考点，$|S|$ 是非支配解集的数量。由非支配解 x^i 和作为对角线的参考点形成的超立方体的体积 $volume(c^i)$

计算如下：

$$volume(c^i) = \begin{cases} \prod_{k=1}^{m} \left[z^{ref} - f_k(x^i) \right], & \forall k \left[z^{ref} - f_k(x^i) > 0 \right] \\ 0, & \exists k \left[z^{ref} - f_k(x^i) \leqslant 0 \right] \end{cases}$$

$$(6-47)$$

其中，m 是目标的数量。HV 越高，代表解的收敛性和分布性越好。

4 种算法的性能比较见表 6 - 7。四种算法的帕累托前沿面比较见图 6 - 7。NSGA - Ⅱ、MODE 和 MOWOA 的非支配层级的数量都可以在 400 次迭代中收敛到 1。MOGWO 未在所有算例下均收敛。从解的多样性视角来看，MOWOA 和 MODE 优于 NSGA - Ⅱ和 MOGWO。MOWOA 可在所有算例产生 100 个不同的帕累托解。在算例 1 下，MODE 的不同帕累托解数量少于 100。从计算效率的角度来看，MOWOA 比其他 3 种算法都要快。从 HV 值来看，MOWOA 的解的收敛性和分布性在所有情况下都是最好的。因此，改进的 MOWOA 在 4 种算法中具有最好的性能。

表 6 - 7　　　　　　　　　　算法的性能比较

算例	算法	规模	收敛代数	Tiers	CPU 时间（秒）	不同帕累托解的数量	HV（$\times 10^7$）
1	NSGA - Ⅱ	9 × 5	222	1	150.188	97	0.661
	MODE		**213**	1	214.648	96	0.865
	MOGWO		—	2	162.960	23	—
	MOWOA		368	1	**131.198**	**100**	**3.910**

续表

算例	算法	规模	收敛代数	Tiers	CPU 时间（秒）	不同帕累托解的数量	HV（×10⁷）
2	NSGA-Ⅱ	10×5	378	1	153.519	85	0.762
	MODE		**298**	1	220.621	100	0.620
	MOGWO		—	2	168.951	27	—
	MOWOA		369	1	**128.905**	**100**	**4.225**
3	NSGA-Ⅱ	13×6	355	1	205.447	88	10.361
	MODE		**180**	1	270.526	100	2.446
	MOGWO		—	2	231.141	20	—
	MOWOA		373	1	**139.534**	**100**	**16.880**
4	NSGA-Ⅱ	16×7	**275**	1	184.021	92	30.168
	MODE		386	1	336.022	100	47.305
	MOGWO		—	2	246.011	22	—
	MOWOA		317	1	**153.395**	**100**	**49.080**
5	NSGA-Ⅱ	19×8	**289**	1	238.611	84	17.583
	MODE		366	1	417.341	100	18.310
	MOGWO		—	2	298.865	23	—
	MOWOA		360	1	**188.120**	**100**	**47.695**
6	NSGA-Ⅱ	22×9	350	1	221.194	83	5.638
	MODE		396	1	463.810	100	47.008
	MOGWO		—	2	234.780	18	—
	MOWOA		**340**	1	**200.830**	**100**	**50.397**
7	NSGA-Ⅱ	30×10	377	1	279.631	90	8.737
	MODE		379	1	706.985	100	2.948
	MOGWO		—	2	312.982	15	—
	MOWOA		**316**	1	**214.351**	**100**	**26.727**

续表

算例	算法	规模	收敛代数	Tiers	CPU 时间（秒）	不同帕累托解的数量	HV（×10⁷）
8	NSGA－Ⅱ	40×10	374	1	300.880	81	12.670
	MODE		389	1	724.026	100	76.330
	MOGWO		—	2	293.951	11	—
	MOWOA		**373**	1	**256.655**	**100**	**213.220**
9	NSGA－Ⅱ	50×10	385	1	336.682	86	3.691
	MODE		397	1	988.276	100	3.441
	MOGWO		—	2	288.461	15	—
	MOWOA		**308**	1	**239.865**	**100**	**35.668**

注：算例规模－$|I|×|J|$。

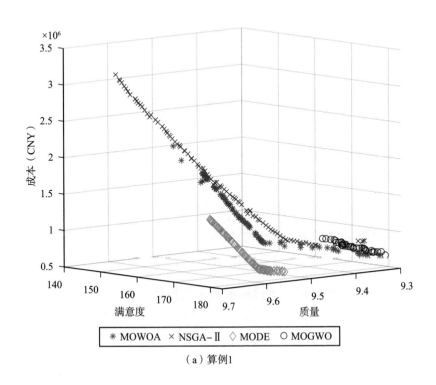

（a）算例1

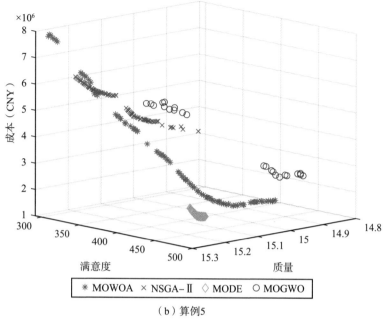

（b）算例5

图 6 – 7　帕累托前沿面对比

四、敏感性分析

为了分析血液短缺对总成本、转运血液质量和满意度的影响，对惩罚成本 c_s 进行敏感性分析。将 c_s 分别设置为 20、50、100、150、200（CNY）。图 6 – 8（a）显示了算例 1 中不同短缺惩罚成本下的帕累托前沿面。图 6 – 8（b）为算例 3 的灵敏度分析。两个图形的曲线具有相似的特征。随着 c_s 的增加，总成本和满意度也会增加。c_s 对转运血液制品的质量影响不大。

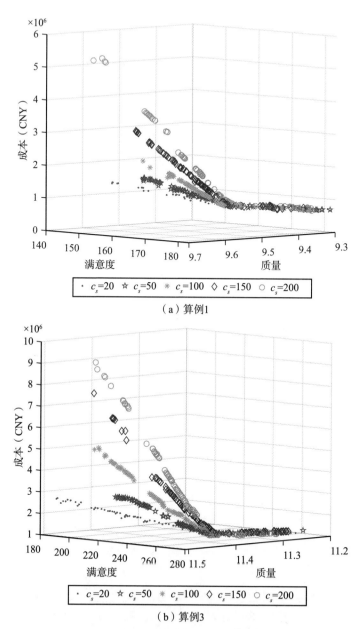

（a）算例1

（b）算例3

图6－8 不同短缺成本下的帕累托前沿面对比

五、两阶段与单阶段决策对比

图6-9显示了两阶段决策和单阶段决策方法之间的帕累托前沿面的比较。从图6-9可以看出，两阶段决策在所有目标上都优于单阶段决策。为了进一步比较两种决策方式的性能，在两种方法得到的目标中差距 ≤ |±0.1%| 的不同帕累托解之间选择，并比较它们的优化程度，参见表6-8。对于单阶段和两阶段决策方法得到的三个目标中的任何一个，如果该目标差距小于0.1%，在其他两个目标和短缺指标上，两阶段决策均优于单阶段决策。例如，在解1中，两种决策的质量目标值几乎相同，但满意度目标值增加了27.02%，总成本降低了66.26%，短缺量降低了100%。

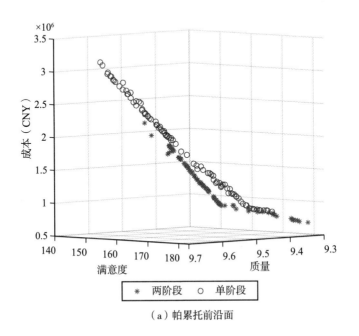

（a）帕累托前沿面

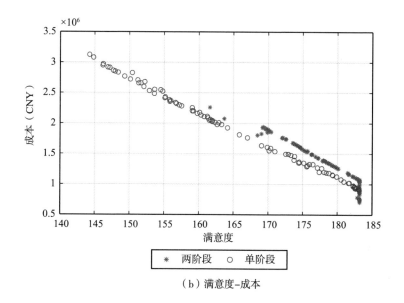

（b）满意度－成本

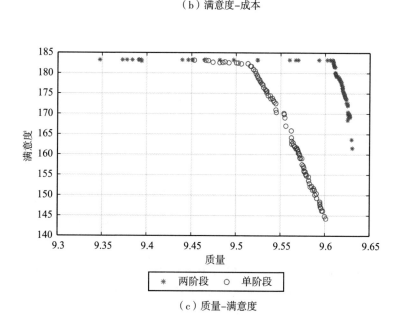

（c）质量－满意度

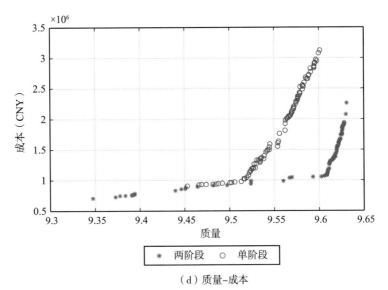

（d）质量–成本

图 6 - 9　两种决策方法的比较示意

表 6 - 8　　　　　　　　　　两种决策方法的比较

解	方法	ObJ1	ObJ2	ObJ3	短缺
1	单阶段	9.601	144.247	3124246	24923
	两阶段	9.602	183.229	1054183	0
	Gap（%）	<0.1	27.02	66.26	100
2	单阶段	9.545	170.367	1591669	7913
	两阶段	9.626	170.433	1859612	7435
	Gap（%）	0.85	<0.1	16.83	6.04
3	单阶段	9.562	164.150	1925736	11491
	两阶段	9.628	169.189	1928258	8131
	Gap（%）	0.69	3.07	< -0.1	29.24

本 章 小 结

本章提出了在新冠疫情背景下血液制品的两阶段转运－分配问题。在第一阶段，受灾血站的库存只能从外部出救血站补充。在第二阶段，考虑到疫情风险水平降低，低风险地区受灾血站的库存不仅可从外部出救血站补充，还可以从当地采血活动中进行部分补充。针对这一情景，构建了多目标优化模型，通过最大限度地提高转运血的质量来反映外部出救血站转运血液的合理安排，以及反映血站到医院的应急血液分配有效性的血液分配满意度，并最小化包含血液短缺惩罚成本的系统总成本，以减少短缺。

通过对所提模型的分析，提出了一种改进的具有贪婪搜索规则的整数编码混合 MOWOA，以解决所提出的多目标优化问题。数值仿真结果表明，所提出的混合 MOWOA 的性能优于 NSGA－Ⅱ、MODE 和 MOGWO。数值结果还表明，两阶段决策在所有目标上均优于单阶段一次性决策。

未来可以考虑模型中血型的相容性，研究存在血型替代的两阶段血液转运－分配问题。

第七章

突发公共卫生事件应急血液转运 - 分配决策的双层规划问题

第一节 引 言

几十年来，学者们广泛研究了血液转运[118,119]和血液分配[120,121]等相关问题。一些研究人员针对自然灾害应急场景，研究了其血液转运和分配问题[124,110,123]，以减少血液短缺。然而，在重大公共卫生事件期间，血液的转运和分配工作迎来了更多的挑战。如新冠疫情期间，许多学校、购物中心和其他繁忙地区被关闭，导致街头献血活动减少，阻碍血站采血恢复到正常水平。因此，区域间血液转运对于满足血站和医院的血液需求以及血液供应至关重要。此外，在设计救援物资分配策略时，考虑利益相关者之间的层次关系也很重要[163]。多层决策技术在处理实际环境中的管理和优化问题方面发挥着非常重要的作用[164]。

　　在自然灾害环境下，利益相关者之间存在着等级关系[165,166]。这一特征也存在于重大公共卫生事件下跨域血液转运与区域内血液分配的综合决策中。只有在上层决策者作出跨区域血液转运决策后，受灾区域血站才能为医院作出下层的血液分配决策。随后，各医院的血液供需情况才能反馈给上级决策者。转运和分配不能同时进行，但会相互影响。因此，在重大公共卫生事件下，同时考虑跨域血液转运问题和区域内最优血液分配问题，对提高应急血液供应链绩效具有重要意义。同时，赵（Zhao）[167]的研究表明，利用血型替代技术可以提高血液利用效率，减少血液短缺的发生。考虑血型替代关系在血液供应链运作实践中的应用也很重要。

　　本章根据重大公共卫生事件下血液供应链的特点，对应急血液转运分配问题进行了扩展。首先，本章考虑了跨区域转运之间的多模式运输，不同运输模式的成本不同。其次，考虑了血液运输过程的全冷链特性，不同运输方式之间的时间差使得血液冷链运输成本不同。再次，本章上层目标的目标函数还包括缺血惩罚成本和血液替代成本，更加体现了应急血液保障目标的弱经济性和强社会性。最后，考虑到需求的紧迫性，本章的下层目标建立了满足灾区血液调配的最优目标函数。

　　本章研究了考虑血型替代的疫区应急血液转运－分配问题。该问题被表述为一个双层决策问题。模型考虑了跨区域的多方式运输，不同运输方式的不同成本。本章也将血液运输过程的全程冷链特性纳入模型，且考虑了不同运输方式的时间差造成的血液冷链成本的不同。模型上层目标的总成本函数同时包括血液短缺惩罚成本和血液替代成本，这体现了血液应急保障目标的弱经济性和强社会性。下层目标是在考虑需求紧迫性的前提下，衡量受灾地区对血液分配的满意度。本章研究的主要贡献可概括为：（1）在重大公共卫生事件背景下，考虑血型替代关系，构建了一个新的血液转运－分配模型。（2）基于互补松弛条件和模型线性化开发了一种原始对偶算法。表7－1列出了本章研究工作与以往研究的主要区别。

表7－1 相关研究的特点

引用	双层规划	经济成本	冷链	短缺	多式联运	满意度	血型替代	解决策略
Jafarkhan & Yaghoubi（2018）				√			√	启发式算法
Zhao et al.（2023）				√	√			启发式算法
Kenan & Diabat（2022）				√		√		启发式算法
K－M Wang & Ma（2015）				√		√		仿真
Liu et al.（2020）		√		√				启发式算法
Hamdan & Diabat（2020）		√						精确算法
Zhou et al.（2023）		√	√	√	√	√		启发式算法
Wang & Chen（2020）		√		√				精确算法
Ghorashi et al.（2020）		√					√	启发式算法
Kenan & Diabat（2022）		√		√		√	√	启发式算法
Samani & Hosseini－Motlagh（2021）		√		√				精确算法
Khalilpourazari & Arshadi Khamseh（2019）		√				√		精确算法
本章研究	√	√	√	√	√	√	√	精确算法

本章接下来的内容安排如下：第二节回顾了相关文献。第三节描述了所考虑的问题，并构建了相应的数学模型。然后，使用原始－对偶算法对模型进行转换。第四节求解和分析了数值示例。最后是结论部分，并对未来工作提出了建议。

第二节 文 献 综 述

本节回顾了在以下三种环境下血液转运与分配问题的相关文献：常规环境、应急环境和重大公共卫生事件环境。

一、常规环境下的血液转运和分配问题

血液特殊的生理特性决定了其供应链不同于常规物资。在血液的转运和分配决策中，除了传统的经济成本外，血液的易腐性、不同血型的可替代性等特点也受到了很多学者的关注。20 世纪 70 年代以来，就有学者对血液的转运和分配问题进行了研究：血液分配的模型和策略[120]、血站间血液转运对成本的影响[118]、有效减少血液分配中的过期[49]等。后来，海姆梅尔等[138]和朗恩[143]又分别对血液制品的生产分配和生产库存进行了研究。近年来，有关血液供应链的研究开始增多。文献［109］考虑了供需不确定情况下的血液分配问题，并通过转运和替代策略来减少血液短缺。文献［40］研究了基于库龄的易腐物品横向转运问题。在此基础上，研究人员制定了从医院向血液中心订购血液和

医院间横向转运血液的两阶段模型[119]，数值结果表明，转运策略，相比不转运策略和现行策略，可节省大量潜在成本。蒂·马丁内利等（Di Martinelly et al.）[140]研究了血液转运与分配中的库存–路径问题；结果表明，在成本相同的情况下，替代策略优于转运策略。埃祖古等（Ezugwu et al.）[111]针对血库有效管理问题，提出了一个考虑不同血型兼容替代特性的动态数学模型，并提出一种新的混合启发式算法，该算法可以为动态环境下的血液转运提供更好的解决方案。周等（Zhou et al.）[6]针对血液供应链的动态决策问题进行了研究，建立了不确定环境下的血液转运模型。本章研究根据重大突发公共卫生事件后的紧急情况特点，考虑血型替代策略，研究应急血液转运–分配问题。

二、应急环境下的血液转运和分配问题

以往关于应急血液转运和分配问题的研究主要集中在自然灾害方面，如雅巴扎德等（Jabbarzadeh et al.）[124]、王和陈（Wang & Chen）[131]的研究。由于血液制品具有独特的生理和保障特性，其应急转运策略与其他应急物资存在明显的区别[128]。赵等[167]研究了血液短缺情况下血液中心与医院之间血液配送的车辆路径问题，并提出了一种基于 epsilon 约束的混合算法。贝鲁兹等[141]考虑现实问题中的目标冲突，设计了六个目标来处理应急情况下的血液供应链。戈拉希等（Ghorashi et al.）[144]研究了应急情况下的血液库存–路径问题。哈利尔普拉扎里和阿尔沙迪·哈姆塞（Khalilpourazari & Arshadi Khamseh）[168]研究了地震对血液供应链

的影响，并构建了一个由成本和时间组成的双目标采血分配模型。也有文献研究了灾后应急采血设施的选址问题[142,143]。本书根据新冠疫情等重大公共卫生事件的灾后特点，构建了一个双层规划模型，该模型考虑了血液转运和分配的现实决策层级。

三、公共卫生事件下的血液供应链问题

重大公共卫生事件会对血液供应链产生显著影响，例如新冠疫情的暴发，导致献血者急剧减少，血液库存严重短缺[169]。新冠疫情是一个对全球产生深刻影响的突发公共卫生事件，学者们对受影响的供应链进行了大量研究。埃伦和图兹卡亚（Eren & Tuzkaya）[170]研究了疫情背景下医疗废物回收的运输路线问题，主要考虑了其安全性和最短路径。陈等（Chen et al.）[131]研究了封闭控制情况下的多车非接触式联合分配服务问题，目标是居民对分配服务的满意度最优。穆罕默德等（Mohammadi et al.）[171]优化了疫苗分配网络的设计，并提出了一个双目标模型，其目标是最小化预期死亡人数和分配成本。上述研究均针对一般应急物资或疫苗和药品。针对血液产品，新冠疫情也促进了学术界进一步深入研究血液供应链问题。周等[172]研究了新冠疫情期间多血液产品转运 - 分配的多目标优化问题。凯南和迪亚巴特[127]研究了流行病期间供需不确定的血液供应链问题。萨马尼和霍萨尼 - 莫特拉格[147]提出了一种两阶段优化工具，用于协调疫情暴发期间的血液供应链活动，并设计了一种包含混合不确定性方法的新型随机模型。与上述成果不同的是，本书考虑了突发公共卫生事

件的一些特点，利用双层规划构建了应急血液转运－分配网络的分层结构模型。

第三节 应急血液转运－分配双层规划模型

一、问题描述

重大公共卫生事件发生后，疫区血站采血受阻，导致血液供应不足。血站只能通过跨域转运来补充血液。本书考虑了血液供应链网络中存在出救血站和受灾血库的情况（见图7－1）。血制品可以从出救血站转运到受灾血库，然后每个受灾血站将血制品分发到其区域内的医院。

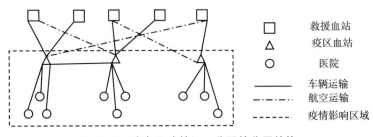

图7－1 应急血液转运－分配的分层结构

血液制品转运有多种方式，如公路转运和航空转运。不同的方式在转运过程中会产生不同的经济成本。受灾血站将特定数量的血液制品分配给医院后，医院会派车去提取相应的血液制品，这就产生了相应的车辆运输成本。血站在进行血液制品分配决策时，会考虑不同血型之间的替代，以减少血液短缺，但血型替代仍会产生相应的替代惩罚成本。由于血液短缺会导致严重后果，如推迟手术或增加紧急采血费用，因此血液短缺导致的惩罚成本被视为总成本的一部分。

为了解决该情景下的血液转运和分配难题，我们将这一问题描述为一个成本最小化和满意度最大化的双层整数线性规划问题。上层规划问题负责确定区域间的血液转运量，同时使相关成本最小化，以降低整体系统成本。下层规划问题的重点是确定分配给各个医院的血液量，旨在提高各医院的满意度。

二、符号与变量

1. 集合和索引

I：出救血站集合，$i \in E$。

J：疫区血站集合，$j \in J$。

K：血型集合，$k = \{k \mid k = A+, A-, AB+, AB-, B+, B-, O+, O-\}$，$l \in K$。

L_k：k 血型的替代血型集合。

H：医院集合 $h \subset H$，这里，下标 jh 表示医院 h 由血站 j 服务。

M：运输方式集合，$m = \{m \mid m = 1, 2\}$，$m = 1$ 表示公路运输，$m = 2$ 表示飞机运输。

2. 参数

d_{ijm}：节点 i 和节点 j 之间使用运输方式 m 的距离。

d_{jh}：医院 h 和血站 j 之间的距离。

c_m：使用 m 运输方式的单位运输费用。

c_s：单位短缺惩罚成本。

c_e：单位血液制冷成本。

w_{lk}：使用血型 l 替代血型 k 的单位替代费用，其通过不同的替代优先级获得，值越大，替代优先级越低，血型的替代权重见表 7 – 2。

表 7 – 2 血型替代权重关系

血型	被替代血型							
	AB +	AB –	B +	B –	A +	A –	O +	O –
AB +	1	—	—	—	—	—	—	—
AB –	2	1	—	—	—	—	—	—
B +	3	—	1	—	—	—	—	—
B –	4	2	2	1	—	—	—	—
A +	5	—	—	—	1	—	—	—
A –	6	3	—	—	2	1	—	—
O +	7	—	3	—	3	—	1	—
O –	8	4	4	2	4	2	2	1

Cap_m：m 运输方式的容量。

$\overline{B_i^k}$：i 救援血站 k 血型的最高转运量限制。

I_j^k：j 血站 k 血型的初始库存。

I_{jh}^k：由 j 血站服务的 h 医院的 k 血型的初始库存。

q_j^k：j 血站 k 血型的采血量。

de_j^k：j 血站 k 血型的需求量。

μ_{jh}^k：由 j 血站服务的 h 医院的 k 血型的预测需求量。

f_m：使用 m 运输方式的单次固定成本。

α：血型替代权重系数。

β_j，β_{jh}：j 血站和由其服务的 h 医院的血液最低满足系数。

3. 中间变量

r_{jh}^k：由 j 血站服务的 h 医院的 k 血型的短缺量。

n_{ijm}：i 救援血站运输往 j 疫区血站所使用的 m 运输方式的载具数量。

η_{jh}^k：由 j 血站服务的 h 医院的 k 血型的需求紧急度。

4. 决策变量

x_{ijm}^k：i 救援血站使用 m 运输方式运往 j 疫区血站 k 血型的量。

y_{jh}^k：j 疫区血站分配给 h 医院 k 血型的量。

z_{jh}^{lk}：由 j 血站服务的 h 医院使用 l 血型替换 k 血型的量。

三、目标函数

根据上述问题描述，得出了该模型的上层目标函数和下层目标函数。

1. 上层目标

出救血站与疫区血站之间的运输成本计算如下：

$$C_1 = \sum_{i \in I} \sum_{j \in J} \sum_{k \in K} \sum_{m \in M} x_{ijm}^k \cdot d_{ijm} \cdot c_m + \sum_{i \in I} \sum_{j \in J} \sum_{m \in M} n_{ijm} \cdot f_m$$

$$(7-1)$$

其中，第一项为可变运输成本，第二项为固定运输成本。

在运输过程中，血液制冷成本为：

$$C_2 = c_e \sum_{i \in I} \sum_{j \in J} \sum_{k \in K} \sum_{m \in M} x_{ijm}^k \cdot \frac{d_{ijm}}{v_m} \qquad (7-2)$$

疫区血站和医院之间的运输成本为：

$$C_3 = \sum_{j \in J} \sum_{h \in H} \sum_{k \in K} (y_{jh}^k + \sum_{l \in L_k} z_{jh}^{lk}) \cdot d_{jh} \qquad (7-3)$$

血液短缺惩罚成本为：

$$C_4 = c_s \cdot \sum_{j \in J} \sum_{h \in H} \sum_{k \in K} \cdot r_{jh}^k \qquad (7-4)$$

血型替代惩罚成本为：

$$C_5 = \sum_{j \in J} \sum_{h \in H} \sum_{k \in K} w_{lk} \cdot \sum_{l \in L_k} z_{jh}^{lk} \qquad (7-5)$$

因此，总成本可以计算为：

$$\min F(x, y) = C_1 + C_2 + C_3 + C_4 + C_5 \qquad (7-6)$$

2. 下层目标

标准化血液制品库存水平可用时间的计算方法为：

$$\varphi_{jh}^k = \min\left\{\frac{I_{jh}^k}{\mu_{jh}^k}, 1\right\}, \quad \forall j, h, k \qquad (7-7)$$

由于各医院的血液需求量不同，各医院的预测需求量无量纲化为：

$$\phi_{jh}^k = \frac{\mu_{jh}^k}{\max\limits_{h \in H} \mu_{jh}^k}, \quad \forall j, h, k \qquad (7-8)$$

因为每家医院可使用的血液时间越短，需求的紧迫性就越高，因此，需求紧急程度 $\eta_{jh,s}^p$ 可以用以下公式来衡量：

$$\eta_{jh}^k = \sqrt{(1 - \varphi_{jh}^k)\phi_{jh}^k}, \quad \forall j, h, k \qquad (7-9)$$

若医院库存足以满足需求，即 $I_{jh}^k \geqslant \mu_{jh}^k \ \forall j, \ h, \ k$，则血液紧急程度为 $\eta_{jh}^k = 0$，$\forall j, \ h, \ k$。

故从需求紧迫性角度衡量满意度的公式为：

$$\max f(x, \ y) = \sum_{j \in J} \sum_{h \in H} \sum_{k \in K} \eta_{jh}^k \cdot \frac{y_{jh}^k + \alpha \cdot \sum_{l \in L_k} z_{jh}^{lk}}{\mu_{jh}^k}$$

$$(7-10)$$

四、数学模型

至此，突发公共卫生事件下考虑血型替代的应急血液转运－分配模型 M1 可形式化描述如下。

上层模型：

$$\min_{x_{ij}^k, y_{jh}^k, z_{jh}^{lk}} \sum_{i \in I} \sum_{j \in J} \sum_{k \in K} \sum_{m \in M} x_{ijm}^k \cdot d_{ijm} \cdot c_m \cdot + c_e \sum_{i \in I} \sum_{j \in J} \sum_{k \in K} \sum_{m \in M} x_{ijm}^k \frac{d_{ijm}}{v_m}$$

$$+ \sum_{j \in J} \sum_{h \in H} \sum_{k \in K} \left(y_{jh}^k + \sum_{l \in L_k} z_{jh}^{lk} \right) \cdot d_{jh} + c_s \cdot \sum_{j \in J} \sum_{h \in H} \sum_{k \in K} \cdot r_{jh}^k$$

$$+ \sum_{j \in J} \sum_{h \in H} \sum_{k \in K} w_{lk} \cdot \sum_{l \in L_k} z_{jh}^{lk} + \sum_{i \in I} \sum_{j \in J} \sum_{m \in M} n_{ijm} \cdot f_m \quad (7-11)$$

$$s.t. \ r_{jh}^k = \left[\mu_{jh}^k - I_{jh}^k - y_{jh}^k - \sum_{l \in L_k} z_{jh}^{lk} \right]^+ \quad \forall j, \ h, \ k$$

$$(7-12)$$

$$\sum_{m \in M} \sum_{j \in J} x_{ijm}^k \leqslant \overline{B_i^k} \quad \forall i, \ k \quad (7-13)$$

$$\sum_{k \in K} x_{ijm}^k \leqslant Cap_m \cdot n_{ijm} \quad \forall m, \ i, \ j \quad (7-14)$$

$$\sum_{i \in I} \sum_{m \in M} x_{ijm}^k \geqslant \beta_j \cdot de_j^k \quad \forall j, \ k \quad (7-15)$$

$$x_{ijm}^k \in N^* \quad \forall i, j, k, m \qquad (7-16)$$

下层模型：

$$y_{jh}^k, z_{jh}^{lk} \in \operatorname{argmax} \sum_{j \in J} \sum_{h \in H} \sum_{k \in K} \eta_{jh}^k \cdot \frac{y_{jh}^k + \alpha \cdot \sum_{l \in L_t} z_{jh}^{lk}}{\mu_{jh}^k}$$

$$(7-17)$$

$$s.t. \sum_{h \in H} \left(y_{jh}^k + \sum_{k \in L_t} z_{jh}^{kl} \right) \leqslant \sum_{i \in I} \sum_{m \in M} x_{ijm}^k + I_j^k + q_j^k \quad \forall j, k$$

$$(7-18)$$

$$y_{jh}^k \geqslant \beta_{jh} \cdot \mu_{jh}^k \quad \forall j, h, k \qquad (7-19)$$

$$y_{jh}^k + \sum_{l \in L_t} z_{jh}^{lk} \leqslant \mu_{jh}^k \quad \forall j, h, k \qquad (7-20)$$

$$de_j^k = \sum_{h \in H} \mu_{jh}^k \quad \forall j, k \qquad (7-21)$$

$$y_{jh}^k, z_{jh}^{lk} \in N^* \quad \forall j, h, k, l \qquad (7-22)$$

模型中，目标函数（7-11）是使包含血液短缺和血型替代惩罚成本在内的总成本最小化。约束（7-12）是各医院缺血量的表达式。式（7-13）是出救血站转运量的约束条件。式（7-14）是不同运输方式能力的约束条件。式（7-15）和式（7-19）分别是各受灾血站和医院必须满足最低血液需求量的约束条件。式（7-16）和式（7-22）是变量取值范围约束。式（7-17）表示下层规划问题的目标函数是最大化加权血液分配满意度之和。式（7-18）表示对血液可分配量的约束。式（7-20）表示分配的血液量不超过其需求量，反映了血液短缺。式（7-21）表示受灾血站的血液需求量等于其所覆盖医院的需求量之和。

五、双层规划转换策略

双层规划因其计算复杂性，引起了运筹优化领域研究者的极大兴趣。原始 - 对偶算法[173~176]和分支定界算法[177,178]等经典方法可用于解决此类具有挑战性的问题。本书引入一种基于互补松弛定理的原始 - 对偶算法，将双层规划问题转化为标准规划问题。

为此，引入对偶理论，将下层规划问题转化为由互补松弛条件组成的系统。对于给定的变量 x_{ij}^k，若将约束条件（7 - 22）松弛为 y_{jh}^k，$z_{jh}^{lk} \geqslant 0$（$\forall j$，h，k，l），则可以引入对偶变量 a_j^k（$\forall j$，k）、b_{jh}^k（$\forall j$，h，k）、c_{jh}^k（$\forall j$，h，k）作为约束（7 - 18）、约束（7 - 19）和约束（7 - 20）的对偶变量。因此，下层规划问题的对偶问题可转化为模型（7 - 23）~模型（7 - 26）：

$$\min_{a_j^k, b_{jh}^k} \sum_{j \in J} \sum_{k \in K} \left(\sum_{i \in I} x_{ij}^k + I_j^k + q_j^k \right) a_j^k + \sum_{j \in J} \sum_{h \in H} \sum_{k \in K} (\beta_{jh} \cdot \mu_{jh}^k) b_{jh}^k$$

$$+ \sum_{j \in J} \sum_{h \in H} \sum_{k \in K} \mu_{jh}^k c_{jh}^k \qquad (7 - 23)$$

$$s.t.\ a_j^k + b_{jh}^k + c_{jh}^k \geqslant \frac{\eta_{jh}^k}{\mu_{jh}^k}, \quad \forall j,\ h,\ k \qquad (7 - 24)$$

$$a_j^l + c_{jh}^k \geqslant \alpha \frac{\eta_{jh}^k}{\mu_{jh}^k}, \quad \forall j,\ h,\ k,\ l \in L_k \qquad (7 - 25)$$

$$a_j^k \geqslant 0 \quad \forall j,\ k \qquad (7 - 26)$$

$$b_{jh}^k \leqslant 0 \quad \forall j,\ h,\ k \qquad (7 - 27)$$

$$c_{jh}^k \geqslant 0 \quad \forall j,\ h,\ k \qquad (7 - 28)$$

根据互补松弛条件，添加了以下非线性约束条件：

$$\left[\sum_{i \in I} \sum_{m \in M} x_{ijm}^k + I_j^k + q_j^k - \sum_{h \in H} \left(y_{jh}^k + \sum_{k \in L_i} z_{jh}^{kl} \right) \right] \cdot a_j^k = 0 \quad \forall j, k$$

$$(7 - 29)$$

$$(y_{jh}^k - \beta_{jh} \cdot \mu_{jh}^k) \cdot b_{jh}^k = 0 \quad \forall j, h, k \qquad (7 - 30)$$

$$(\mu_{jh}^k - y_{jh}^k - \sum_{l \in L_k} z_{jh}^{lk}) \cdot c_{jh}^k = 0 \quad \forall j, h, k \qquad (7 - 31)$$

$$\left(a_j^k + b_{jh}^k + c_{jh}^k - \frac{\eta_{jh}^k}{\mu_{jh}^k} \right) \cdot y_{jh}^k = 0, \quad \forall j, h, k \qquad (7 - 32)$$

$$\left(a_j^l + c_{jh}^k - \alpha \frac{\eta_{jh}^k}{\mu_{jh}^k} \right) \cdot z_{jh}^{lk} = 0, \quad \forall j, h, k, l \in L_k \qquad (7 - 33)$$

原来的双层规划模型可以等价转换为如下单层混合整数规划模型 $M2$：

$$\min_{x_{ijm}^k, y_{jh}^k, z_{jh}^{lk}, a_j^k, b_{jh}^k} \sum_{i \in I} \sum_{j \in J} \sum_{k \in K} \sum_{m \in M} x_{ijm}^k \cdot d_{ijm} \cdot c_m + c_e \sum_{i \in I} \sum_{j \in J} \sum_{k \in K} \sum_{m \in M} x_{ijm}^k \cdot \frac{d_{ijm}}{v_m}$$

$$+ \sum_{j \in J} \sum_{h \in H} \sum_{k \in K} \left(y_{jh}^k + \sum_{l \in L_k} z_{jh}^{lk} \right) \cdot d_{jh} + c_s \cdot \sum_{j \in J} \sum_{h \in H} \sum_{k \in K} \cdot r_{jh}^k$$

$$+ \sum_{j \in J} \sum_{h \in H} \sum_{k \in K} w_{lk} \cdot \sum_{l \in L_k} z_{jh}^{lk} + \sum_{i \in I} \sum_{j \in J} \sum_{m \in M} n_{ijm} \cdot f_m \qquad (7 - 34)$$

$$s.t. \quad (12) \sim (16), \ (18) \sim (21), \ (24) \sim (33)$$

$$y_{jh}^k \geqslant 0 \quad \forall j, h, k \qquad (7 - 35)$$

$$z_{jh}^{lk} \geqslant 0 \quad \forall j, h, k, l \in L_k \qquad (7 - 36)$$

目标（7 - 34）定义了转化后的单层混合整数规划模型的目标函数，约束（7 - 24）和约束（7 - 25）是对偶问题的约束条件，约束（7 - 26）~约束（7 - 28）定义了二元变量的取值范围，约束（7 - 29）~约束（7 - 33）是根据互补松弛条件添加的非线性约束条件，约束（7 - 35）和约束（7 - 36）是为确保对偶问题的可行性而松弛后的原问题变量的取值范围。

至此，原来的双层规划模型被转化为包含五类决策变量的单层非线性整数规划问题。然而，由于约束条件的非线性，该问题仍然难以求解。

六、非线性约束转换策略

为约束（7－29）选择一个足够大的正数 N，并引入 $0 \sim 1$ 辅助变量 A_j^k。然后，通过约束（7－26）与约束（7－28）得出 $a_j^k \geq 0$ 和 $\sum\limits_{i \in I} \sum\limits_{m \in M} x_{ijm}^k + I_j^k + q_j^k - \sum\limits_{h \in H} (y_{jh}^k + \sum\limits_{k \in L_i} z_{jh}^{kl}) \geq 0$。因此，可使用线性约束（7－37）和约束（7－38）等价表示为：

$$a_j^k \leq N \cdot (1 - A_j^k) \qquad \forall j, \ k \qquad\qquad (7-37)$$

$$\left[\sum\limits_{i \in I} \sum\limits_{m \in M} x_{ijm}^k + I_j^k + q_j^k - \sum\limits_{h \in H} (y_{jh}^k + \sum\limits_{k \in L_i} z_{jh}^{kl}) \right] \leq N \cdot A_j^k \qquad \forall j, \ k$$

$$(7-38)$$

同样，通过约束（7－19）与约束（7－27）相结合，可以得出 $y_{jh}^k - \beta_{jh} \cdot \mu_{jh}^k \geq 0$ 和 $b_{jh}^k \leq 0$。因此，通过引入足够大的正数 N 和 $0 \sim 1$ 辅助变量，约束（7－30）的等价表达式如下：

$$b_{jh}^k \geq -N \cdot (1 - B_{jh}^k) \qquad \forall j, \ h, \ k \qquad (7-39)$$

$$(y_{jh}^k - \beta_{jh} \cdot \mu_{jh}^k) \leq N \cdot B_{jh}^k \qquad \forall j, \ h, \ k \qquad (7-40)$$

同样，根据约束（7－35）和约束（7－36），有 $y_{jh}^k \geq 0$ 和 $z_{jh}^{lk} \geq 0$。根据约束（7－20）、约束（7－24）和约束（7－25），有 $\mu_{jh}^k - y_{jh}^k - \sum\limits_{l \in L_k} z_{jh}^{lk} \geq 0$，$a_j^k + b_{jh}^k - \dfrac{\eta_{jh}^k}{\mu_{jh}^k} \geq 0$，$a_j^l + c_{jh}^k - \alpha \dfrac{\eta_{jh}^k}{\mu_{jh}^k} \geq 0$。因此，通过引入足够大的正数 N 和 $0 \sim 1$ 辅助变量 C_{jh}^k，Y_{jh}^k，Z_{jh}^{lk}，将约束（7－31）~约束（7－33）的表达式线性化如下：

$$c_{jh}^{k} \leqslant N \cdot (1 - C_{jh}^{k}) \qquad \forall j, h, k \qquad (7-41)$$

$$\mu_{jh}^{k} - y_{jh}^{k} - \sum_{l \in L_k} z_{jh}^{lk} \leqslant N \cdot C_{jh}^{k} \qquad \forall j, h, k \qquad (7-42)$$

$$y_{jh}^{k} \leqslant N \cdot (1 - Y_{jh}^{k}) \qquad \forall j, h, k \qquad (7-43)$$

$$\left(a_{j}^{k} + b_{jh}^{k} + c_{jh}^{k} - \frac{\eta_{jh}^{k}}{\mu_{jh}^{k}} \right) \leqslant N \cdot Y_{jh}^{k} \qquad \forall j, h, k \qquad (7-44)$$

$$z_{jh}^{lk} \leqslant N \cdot (1 - Z_{jh}^{lk}) \qquad \forall j, h, k, l \in L_k \qquad (7-45)$$

$$\left(a_{j}^{l} + c_{jh}^{k} - \alpha \frac{\eta_{jh}^{k}}{\mu_{jh}^{k}} \right) \leqslant N \cdot Z_{jh}^{lk} \qquad \forall j, h, k, l \in L_k \quad (7-46)$$

上层规划中的约束（7-12）可以写成最大化约束条件：

$$r_{jh}^{k} = \max \left\{ \mu_{jh}^{k} - I_{jh}^{k} - y_{jh}^{k} - \sum_{l \in L_k} z_{jh}^{lk}, 0 \right\} \qquad \forall j, h, k$$

$$(7-47)$$

利用传统 max 函数的线性化方法将其线性化。因此，通过引入足够大的正数 N 和 $0 \sim 1$ 辅助变量 δ_{jh}^{k}，约束（7-47）的等价表达式如下：

$$r_{jh}^{k} \leqslant \left(\mu_{jh}^{k} - I_{jh}^{k} - y_{jh}^{k} - \sum_{l \in L_k} z_{jh}^{lk} \right) + N(1 - \delta_{jh}^{k}) \qquad \forall j, h, k$$

$$(7-48)$$

$$r_{jh}^{k} \geqslant \left(\mu_{jh}^{k} - I_{jh}^{k} - y_{jh}^{k} - \sum_{l \in L_k} z_{jh}^{lk} \right) - N(1 - \delta_{jh}^{k}) \qquad \forall j, h, k$$

$$(7-49)$$

$$r_{jh}^{k} \leqslant N \cdot \delta_{jh}^{k} \qquad \forall j, h, k \qquad (7-50)$$

$$r_{jh}^{k} \geqslant -N \cdot \delta_{jh}^{k} \qquad \forall j, h, k \qquad (7-51)$$

$$\left(\mu_{jh}^{k} - I_{jh}^{k} - y_{jh}^{k} - \sum_{l \in L_k} z_{jh}^{lk} \right) \leqslant N \cdot \delta_{jh}^{k} \qquad \forall j, h, k \quad (7-52)$$

$$\left(\mu_{jh}^k - I_{jh}^k - y_{jh}^k - \sum_{l \in L_k} z_{jh}^{lk}\right) + N(1 - \delta_{jh}^k) \geqslant 0 \quad \forall j,\ h,\ k$$

$$(7 - 53)$$

至此，原来的双层规划模型被转换为下面的单层混合整数线性规划模型 $M3$：

$$\min_{\substack{x_{ijm}^k, y_{jh}^k, z_{jh}^{lk}, a_j^k, b_{jh}^k, c_{jh}^k \\ A_j^k, B_{jh}^k, C_{jh}^k, Y_{jh}^k, Z_{jh}^k, \delta_{jh}^k}} \sum_{i \in I} \sum_{j \in J} \sum_{k \in K} \sum_{m \in M} x_{ijm}^k \cdot d_{ijm} \cdot c_m + \sum_{j \in J} \sum_{h \in H} \sum_{k \in K} \left(y_{jh}^k + \sum_{l \in L_k} z_{jh}^{lk}\right) \cdot$$

$$d_{jh} + c_e \sum_{i \in I} \sum_{j \in J} \sum_{k \in K} \sum_{m \in M} x_{ijm}^k \cdot \frac{d_{ijm}}{v_m} + c_s \cdot \sum_{j \in J} \sum_{h \in H} \sum_{k \in K} \cdot r_{jh}^k$$

$$+ \sum_{j \in J} \sum_{h \in H} \sum_{k \in K} \sum_{l \in L_k} w_{lk} z_{jh}^{lk} + \sum_{i \in I} \sum_{j \in J} \sum_{m \in M} n_{ijm} \cdot f_m \qquad (7 - 54)$$

$s.t.\ (7 - 13) \sim (7 - 16),\ (7 - 18) \sim (7 - 22),\ (7 - 24) \sim$ $(7 - 28),\ (7 - 37) \sim (7 - 46),\ (7 - 48) \sim (7 - 53)$

$$A_j^k,\ B_{jh}^k,\ C_{jh}^k,\ Y_{jh}^k,\ Z_{jh}^k,\ \delta_{jh}^k \in \{0,\ 1\} \quad \forall j,\ h,\ k \quad (7 - 55)$$

式（7-54）定义了模型 $M3$ 的目标函数，其中包含三种整数变量、三种连续变量和六种 $0 \sim 1$ 变量，目标是使系统总成本最小化。式（7-55）定义了附加辅助决策变量的值。此时，该模型是一个单层混合整数线性规划模型，可使用 Gurobi 和 Cplex 等求解软件求解。

第四节　数值实验与分析

一、案例描述与数据

本书选取五个城市（由字母 WH、YC、XY、HG、JZ 表示）

的血站作为上层模型的疫区血站，并将九个城市（由字母 CQ、CD、CS、GY、NJ、NC、HF、ZZ、XA 表示）的血液中心作为出救血站。不同血站之间的陆路运输距离取路线公里数见表 7-3。出救血站血液转运量上限见表 7-4，疫区血站初始库存量和采集量信息设置见表 7-5。假设在 WH 等城市选取下层模型中需要分配血液的 20 家医院，其血液需求数据见表 7-6。因现实生活中 RH 阴性血的需求和使用很少，本书的计算只考虑了四种 RH 阳性血型。此时，可以得到相关参数取值如下：$|I|=9$，$|J|=5$，$|H|=20$，$\forall j$，$|K|=4$。其他参数设置如下：$Cap_1 = 1000U$，$Cap_2 = 20000U$，$f_1 = 500CNY$，$f_1 = 1000CNY$，$c_1 = c_2 = 0.01CNY$，$c_S = 100CNY$，$c_e = 0.1CNY$，$v_1 = 100$ 千米/时，$v_2 = 800$ 千米/时，$\alpha = 0.9$，$N = 1000000$。

表 7-3　　　　　　　　救援血站与疫区血站运输距离　　　　　　　　单位：千米

距离 （空运/陆运）		救援血站								
		CQ	CD	CS	GY	NJ	NC	HF	ZZ	XA
疫区血站	WH	754/ 944	979/ 1156	297/ 329	865/ 1044	457/ 536	262/ 341	310/ 378	467/ 510	653/ 739
	YC	471/ 581	694/ 834	319/ 401	636/ 859	728/ 842	495/ 636	575/ 688	503/ 625	453/ 683
	XY	—/802	—/976	—/524	—/1029	—/768	—/647	—/613	—/392	—/510
	HG	—/946	—/1236	—/386	—/1100	—/512	—/290	—/357	—/576	—/849
	JZ	—/667	—/933	—/330	—/825	—/749	—/537	—/594	—/586	—/704

表 7 – 4　　　　　　　　救援血站血液转运量上限

血型	救援血站								
	CQ	CD	CS	GY	NJ	NC	HF	ZZ	XA
AB（U）	165	180	375	195	225	160	345	265	255
B（U）	975	690	960	945	1080	405	385	380	480
A（U）	830	740	590	725	710	320	530	410	185
O（U）	1245	1290	1335	780	960	825	1095	810	660

表 7 – 5　　　　　　　　疫区血站初始库存量和采集量信息

血型	WH		YC		XY		HG		JZ	
	I_j^k	q_j^k	I_j^k	q_j^k	I_j^k	q_j^k	I_j^k	q_j^k	I_j^k	q_j^k
AB（U）	115	29	90	22	86	22	83	21	77	19
B（U）	339	85	266	66	259	65	246	62	230	58
A（U）	451	113	352	88	346	86	330	82	307	77
O（U）	506	126	397	99	387	97	368	92	346	86
β_j	0.6		0.5		0.5		0.4		0.4	

表 7 – 6　　　　　　　　**WH 和 YC 十家医院的日均用血量**

血型/WH 医院	1	2	3	4	5	6	7	8	9	10
AB（U）	30	32	34	36	38	20	22	24	26	28
B（U）	90	92	94	96	98	48	50	52	54	56
A（U）	112	114	116	118	120	58	60	62	64	66
O（U）	134	136	138	140	142	72	74	76	78	80
β_{jh}	0.6	0.6	0.6	0.7	0.7	0.5	0.5	0.5	0.5	0.5
血型/YC 医院	1	2	3	4	5	6	7	8	9	10
AB（U）	28	30	32	34	36	38	20	22	24	26
B（U）	56	90	92	94	96	98	48	50	52	54

续表

血型/YC 医院	1	2	3	4	5	6	7	8	9	10
A（U）	66	112	114	116	118	120	58	60	62	64
O（U）	80	134	136	138	140	142	72	74	76	78
β_{jh}	0.6	0.6	0.6	0.6	0.7	0.7	0.5	0.5	0.5	0.5

二、数值分析

根据提出的模型，调用 Gurobi 9.1 求解器进行求解。运行平台为个人电脑，配备 AMD Ryzen 7 5800H Radeon Graphics CPU@3.2 千兆赫、16 吉字节内存、64 位 Windows11 系统。利用上文给出的初始数据，上层目标的最小化总成本为 214230CNY，下层目标分配最大满意度为 327.0103，程序运行时间为 52.13 秒。各地区使用不同运输方式的血液转运量见表 7－7。

表 7－7　　　　　　　　　　从出救血站到疫区血站的转血量

$\sum_{k \in K} x_{ijm}^{k}$（U） $m = 1/m = 2$		救援血站								
		CQ	CD	CS	GY	NJ	NC	HF	ZZ	XA
疫区血站	WH	0/0	0/0	0/1536	0/0	0/2205	0/0	355/0	0/0	0/0
	YC	0/2279	0/2133	0/0	0/0	0/0	0/0	50/0	0/0	68/0
	XY	0/0	707/0	0/0	0/0	0/0	0/0	0/0	1865/0	1512/0
	HG	0/0	0/0	0/0	0/0	770/0	1710/0	2000/0	0/0	0/0
	JZ	936/0	0/0	1724/0	2000/0	0/0	0/0	0/0	0/0	0/0

实验结果表明：（1）在运输量大且有空运条件时，应选择空运。此时，运输成本和冷链成本都较低。（2）只有 A 型血发生

了短缺，更多的 O 型血才被用来替代 A 型血，B 型血和 O 型血的分配量直接满足了其需求，部分 B 型血被用来替代 AB 型血。（3）需求紧急度较低的医院出现了血液短缺，需求紧急度较高的医院优先使用血型替代策略。

三、不确定血液供给下的结果分析

不同血型血液供应的不确定性体现在出救血站的可转运血液量上。转运量的不确定性将直接影响上层的转运决策，影响系统总成本，进而影响下层的分配决策。为此，根据计算结果，绘制了不同血型的敏感性分析图，每一种血型供给的变化范围都为 [－900U，＋900U]，变化间隔为 180U。即 9 个救援血站在每次计算时同时增加或减少 20U 血液的供给。敏感性分析图见图 7－2：

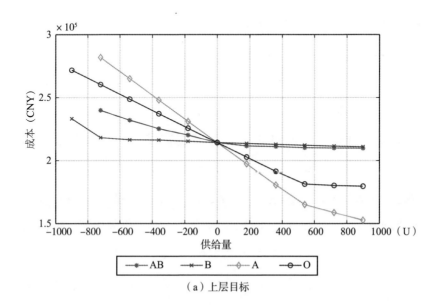

（a）上层目标

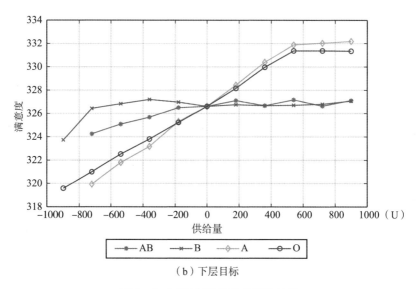

（b）下层目标

图 7 − 2 不同血型的供应变化结果

从图 7 − 2（a）可知：（1）随着各血型血液制品可转运量增加，系统总成本呈下降趋势。其中，A 型血对成本变化的影响最大；B 型和 AB 型血的影响较小，在［0U，+ 900U］范围内，两者转运量的增加几乎不再影响总成本的变化。（2）AB 型和 A 型血液在 − 900U 节点，因为违反了转运量的下限约束，无法获得可行解。从图 7 − 2（b）中可以发现：（1）增加 A 型血和 O 型血的可转运量显著提高了分配满意度，这两种血型的可转运量对分配满意度的影响基本相同。当可转运量超过 + 540U 时，两者都获得了较大的满意度，此时可转运量的增加对分配满意度的影响减小。（2）增加 B 型血和 AB 型血的转运量对分配满意度的影响不大，而减少两者的转运量会在一定程度上降低分配满意度。结合两图，增加血液的可转运量可在一定程度上提高血液分配的满意度，降低成本，但不同血型的影响差异较大。决策者需要根据具体情况选择合适的转运方案。

四、不确定血液需求下的结果分析

不同血型血液需求的不确定性体现在疫区医院的需求不确定性上。因此，本节将改变每家医院的需求量，考虑每个算例下所有医院对同一血型的需求量每次增加或减少 1U，总血液需求量的变化范围为 ［－900U，＋900U］，其敏感性分析图见图 7－3。

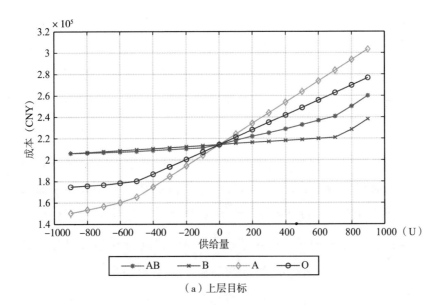

（a）上层目标

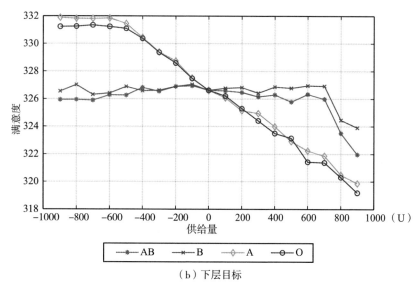

（b）下层目标

图 7 - 3　不同血型的血液需求量变化结果

从图 7 - 3 （a）可知：（1）随着各血型需求量的增加，系统总成本呈上升趋势。其中，A 型血对成本的影响最大。无论其需求量的增加（减少），都能得到四种血型需求变化中的最大（最小）的总成本。（2）在 ［0U，+900U］ 的需求变化范围内，四种血型血液需求对目标函数的影响表现为 A > O > AB > B，而在 ［-900U，0U］ 的需求变化范围内，A 型血与 AB 型血对目标函数都不存在较大影响。从图 7 - 3 （b）可以看出：（1）随着各血型血液需求量的上升，分配满意度呈下降趋势。其中，O 型血与 A 型血的血液需求改变对目标的影响趋势几乎相同。（2）O 型血与 A 型血对分配满意度的影响较大，AB 型血与 B 型血对分配满意度的整体影响较小，而当这两种血型需求增加一定程度时，会使分配满意度大幅下降。结合两幅图可以看出，不同血型血液需求的改变对上、下层目标的影响存在着较大不同。

五、不同决策模式下的结果分析

双层规划是一种混合决策模式，而一般的单层规划是集中决策模式的体现。本节将考虑两种决策模式对目标的影响；且在集中决策模式中，分别考虑领导者（leader）与追随者（follower）视角。领导者视角下，只关注包括血液短缺与替代惩罚成本在内的系统总成本，旨在将系统总成本最小化，而不具体关注血液分配的满意度，相当于构建以式（7－11）为目标函数，式（7－13）～式（7－16）、式（7－18）～式（7－22）、式（7－48）～式（7－53）为约束的单层规划模型，领导者视角将控制所有决策变量。在追随者视角下，只关注对血液分配的满意度最大，而不考虑运送的经济成本，相当于构建以式（7－7）为目标函数，其余约束与领导者视角相同的单层规划模型，

对于追随者而言，血液分配量和替代量仍是决策变量，而血液转运量则成为中间变量。具体结果见表7－8。

表7－8　　　　　　　不同决策模式下的结果

分类	$F(x, y)$（CNY）	$f(x, y)$	时间（秒）
领导者视角	214230	327.0103	43.48
追随者视角	321990	332.1969	42.26
双层规划	214230	327.0103	52.13

表7－8中的结果是根据初始数据计算得出的。从表7－8可

以看出，不同决策模式下各指标之间存在如下关系：$F_{Leader} = F_{Bi-level} < F_{Follower}$，$f_{Leader} = f_{Bi-level} < f_{Follower}$，$T_{Bi-level} > T_{Leader} > T_{Follower}$。

在可转运血液的供应与各血液需求已知的情况下，结果表明：（1）双层规划模型下的领导者 - 追随者视角与领导者视角下得到的最优解相同，该情况类似于文献［173］，但双层规划模型使用的互补松弛条件得到的约束更多，其程序计算时间更长。（2）比较领导者 - 追随者视角与领导者视角，由于单位血液的短缺惩罚成本，要高于其替代惩罚成本与单位血液运输中的经济成本，且两者的目标函数相同，故两种视角下的决策都会尽量减少血液短缺，但医院的总体分配满意度较低。（3）追随者视角，专注于下层的决策，考虑血液需求紧急度的分配满意度总体更高，但整体的系统成本也更高。因为这种模式会优先将血液分配至需求紧急度较高的医院中，并且不考虑运输带来的经济成本，只要存在可转运的血液，都会尽量执行转运决策并运至疫区血站。（4）本书得出的指标关系与文献［165］存在差异。文献［165］的领导者 - 追随者视角与领导者视角得到的最优解存在差异，该文献中，上层与下层目标函数的决策变量存在差异，而本书的上层目标函数与下层目标函数都直接与血液分配量和替代量有关。

六、不同规模实例的分析与策略

为了验证模型的有效性，设计三组不同规模的数值算例。在这些算例中，改变出救血站和疫区血站的数量，也改变每个疫区血站供应的医院数量，从而较合理地生成每个算例的血液供需数据。其他参数与初始算例相同。为了评估血型替代策略，先根据原始模型计算出各算例的结果，再计算其不使用替代策略的结果进行比较。不同算例下各策略的结果对比见表 7 – 9。

表 7 – 9　　　　　　　　　　**不同规模实例计算结果**

算例序号	$|I| \times |J|$, $|H|$, $\forall j$		$F(x, y)$ (CNY)	$f(x, y)$	总短缺 (U)	总运输成本 (CNY)	计算时间 (秒)
1	10 × 5, 20	CS	170400	331.7175	0	128680	63.59
		NCS	248690	320.3693	1293	116590	88.42
2	15 × 8, 25	CS	584652	627.5426	2371	287040	183.61
		NCS	693470	610.1862	4190	268710	275.45
3	20 × 10, 30	CS	599050	1005.840	0	461100	1293.05
		NCS	852820	955.0625	4297	414540	1962.99

注：CS 为考虑替代；NCS 为不考虑替代。

由表 7 – 9 可知：（1）随着问题规模的扩大，求解器花费时间会呈倍数增加，且 NCS 策略的计算时间高于 CS 策略，但所有算例均能在可接受时间范围内得到最优解，说明本章构建的模型是有效的。（2）从上层目标与下层目标来看，考虑血型替代策略，可以降低系统总成本并提高血液分配满意度。（3）从短缺量与总运输成本来看，虽然 NCS 策略的运输成本低于 CS 策略，但会造成血液紧缺时血液短缺量增加，带来更多的短缺惩罚成本。上述结论验证了考虑血型替代策略的应急血液转运 – 分配模型的有效性。

七、参数的敏感性分析

本节将对部分参数进行敏感性分析，分析这些参数变化对模型的影响。首先对短缺惩罚成本进行敏感性分析，让其以步长 10 在 [50，150] 范围内变化，分别对初始算例与算例 2 进行计算，结果见图 7 - 4。

从图 7 - 4 可知，随着短缺惩罚成本的增加，会出现以下几种情况：（1）系统总成本呈上升趋势，与上层目标呈正相关关系；（2）分配满意度呈先降后升再降的趋势，但总体变化幅度较小，说明与下层目标无特定关系；（3）系统总成本最低都在 $C_s = 50$ 处获得，而分配满意度最高值分别在 $C_s = 100$ 和 $C_s = 130$ 时出现，说明上层目标和下层目标的最优值不是在同一系数下得到的。

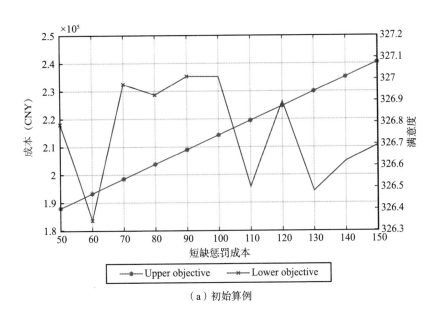

（a）初始算例

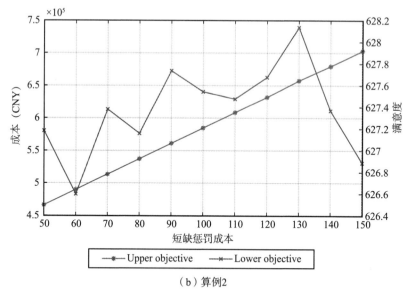

（b）算例2

图7-4　短缺惩罚成本的敏感性分析

接下来对替代惩罚成本做敏感性分析，所有血型间的替代成本在［-50，+50］范围内改变，分别对初始算例与算例2进行计算，结果见图7-5。

从图7-5可以发现，随着替代惩罚成本的增加：（1）系统总成本呈增加趋势，表明其与上层目标值存在正相关关系。（2）分配满意度在不同算例中的差异较大，表明其与下层目标无特定关系。（3）系统总成本在替代惩罚成本改变的前三个值下没有变化，而两个算例的分配满意度分别在替代惩罚成本不改变与改变-50的时候得到最优值，表明上、下层目标的最优值不在同一系数处获得，且不同的算例数据也会影响最优值。

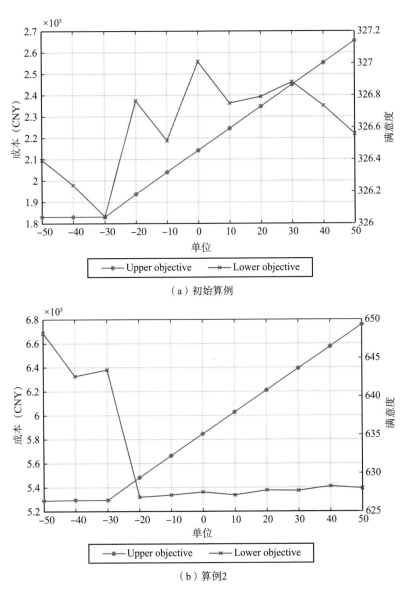

（a）初始算例

（b）算例2

图 7 - 5　替代惩罚成本变化下的敏感性分析

本 章 小 结

　　本章提出了重大公共卫生事件下的多血型血液转运－分配模型。首先，构建了多出救血站、多受灾血站、多运输方式、多血型的跨域血液转运－分配网络的双层规划模型。上层目标为系统总成本最小，下层目标为考虑需求紧迫度的分配满意度总和最大。该模型反映了血液转运的合理安排、血液分配的满意度、血站在医院应急血液分配中的有效性，并降低了包括缺血惩罚成本在内的系统成本。其次，为减少缺血量，模型也考虑了血型替换策略。基于互补松弛定理的原始－对偶算法求解了变换后的模型。最后，以湖北省疫情为背景构造数值仿真算例，验证了模型和求解策略的有效性和可行性。在 2020 年疫情暴发初期，政府主导了大规模的跨地区血液转运行动，从实际情况来看，这些行动在一定程度上缓解了疫区的血液紧缺程度。今后，政府相关部门可以进一步发展和完善血液转运和分配体系，在紧急情况下合理有效地开展相关行动，最大限度地减少血液短缺。

　　本书的下层问题将所有疫区血站视为一个追随者。后续问题可根据属地跟随原则，将不同的疫区血站视为多个跟随者。本书模型未考虑血液的生命周期，后续研究可引入血液制品的库龄分布信息、库存成本等因素，将问题建模为多周期库存问题。

第八章

突发公共卫生事件采血点
定位-排队决策优化

第一节 引 言

血液是人类生命过程中不可缺少的重要组成部分，其短缺会给人们的健康和生命带来难以估量的损失。更为关键的是，血液是一种稀缺资源，没有任何替代品。血液的获取完全依赖于自愿捐赠[178]。过去几年，一系列重大突发公共卫生事件（MPHEs）的爆发给血液供应链带来了严峻挑战。首先，为了遏制新冠等高传染性传染病的传播，许多国家采取了多项紧急措施，包括关闭边境、实施全国或地区封锁、限制公共交通、强制戴口罩并保持社交距离等[127]。虽然这些措施在一定程度上有效地控制了疫情的蔓延，但同时也导致了社会生活的不便，包括献血活动受限，导致献血意愿下降。其次，该现象也与潜在献血者的行为与态度有关。一些献血者由于采血点距离过远、拥挤或不方便而感到献血过程的不便，从而影响了他们的献血意愿。此外，献血者也可能因担心感染而退缩，特别是在新冠疫情等重大突发公共卫生事件期间，人们可能会更加谨慎和担忧。这些心理因素可能会导致献血者的献血意愿下降[51,179,180]。因此，在重大突发公共卫生事件背景下，研究采血点选址、服务台资源配置以及献血者分配对于增加采血量、提高供应链服务质量至关重要。

相关学者已经对正常环境[51]和自然灾害[181~183]下的采血点选址、资源配置以及献血者分配进行了研究。周等[172]针对新冠疫情下的血液短缺问题，考虑了多种运输方式，以总成本、需求满意度和质量为目标，提出了一种两阶段多目标血液转运分配模型。拉里米等（Larimi et al.）[55]考虑需求不确定、交叉配型等因素，利用地理信息系统（GIS）确定潜在的采血点，构建了一个两阶段随机鲁棒优化模型，以最大限度提高医院的血液供应覆盖水平。萨马尼和霍塞尼－莫特拉赫[147]考虑了不确定性和中断，进而提出了一种容量共享机制，以缓解新冠疫情期间出现的血液短缺。

在对现有的文献进行分析后，本书发现在 MPHEs 背景下，血液供应链优化方面尚有几个亟待解决的问题需要进一步研究。首先，大多数文献倾向于通过库存控制、替代和转运等方面来减少血液短缺，而忽视了采供血的重要性。其次，很少有文献将献血者的意愿和行为作为数学建模的重要因素。献血者的献血意愿和行为对于血液供应链的有效运作至关重要，然而目前大多数研究往往只关注供应链的效率和成本，而忽视了献血者的体验和反馈。特别是在 MHFEs 期间，献血行为受到采血点所在区域风险和距离的影响。将这些因素纳入数学模型将有助于作出更合理的决策。最后，少有文献考虑献血者在采血点的拥挤情况，并将排队理论应用其中。在实际献血过程中，采血点可能会因为献血者的到来而产生拥挤现象，从而导致献血过程的效率降低。排队理论是解决这类问题的有效工具。通过考虑献血者在采血点的拥挤情况，有助于提高血液供应链的效率和服务质量。

在本章中，我们构建了一个双目标优化模型，以确定采血点中服务台的数量，并考虑献血者的献血距离和感染风险来优化采血设施的位置。为此，引入了排队理论，以最大限度减少献血者在采血点的等待时间，从而提高献血者的满意度。模型中的成本包括献血者损失成本、风险保护成本以及开放成本。在我们的研究中，采血设施有两种类型：流动献血车和固定采血屋。前者是位置可移动的临时采血设施，后者则是位置不可改变的永久性采血设施。与以往研究不同的是，我们的研究是根据大流行期间的风险和需求，纳入了固定采血屋的动态关闭和重新开始。为了解决所提出的模型，我们设计了一种基于混沌映射和自适应收敛因子的改进多目标灰狼优化算法（IMOG-WO）。结果与非支配排序遗传算法 - Ⅱ（NSGA - Ⅱ）、多目标粒子群优化算法（MOPSO）、多目标鲸鱼优化算法（MOWOA）、多目标黑猩猩优化算法（MOChOA）以及多目标灰狼优化算法（MOGWO）进行对比，验证算法的有效性。本章的主要目的是在 MHFEs 的背景下，通过优化采血网络来提高献血量，减少短缺情况，从而挽救生命。

本章贡献如下：

（1）本章提出了一个新的采血点定位－排队问题，以应对MPHEs。问题考虑了一些 MPHEs 典型特征：如流行病风险、献血行为和采血设施的异质性等，且在 m/m/c 排队框架内提出了一个多服务器定位－分配模型。考虑到异质采血点的开放和位置，该问题被表述为一个双目标整数非线性优化模型，旨在最小化系统总成本和最大化献血者满意度。

（2）本章提出了一种结合混沌映射和自适应收敛因子的改进MOGWO 算法。该算法优于其他生成帕累托前沿解的方法，如NSGA－Ⅱ，MOPSO，MOWOA，MOChOA 和 MOGWO。

（3）本章使用重庆主城区的一些真实数据来演示模型的实际应用。通过对结果进行分析，为今后类似事件的应对提供有价值的决策建议，以加强 MPHEs 的管理。

第二节 模 型

一、问题描述

在 MPHEs 发生后，为了防止更大规模的感染，各级政府往往会通过专家评估，确定本地区的风险级别，进而采取不同的防控政策。与此同时，首先，献血者由于害怕感染，其献血意愿较平时明显降低，且地区风险越高，其献血意愿越低；其次，献血意愿受到距离的影响，距离越远，献血意愿越低。这些因素均与常规环境下的采血决策不同。在中国和其他大部分国家，采血设施有两种类型，固定采血屋和移动采血车。固定采血屋是长期设施，一旦建立，短期内无法改变，但在大流行环境下可以动态关闭和开放。采血车是移动设施，其采血位置可以在每个时期动态改变。

本章要解决的问题如下：考虑风险和排队因素后，移动采血车和固定采血屋如何布局？如何合理开放采血服务台？在排队约束条件下，如何分配志愿者到开放的采血设施？目标是最大限度地提高献血志愿者的满意度，并最小化系统总成本。

为进行该研究，进行以下假设：首先，每个周期为一天，并且在每个周期内，来自不同区域的献血志愿者到达相互独立且服从泊松分布。采血服务系统是由多个独立的采血设施组成，每个设施构成一个服务子系统，并服从 m/m/c 排队等待模型。其次，由于采血过程固定，因此假设所有采血设施的服务时间遵循相同的指数分布。移动采血车的候选点和固定采血屋的位置已知，且移动采血车和固定采血屋各自之间是同质的。潜在献血者选择前往最近的采血设施献血，每周期可用的移动采血车的数量是固定的。最后，本书没有考虑移动采血车之间的移动成本。

二、符号说明

1. 集合和索引

I：捐赠区域集合，$i \in \{1, 2, \cdots, |I|\}$。

J：移动采血车候选点集合，$j \in J = \{1, 2, \cdots, |J|\}$。

K：已建立的固定采血屋位置集合，$k \in K = \{1, 2, \cdots, |K|\}$。

L：采血点位置集合，$l \in L = J \cup K$。

R：风险等级集合，$r \in R = \{1, 2, \cdots, |R|\}$。

T：周期集合，$t \in T = \{1, 2, \cdots, |T|\}$。

2. 参数

d_{ij}：捐赠区域 i 的志愿者与移动采血车候选点 j 之间的距离，$\forall i \in I, j \in J$。

d_{ik}：捐赠区域 i 的志愿者与固定采血屋 k 之间的距离，$\forall i \in I, k \in K$。

α_{it}^{r}：t 周期，捐赠区域 i 的风险等级，$\forall i \in I, t \in T$。

α_{jt}^{r}：t 周期，移动采血车候选点 j 所在地区的风险等级，$\forall j \in J, t \in T$。

α_{kt}^{r}：t 周期，固定采血屋 k 所在地区的风险等级，$\forall k \in K, t \in T$。

λ_{i}：捐赠区域 i 潜在志愿者的单位时间到达率，$\forall i \in I$。

τ_{jt}：t 周期，在移动采血车 j 设施内，志愿者的平均到达率，$\forall j \in J, t \in T$。

τ_{kt}：t 周期，在固定采血屋 k 设施内，志愿者平均的到达率，

$\forall k \in K$，$t \in T$。

μ：采血设施平均服务率。

w_{jt}：t 周期，在移动采血车 j 设施内，志愿者的平均逗留时间，$\forall j \in J$，$t \in T$。

w_{kt}：t 周期，在固定采血屋 k 设施内，志愿者的平均逗留时间，$\forall k \in K$，$t \in T$。

$m_{j,\max}$，$m_{k,\max}$：移动采血车和固定采血屋所能开放的最大服务台的数量，$\forall j \in J$，$k \in K$。

q：可用的移动采血车的数量。

N：已建立的固定采血屋的数量。

C_{loss}：单位损失成本。

C_j：移动采血车在候选点 j 开放的固定成本，$\forall j \in J$。

C_k：位于 k 点的固定采血屋开放的固定成本，$\forall k \in K$。

C_u：服务台开放的单位成本。

C^r：在不同风险等级 r 下，采血点的风险防护成本，$\forall r \in R$。

3. 决策变量

x_{jt}：二进制变量。t 周期，如果在候选点 j 安放移动采血车为 1，否则为 0，$\forall j \in J$，$t \in T$。

x_{kt}：二进制变量。t 周期，固定采血屋 k 开放时为 1，否则为 0，$\forall k \in K$，$t \in T$。

y_{ijt}：二进制变量。t 周期，捐赠区域 i 的献血志愿者到达移动采血车候选点 j 时为 1，否则为 0，$\forall i \in I$，$j \in J$，$t \in T$。

y_{ikt}：二进制变量。t 周期，捐赠区域 i 的献血志愿者到达固定采血屋 k 时为 1，否则为 0，$\forall i \in I$，$k \in K$，$t \in T$。

m_{jt}，m_{kt}：t 周期，在移动采血车候选点 j 和固定采血屋 k 开设服务台的数量，$\forall j \in J$，$k \in K$，$t \in T$。

三、数学模型

在新冠疫情期间，对于献血志愿者来说，感染风险和旅行距离会影响他们的献血意愿。根据塔瓦科利等（Tavakkoli et al.）[184]的研究结果，引入了以下指标来量化该行为，以移动采血车为例，建模如下：

$$\lambda_{ijt}(\alpha_{it}^r, \alpha_{jt}^r, d_{ij}) = \lambda_i F(\alpha_{it}^r, \alpha_{jt}^r, d_{ij}) \qquad (8-1)$$

式中，$\lambda_{ijt}(\alpha_{it}^r, \alpha_{jt}^r, d_{ij})$ 为在 t 周期内，捐赠区域 i 的志愿者到达移动采血设施 j 的数量。此处，$F(\alpha_{it}^r, \alpha_{jt}^r, d_{ij})$ 的公式定义如下[186]：

$$F(\alpha_{it}^r, \alpha_{jt}^r, d_{ij}) = G(\alpha_{it}^r) G'(\alpha_{jt}^r) H(d_{ij}) \qquad (8-2)$$

式中，$G(\alpha_{it}^r)$：$\mathbb{R} \to [0, 1]$，$G'(\alpha_{jt}^r)$：$\mathbb{R} \to [0, 1]$，$H(d_{ij})$：$\mathbb{R} \to [0, 1]$，$G(\alpha_{it}^r)$ 和 $G'(\alpha_{jt}^r)$ 代表献血志愿者对自己所在区域和捐赠点所在区域的风险敏感性，$H(d_{ij})$ 代表距离敏感性。其公式表达如下：$G(\alpha_{it}^r) = 1 - \dfrac{\alpha_{it}^r}{\alpha_i^r}$，$G'(\alpha_{jt}^r) = 1 - \dfrac{\alpha_{jt}^r}{\alpha_j^r}$，$H(d_{il}) = 1 - \dfrac{d_{il}}{\overline{d}}$，$\alpha_i^r$、$\alpha_j^r$ 和 $\overline{d}$ 分别表示各自最大值。

因此，对于每个移动采血车所在位置 j，在 t 周期志愿者的总到达数量为：

$$\tau_{jt} = \sum_{i=I} \lambda_{ijt}(\alpha_{it}^r, \alpha_{jt}^r, d_{ij}) y_{ijt} \qquad (8-3)$$

固定采血屋同理。因此，在整个决策周期内捐赠区域的志愿者未能去采血设施献血的损失成本为：

$$Z_1 = C_{loss} \sum_{t \in T} \left[\sum_{i \in I} \lambda_i - \left(\sum_{j \in J} \tau_{jt} - \sum_{k \in K} \tau_{kt} \right) \right] \quad (8-4)$$

采血设施的开放成本为：

$$Z_2 = \sum_{t \in T} \left(\sum_{j \in J} C_j x_{jt} + \sum_{k \in K} C_k x_{kt} \right) \quad (8-5)$$

采血设施的服务台开放成本为：

$$Z_3 = \sum_{t \in T} \left(\sum_{j \in J} C_u m_{jt} + \sum_{k \in K} C_u m_{kt} \right) \quad (8-6)$$

采血设施的防护成本为：

$$Z_4 = \sum_{t \in T} \left(\sum_{j \in J} C^r x_{jt} + \sum_{k \in K} C^r x_{kt} \right) \quad (8-7)$$

因此，系统总成本为：

$$Z = Z_1 + Z_2 + Z_3 + Z_4 \quad (8-8)$$

假设每个采血设施遵循 $m/m/c$ 排队系统，这表明到达的志愿者人数服从泊松分布，平均服务时间服从指数分布，并有 c 个服务器在该采血设施内工作。在本章中，等待时间被视为志愿者满意度，并与成本函数同时优化。因此，数学模型可形式化描述如下：

$$\min \left(\sum_{t \in T} \sum_{j \in J} \tau_{jt} w_{jt} + \sum_{t \in T} \sum_{k \in K} \tau_{kt} w_{kt} \right) \quad (8-9)$$

$$\min Z \quad (8-10)$$

$$\sum_{j \in J} x_{jt} \leq q, \quad \forall t \in T \quad (8-11)$$

$$\sum_{k \in K} x_{kt} \leq N, \quad \forall t \in T \quad (8-12)$$

$$\sum_{j \in J} y_{ijt} + \sum_{k \in K} y_{ikt} \leq 1, \quad \forall i \in I, t \in T \quad (8-13)$$

$$\sum_{i \in I} y_{ijt} \leqslant M x_{jt} \ , \quad \forall j \in J, \ t \in T \qquad (8-14)$$

$$\sum_{i \in I} y_{ikt} \leqslant M x_{kt} \ , \quad \forall k \in K, \ t \in T \qquad (8-15)$$

$$\tau_{jt} < m_{jt} u x_{jt} \ , \quad \forall j \in J, \ t \in T \qquad (8-16)$$

$$\tau_{jt} < m_{kt} u x_{kt} \ , \quad \forall k \in K, \ t \in T \qquad (8-17)$$

$$\sum_{m \in L \mid d_{imi} \leqslant d_{ilt}} y_{ilt} \geqslant x_{lt} \ , \quad \forall i \in I, \ l \in L \qquad (8-18)$$

$$1 \leqslant m_{jt} \leqslant m_{j,\max} x_{jt} \ , \quad \forall j \in J, \ t \in T \qquad (8-19)$$

$$1 \leqslant m_{kt} \leqslant m_{k,\max} x_{kt} \ , \quad \forall k \in K, \ t \in T \qquad (8-20)$$

$$x_{jt} = 0 \mid \alpha_{jt}^{r} = 3 \ , \quad \forall j \in J, \ t \in T \qquad (8-21)$$

$$x_{kt} = 0 \mid \alpha_{kt}^{r} = 3 \ , \quad \forall k \in K, \ t \in T \qquad (8-22)$$

$$\tau_{jt} = \sum_{i \in I} \lambda_i y_{ijt} \ , \quad \forall j \in J, \ t \in T \qquad (8-23)$$

$$\tau_{kt} = \sum_{i \in I} \lambda_i y_{ikt} \ , \quad \forall k \in T, \ t \in T \qquad (8-24)$$

$$w_{jt} = \left[\frac{\pi_{0,jt}}{m_{jt}!} \left(\frac{\tau_{jt}}{\mu} \right)^{m_{jt}} \frac{m_{jt}\mu}{(m_{jt}\mu - \tau_{jt})^2} + \frac{1}{\mu} \right] \qquad (8-25)$$

$$w_{kt} = \left[\frac{\pi_{0,kt}}{m_{kt}!} \left(\frac{\tau_{kt}}{\mu} \right)^{m_{kt}} \frac{m_{kt}\mu}{(m_{kt}\mu - \tau_{kt})^2} + \frac{1}{\mu} \right] \qquad (8-26)$$

$$\pi_{0,jt} = \frac{1}{\sum\limits_{s=1}^{m_{jt}-1} (\tau_{jt}/u)^s (1/s!) + \left[(\tau_{jt}/u)^{m_{jt}} \right] / \left\{ \left[1 - (\tau_{jt}/u)^{m_{jt}} \right] m_{jt}! \right\}} \ ,$$

$$\forall j \in J, \ t \in T \qquad (8-27)$$

$$\pi_{0,kt} = \frac{1}{\sum\limits_{s=1}^{m_{kt}-1} (\tau_{kt}/u)^s (1/s!) + \left[(\tau_{kt}/u)^{m_{kt}} \right] / \left\{ \left[1 - (\tau_{kt}/u)^{m_{kt}} \right] m_{kt}! \right\}} \ ,$$

$$\forall k \in K, \ t \in T \qquad (8-28)$$

$$x_{jt}, \ x_{kt}, \ y_{ijt}, \ y_{ikt} \in \{0, \ 1\} \qquad (8-29)$$

$$m_{jt},\ m_{kt} \in N^+ \hspace{2cm} (8-30)$$

在该模型中，约束（8-11）和约束（8-12）表示采血设施数量限制。约束（8-13）表示每个志愿者最多只能被分配到一个采血设施。约束（8-14）和约束（8-15）表示志愿者必须分配给开放的采血设施。约束（8-16）和约束（8-17）为系统稳定性约束。约束（8-18）表示志愿者到达距离最近的采血设施。约束（8-19）和约束（8-20）为采血设施服务台数量限制。约束（8-21）和约束（8-22）表示若采血设施位于高风险地区，该设施不开放。约束（8-23）和约束（8-24）为采血设施志愿者的平均到达率。式（8-25）~式（8-28）为排队论相关公式。式（8-29）和式（8-30）表示决策变量相关约束。

第三节　求　解　算　法

本书所提出的模型是一个多目标混合整数非线性模型，很难用精确算法或 CPLEX 和 GUROBI 等运筹学软件进行精确求解。元启发式算法被认为具有很好的适用性来解决这些问题。因此我们使用 MOGWO 来求解该问题。由于传统的 MOGWO 不能直接求解离散组合优化问题，并且存在种群进化迭代中全局寻优能力欠缺，容易陷入局部最优等问题。因此，根据模型特点，提出一种带有混沌映射和自适应收敛因子的改进 MOGWO 算法。并将所提出的改进 MOGWO 算法与 NSGA-Ⅱ、MOPSO、MOWOA、MOChOA 和 MOGWO 算法的性能进行了比较。

一、灰狼位置编解码

由模型可知，决策变量主要分为三类，即选址（开放）决策、分配决策以及服务台数量决策。根据志愿者行为和约束（8-18）可知，他们总是寻找最近的采血设施进行献血。因此，若选址决策 x_{jt}、x_{kt} 确定，则分配决策 y_{ijt}、y_{ikt} 也相应确定。故模型的重点是对选址以及服务台数量进行决策。由于 GWO 主要用于连续优化问题，因此采用反编译法方法将离散问题转化为连续问题进行求解。

灰狼位置编码被设计为一个矩阵。矩阵每一行代表每周期的采血点的选址决策以及开放服务台数量决策。每行有四个子串，分别代表不同的决策变量。完整的灰狼位置见图 8-1。

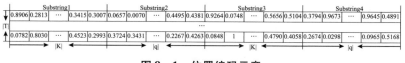

图 8-1　位置编码示意

子串 1 表示已知的固定采血屋的开放决策。其初始位置由 0 到 1 之间的值生成，后对其进行 ［-1，1］归一化处理。通过判断归一化的值与 0 之间的关系（如果该值大于 0，则固定献血屋开放，否则关闭）决定固定采血屋是否开放（见图 8-2）。

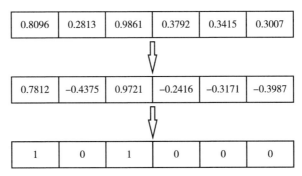

图 8 - 2　子串 1 的解码示意

　　子串 2 表示移动采血车的定位决策。与子串 1 处理方式类似，先由 0 到 1 之间的值生成，然后进行归一化处理。然而，在解码阶段，首先需要筛选出每周期符合要求的移动采血车的候选点数量，然后对数据采用反归一化操作，即使用 MATLAB 中的 *Topoint* 函数将归一化后的数据转化为整数。此时，所得到的位置信息表示移动采血车的可行解。需要注意的是，在定位点的取整过程中，不能选取同一定位点，因此需向上递推未被使用的值（见图 8 - 3）。

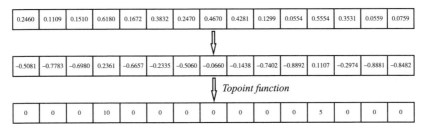

图 8 - 3　子串 2 的解码示意

子串 3 表示固定采血屋服务台数量决策。经过归一化处理之后，将其映射到约束（8－20）中给出的约束范围，然后根据四舍五入原则取整。

子串 4 表示移动采血车的服务台数量决策。与子串 3 处理方式类似，根据约束（8－19）将归一化后的值映射到约束范围内，然后按照四舍五入取整。

上述编码在解码后可能会违反约束（8－16）和约束（8－17）。因此，使用惩罚法对其进行惩罚。解码后，对于违反约束的解，将其目标值设置为［inf, inf］并进行删除。

二、改进的 MOGWO

（一）标准 MOGWO

灰狼优化算法（grey wolf optimization, GWO）是米贾利利等[186]根据狼群狩猎捕食行为和内部等级制度而提出的一种新型群智能优化算法，因其结构简单、调节参数少、收敛速度快等优点而得到广泛关注。在 GWO 中，根据适应度函数进行排序后，到目前为止获得的所有解中前 3 个最优解分别被称为 α 狼、β 狼和 δ 狼，其余的解则被称为 ω 狼。α、β 和 δ 指导捕猎行为，ω 跟随这些层次较高的狼。其捕猎行为数学行为如下：

$$\vec{D} = |\vec{C} \cdot \vec{X_p}(t) - \vec{X}(t)| \qquad (8-31)$$

$$\vec{X}(t+1) = \vec{X_p}(t) - \vec{A} \cdot \vec{D} \qquad (8-32)$$

$$A = 2a \cdot r_1 - a \qquad (8-33)$$

$$C = 2r_2 \qquad (8-34)$$

$$a = 2 - 2t/t_{\max} \qquad (8-35)$$

在上述等式中，t 表示当前迭代次数。$X_p(t)$ 为第 t 次迭代猎物所在位置，$X(t)$ 为第 t 次迭代灰狼所在位置，$X(t+1)$ 为第 $t+1$ 次迭代灰狼所在位置。A、C 为摆动因子，r_1，$r_2 \in [0, 1]$ 为随机数。

其他灰狼的位置取决于 α 狼、β 狼和 δ 狼的位置：

$$\begin{cases} D_\alpha = |C_1 X_\alpha - X(t)| \\ D_\beta = |C_2 X_\beta - X(t)| \\ D_\delta = |C_3 X_\delta - X(t)| \end{cases} \qquad (8-36)$$

$$\begin{cases} X_1 = |X_\alpha(t) - A_1 D_\alpha| \\ X_2 = |X_\beta(t) - A_2 D_\beta| \\ X_3 = |X_\delta(t) - A_3 D_\delta| \end{cases} \qquad (8-37)$$

$$X(t+1) = \frac{X_1 + X_2 + X_3}{3} \qquad (8-38)$$

为了让 GWO 算法解决多目标优化问题，米贾利利整合了两个新组件[154]。第一个是存档组件，负责存储非支配帕累托最优解。该组件需要一个归档控制器，实现解决方案的存储机制和数量控制机制。第二个组件是领导者选择策略。在多目标搜索空间中，虽然可以借助帕累托全局最优概念进行比较得到支配关系，但无法比较彼此不支配的解。领导者选择机制旨在解决此问题。它使用轮盘赌法，认为解集所在的空间中不拥挤区域有更高可能性来推荐新的领导者。因此，从归档中选择 α、β 和 δ

作为领导者。

(二) 种群初始化调整

在基本的 MOGWO 算法中,种群个体位置通过随机方式产生,很可能导致种群多样性缺失,也不能保证其均匀分布在解空间中。因此,有必要对算法的种群初始化进行改进。因此,本书使用 Logistic 混沌映射函数初始化种群的个体位置。

混沌映射具有便利性和随机性,如果使用混沌映射函数产生的混沌映射序列作为种群个体的初始位置,就能增强初始解的均匀性[187]。本书研究采用 Logistic 混沌映射函数初始化种群个体。其数学表达式如下:

$$x_{n+1} = x_n \times \mu \times (1 - x_n) \qquad (8-39)$$

式中,$\mu \in [0, 4]$ 为 Logistic 参数。$Z \in (0, 1)$,当 $\mu = 4$ 时,该方程呈现完全混沌状态,Z 序列为 (0, 1) 上的满序列。

(三) 收敛因子调整

根据文献 [186] 的研究,$\vec{A}$ 的取值对灰狼优化算法的全局搜索和局部搜索有很大的影响。由式 (8-33) 可知,$\vec{A}$ 随收敛因子 $\vec{a}$ 的变化而变化,而收敛因子 $\vec{a}$ 随迭代次数线性地从 2 减小到 0。然而,在实际搜索过程中,收敛并不是呈线性变化。因此,本书采用了一种基于余弦变化规律的收敛因子,其数学表达式见式 (8-40)。在算法迭代初期,衰减较为缓慢,搜索步长相对较大，利于算法进行全局搜索；迭代后期衰减加快，步长减小，有利于提升算法的搜索精度，能够有效协调算法的全局搜索能力和局部搜索能力（见图 8 - 4）。

$$\vec{a} = \cos\left(\frac{\pi}{2} \times \frac{t}{t_{max}}\right) \qquad (8-40)$$

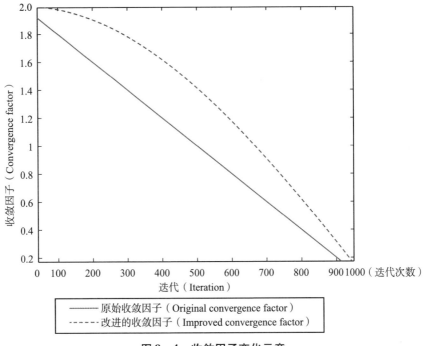

图 8 - 4　收敛因子变化示意

（四）算法的运行过程

如上所述，算法步骤和伪代码说明见表 8 - 1。

表 8 – 1　　　　　　　　　算法步骤和伪代码

Algorithm 1. IMOGWO

1： Initialize the search space P and other parameters mentioned in this article
2： Initialize the position X_i for each agent referring to Section 4.1 and Section 4.2.2
3： Sort out the non-dominated solution from initial population
4： Initialize the archive with these solutions
5： *for* $t = 1$ ：*Maxit*
6：　　Update a, A, and C by Eq. （40）, Eq. （33）and Eq. （34）
7：　　Select X_α, X_β, X_δ from archive based on the leader selection strategy
8：　　*for* $i = 1$ ：*popsize*
9：　　　　Update the position X_i for each agent by Eq. （38）
10：　　*end for*
11：　　Find the Pareto solutions
12：　　*if size* （archive）＞ *limit*
13：　　　　Calculate the number of superfluous individuals
14：　　　　Delete the redundant members from the archive based on the grid mechanism
15：　　*end if*
16：　　*if* the add solutions are outside of the segment
17：　　　　Update the segment to cover the new solutions
18：　　*end if*
19： *end for*

第四节　　数值实验与分析

一、案例描述与数据

以新冠疫情期间某市的血液供应链网络为背景，构建算例进行分析。某市血液中心主要负责该市主城九区无偿献血者的招募和血液采集工作。因此，本章以该市九个主城区为研究对象。该市主城区共有160个街道，根据各区第七次人口普查公报的数据，得到各街道的人口数（见表8－2）。在模型中，将该市主城九区的 160 个街道作为潜在献血者的捐赠区域，风险数据则选自该市 2020 年 11 月 3～9 日的统计数据。为简化计算，若某街道部分区域属于中风险，则将整个街道视为中风险区；若同时存在高风险区域，则该街道被视为高风险区。基于该市无偿献血者的历史数据，确定无偿献血率为 11‰。根据相关调查，目前已建立了 6 个固定献血屋，每周期可用的移动献血车数量为 15 辆。相关坐标之间的距离通过经纬度使用式（8 - 41）计算得出。

$$L = 2R \times \arcsin\left[\sqrt{\sin^2\left(\frac{\psi_1 - \psi_2}{2}\right) + \cos(\psi_1) \times \cos(\psi_2) \times \sin^2\left(\frac{\mu_1 - \mu_2}{2}\right)}\right]$$

$$(8 - 41)$$

表 8 - 2   主城区街道人口数量分布

YZD1	YZD2	YZD3	YZD4	YZD5	YZD6	YZD7	YZD8
54733	57485	54465	54909	32034	32909	35662	55416
YZD9	YZD10	YZD11	BBD1	BBD2	BBD3	BBD4	BBD5
79767	35114	96223	104214	36129	139256	44774	26750
BBD6	BBD7	BBD8	BBD9	BBD10	BBD11	BBD12	BBD13
164544	75556	70894	44870	19449	24560	11260	5092
BBD14	BBD15	BBD16	BBD17	SPBD1	SPBD2	SPBD3	SPBD4
33393	12755	13495	7896	35476	68004	89081	20573
SPBD5	SPBD6	SPBD7	SPBD8	SPBD9	SPBD10	SPBD11	SPBD12
56337	32915	26659	68789	48137	4972	37115	90621
SPBD13	SPBD14	SPBD15	SPBD16	SPBD17	SPBD18	SPBD19	SPBD20
54122	110565	106421	186449	43024	54352	65283	73273
SPBD21	SPBD22	SPBD23	SPBD24	SPBD25	SPBD26	BND1	BND2
31265	15752	26359	77478	36495	17828	178554	227447

BND3	BND4	BND5	BND6	BND7	BND8	BND9	BND10
192380	189868	69411	16238	32026	18297	72025	14749

BND11	BND12	BND13	BND14	BND15	BND16	BND17	BND18
14525	31650	8620	12264	9267	11249	19035	9102

BND19	BND20	BND21	BND22	YBD1	YBD2	YBD3	YBD4
4591	28037	6916	12605	105220	169109	118578	40000

YBD5	YBD6	YBD7	YBD8	YBD9	YBD10	YBD11	YBD12
164309	118319	140170	142514	135859	61555	19834	42386

YBD13	YBD14	YBD15	YBD16	YBD17	YBD18	YBD19	YBD20
136093	25940	42070	174884	86430	60456	124949	16731

YBD21	YBD22	YBD23	YBD24	YBD25	YBD26	YBD27	YBD28
60726	20278	13609	12462	72278	16248	9462	22121

YBD29	YBD30	JLPD1	JLPD2	JLPD3	JLPD4	JLPD5	JLPD6
13745	25158	133782	42468	143013	104757	136689	103701

JLPD7	JLPD8	JLPD9	JLPD10	JLPD11	JLPD12	JLPD13	JLPD14
119136	98237	165606	145174	42176	26102	74712	19284

JLPD15	JLPD16	JLPD17	JLPD18	JLPD19	JBD1	JBD2	JBD3
11199	21013	17014	108580	14178	84947	10533	200467

JBD4	JBD5	JBD6	JBD7	JBD8	JBD9	JBD10	JBD11
119135	67186	193455	112338	20039	41541	51796	17237

JBD12	NAD1	NAD2	NAD3	NAD4	NAD5	NAD6	NAD7
7126	95033	119773	112796	126396	17408	39375	79156

NAD8	NAD9	NAD10	NAD11	NAD12	NAD13	NAD14	NAD15
109158	168593	126878	12727	14588	148527	17882	9349

DDKD1	DDKD2	DDKD3	DDKD4	DDKD5	DDKD6	DDKD7	DDKD8
36266	41475	29863	31938	109360	116013	29017	27972

捐赠 1 单位全血需要约 20 分钟，且采血点一般工作 7 小时，所以假设 $u = 21$ 天/人。其他参数设置如下：$C_{loss} = 100$，$C_j =$

500，$C_k = 1000$，$C_u = 200$，$C^r = [400, 600, 800]$，$m_{j,\max} = 4$，$m_{k,\max} = 6$。IMOGWO 算法参数如下所示：种群大小 $L = 100$，最大迭代次数 $T_{\max} = 800$。

二、结果

以 MatlabR2022b 为操作平台，在 Inter（R），Core（TM）i7 – 12700H CPU，2.30GHz，32.00GB 内存，Window11 操作系统的 PC 机运行程序。选取其中一次运行结果作为展示，当算法终止时，运行时间为 115 秒，有 80 个不同的帕累托解，解的分布见图 8 – 5。从图 8 – 5 和表 8 – 3 中得出，志愿者捐赠满意度目标与系统总成本目标存在冲突，当志愿者满意度上升时，成本也会相应升高。

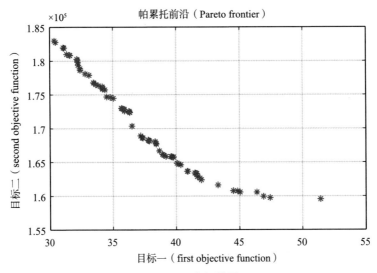

图 8 – 5　求解结果

表 8－3　　　　　　　　一些典型的帕累托解

序号	目标值	周期	设施类型	x_{jt}，x_{kt}，m_{jt}，m_{kt}
1	$z_1 = 30.37$，$z_2 = 182994.17$	1	j	—
			k	$x_{1,1}=1$，$x_{3,1}=1$；$m_{1,1}=6$，$m_{3,1}=5$
		2	j	$x_{11,2}=1$；$m_{11,2}=4$
			k	$x_{5,2}=1$；$m_{5,2}=6$
		3	j	$x_{5,3}=1$，$x_{10,3}=1$；$m_{5,3}=3$，$m_{10,3}=2$
			k	$x_{2,3}=1$；$m_{2,3}=6$
		4	j	$x_{8,4}=1$；$m_{8,4}=2$
			k	$x_{2,4}=1$；$m_{2,4}=6$
		5	j	$x_{10,5}=1$；$m_{10,5}=2$
			k	$x_{4,5}=1$；$m_{4,5}=6$
		6	j	$x_{8,6}=1$；$m_{8,6}=3$
			k	$x_{2,6}=1$；$m_{2,6}=6$
		7	j	—
			k	$x_{2,7}=1$，$x_{3,7}=1$；$m_{2,7}=6$，$m_{3,7}=4$
2	$z_1 = 51.41$，$z_2 = 159539.26$	1	j	—
			k	$x_{1,1}=1$，$x_{3,1}=1$；$m_{1,1}=4$，$m_{3,1}=5$
		2	j	—
			k	$x_{5,2}=1$；$m_{5,2}=6$
		3	j	—
			k	$x_{2,3}=1$；$m_{2,3}=6$
		4	j	—
			k	$x_{2,3}=1$；$m_{2,3}=6$
		5	j	—
			k	$x_{4,5}=1$；$m_{4,5}=6$
		6	j	—
			k	$x_{2,6}=1$；$m_{2,6}=6$
		7	j	—
			k	$x_{2,7}=1$；$m_{2,7}=6$

注：i：代表捐赠区域；j：流动收集车辆的位置；k：固定采血室。

三、算法比较

使用以下 6 个指标，评估不同算法的性能。

（1）解集支配覆盖率（C metric，CM）：解集支配覆盖率 CM 是衡量帕累托前沿面的收敛性指标。其数学公式如下：

$$C_{CM}(A, B) = \frac{|\{b \in PF_B \mid \exists\, b \in PF_A: a \text{ dominates } b\}|}{|PF_B|}$$

$$(8-42)$$

式中，$C_{CM}(A, B) \in [0, 1]$。PF_A 表示算法 A 的前沿面，即解集 A。PF_B 表示算法 B 的前沿面，即解集 B；a 和 b 分别表示解集 A、B 中的解；分子表示解集 B 上的解受解集 A 支配的解的个数；分母表示解集 B 上解的个数。$C_{CM}(A, B)$ 取值越大，表明解集 A 中的解越优于解集 B。

（2）帕累托前沿面数量（number of Pareto frontier，NPF）：该指标展示每种方法帕累托前沿中解的数量。

（3）最大空间分布（maximum spread，MS）：该指标衡量解集空间分布的广度，其数学公式如下。

$$C_{MS}(PF) = \sqrt{\max_{x_i, x_{i'} \in PF}\{\|F(x_k) - F(x_k')\|\}} \qquad (8-43)$$

$$\|F(x_k) - F(x_{k'})\| = \sqrt{\sum_{i=1}^{m} [f_i(x_k) - f_i(x_{k'})]^2} \qquad (8-44)$$

式中，PF 代表算法前沿面即多目标优化算法的解集，m 表示总目标数量，$i = 1, \cdots, m$ 为目标索引，$f_i(x_k)$ 表示解集中的点 x_k 在目标 i 上的函数值。MS 越大说明解集延展性越好。

（4）空间距离（spacing，SP）：衡量帕累托前沿的广泛程度的指标，公式如下。

$$C_{SP}(PF) = \sqrt{\frac{\sum_{p=1}^{|PF|} (\bar{u} - u_p)^2}{|PF| - 1}} \qquad (8-45)$$

式中，u_p 表示各个解到其他解的欧氏距离；$\bar{u}$ 为均值。$C_{SP}(PF)$ 越小，表示解集空间分布越均匀。

（5）平均理想距离（mean ideal distance，MID）：衡量帕累托前沿和理想点间距离的指标，反映解集空间的收敛性和延展性。由于本章研究的是双目标最小化问题，故可将理想点设为坐标原点。MID 越小说明解集越接近最优解。其数学公式如下：

$$C_{MID}(PF) = \frac{\sum_{p=1}^{|PF|} \sqrt{\sum_{i=1}^{m} \left\{ \frac{f_i(x_k)}{\max\limits_{x_i \in PF}[f_i(x_k)] - \min\limits_{x_{i'} \in PF}[f_i(x_{k'})]} \right\}}}{|PF|}$$

$$(8-46)$$

（6）计算时间（Computation time，CPU time）：运行算法达到最优解或终止条件时所耗费时间。

为进一步测试 IMOGWO 算法的性能，与 NSGA - Ⅱ、MOPSO、MOWOA、MOChOA、MOGWO 进行比较。设计 6 个不同规模的算例。算例 1 为前述构建的实际案例。算例 2 ～ 算例 6 为 5 个随机生成的算例，其中算例 2 和算例 3 在算例 1 的基础上，保持固定献血屋数量不变，从中随机选择 20 个和 30 个点作为移动采血车的候选点；算例 4 ～ 算例 6 则在算例 1 的基础上，分别增加 10 个、20 个、30 个移动采血车候选点。各规模算例的其他参数保

持一致。对各算法运行 20 次独立实验，最大迭代次数为 1000
次，种群数为 100，其他参数按各算法特点合理设定。通过比较
各算法获得的相关指标的平均值，评估其算法性能。六种算法的
帕累托前沿比较见图 8 – 6。

从 CM 指标来看，在不同算例中，NSGA – II 和 IMOGWO 与
MOPSO、MOChOA、MOWOA 相比，CM 最低取值为 0.95，由此
可见，NSGA – II 与 IMOGWO 的解集几乎完全支配于 MOPSO、
MOChOA、MOWOA。NSGA – II 的解集与 MOGWO 相比，其 C_{CM}
（$NSGA – II$，$MOGWO$）取值范围在 [0.51，0.84] 之间，而
$C_{CM}(IMOGWO，MOGWO)$ 指标取值范围为 [0.88，0.97]。与此
同时，NSGA – II 与 IMOGWO 相比，其 $C_{CM}(NSGA – II，IMOGWO)$

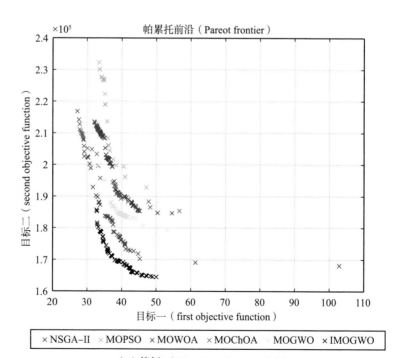

（a）算例1（Algorithms for example1）

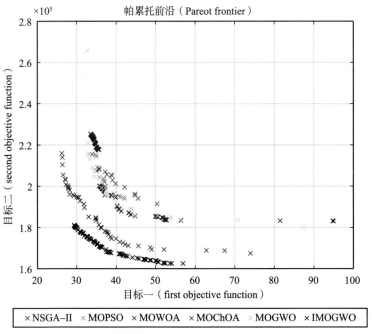

（b）算例5（Algorithms for example5）

图 8 – 6　不同算法间的帕累托前沿比较

取值范围为 $[0.05,0.14]$，而 $C_{CM}(IMOGWO,NSGA - Ⅱ)$ 取值
范围为 $[0.48,0.54]$（见表 8 – 4 和表 8 – 5）。总体上可以得出
利用 IMOGWO 算法所求得的非支配解集相较于其他算法，其质
量要更高。

表 8 – 4　　　　NSGA – Ⅱ 与其他算法的 CM 指标比较

算例	模型规模	MOPSO	MOChOA	MOWOA	MOGWO	IMOGWO
1	40 + 6	1	1	1	0.67	0.05
2	20 + 6	1	1	1	0.84	0.1
3	30 + 6	0.98	0.96	1	0.81	0.14

续表

算例	模型规模	MOPSO	MOChOA	MOWOA	MOGWO	IMOGWO
4	50 + 6	1	1	1	0. 51	0. 1
5	60 + 6	1	1	1	0. 72	0. 09
6	70 + 6	0. 97	0. 99	1	0. 75	0. 14

表 8 – 5　　　　　　IMOGWO 与其他算法的 CM 指标比较

算例	模型规模	NSG – Ⅱ	MOPSO	MOChOA	MOWOA	MOGWO
1	40 + 6	0. 54	0. 99	0. 95	0. 96	0. 93
2	20 + 6	0. 48	0. 99	0. 99	1	0. 88
3	30 + 6	0. 52	0. 98	0. 99	0. 99	0. 92
4	50 + 6	0. 51	0. 97	0. 98	0. 97	0. 9
5	60 + 6	0. 51	1	0. 97	0. 95	0. 92
6	70 + 6	0. 54	1	0. 98	0. 98	0. 97

在所有算例中，MOChOA 的 CPU time 指标性能最佳（见表 8 – 6）。NSGA – Ⅱ在 MS 和 MID 指标上优于 IMGWO。但在 NPF、

表 8 – 6　　　　　　不同算法的其他指标比较

算例	算法	模型规模	NPF	MS	SP	MID	CPU time
1	NSGA – Ⅱ	40 + 6	43. 9	219. 63	794. 28	2. 24	251. 24
	MOPSO		16. 8	168. 72	1494. 93	3. 38	105. 05
	MOChOA		24. 3	**222. 29**	1226. 01	2. 78	**104. 3**
	MOWOA		**80. 45**	170. 9	**248. 32**	2. 29	223. 47
	MOGWO		48. 5	220. 28	2377. 43	**2. 23**	113. 31
	IMOGWO		70	175. 97	682. 49	2. 73	119. 4

续表

算例	算法	模型规模	NPF	MS	SP	MID	CPU time
2	NSGA－Ⅱ	20＋6	41.2	201.82	950.43	2.36	242.92
	MOPSO		16.15	163.56	2070.89	3.52	123.79
	MOChOA		20.30	180.18	1825.47	2.86	**88.66**
	MOWOA		**74.1**	**249.57**	911.92	2.23	214.12
	MOGWO		49.55	224.82	1885.55	**2.16**	106.17
	IMOGWO		61.8	148.02	**650.85**	3.1	106.78
3	NSGA－Ⅱ	30＋6	44.1	210.78	802.79	2.31	216.64
	MOPSO		15.75	167.54	2229.44	3.34	100.68
	MOChOA		20.15	182.89	1787.18	2.84	**95.39**
	MOWOA		**79.85**	**255.69**	**293.6**	2.03	199.13
	MOGWO		43.6	226.97	2574.01	2.19	111.65
	IMOGWO		61.1	160.26	689.96	2.94	104.66
4	NSGA－Ⅱ	50＋6	42.6	215.41	979.76	2.28	211.71
	MOPSO		14.1	155.15	1320.82	3.54	118.1
	MOChOA		19.6	175.23	1297.95	2.83	**94.07**
	MOWOA		**81.95**	**235.02**	**276.55**	**2.16**	201.75
	MOGWO		46.05	214.63	2102.1	2.25	108.35
	IMOGWO		65.35	166.88	810.95	2.90	105.32
5	NSGA－Ⅱ	60＋6	40.3	213.56	902	2.27	209.33
	MOPSO		15.15	152.11	1991.90	3.6	100.14
	MOChOA		19.2	179.56	1959.58	2.84	**86.08**
	MOWOA		**80.05**	**215.12**	**263.08**	2.42	203.94
	MOGWO		38.85	207.97	2411.17	**2.33**	102.54
	IMOGWO		64.65	176.83	844.88	2.65	106.39

续表

算例	算法	模型规模	NPF	MS	SP	MID	CPU time
6	NSGA-II	70+6	44.55	213.48	726.38	2.31	210.19
	MOPSO		13.7	168.03	2272	3.29	98.39
	MOChOA		16.85	170.25	1330.16	2.9	**87.23**
	MOWOA		**79.25**	**218.28**	**422.01**	2.33	209.44
	MOGWO		36.7	216.8	2300.1	**2.27**	106.1
	IMOGWO		64.4	158.95	585.69	2.88	110.04

SP 和 CPU time 指标上，IMGWO 则明显优于 NSGA - II。因此，综合考虑所有指标，IMGWO 的整体性能要优于 NSGA - II、MOPSO、MOChOA、MOWOA 和 MOGWO。

四、敏感性分析

为分析志愿者损失对总成本、顾客满意度目标的影响，对志愿者损失成本 C_{loss} 进行敏感性分析。将 C_{loss} 分别设置为 20、50、100、150、200（CNY）。图 8 - 7 显示了在不同损失成本下的各算例的帕累托边界。经过分析我们发现，每幅图具有相同的曲线特征，即随着 C_{loss} 的增加，系统的总成本增加，但顾客的满意度几乎没有发生变化。这表明，献血志愿者的流失严重影响了系统成本，尤其是总损失成本，但志愿者的流失并没有导致服务台等候事件的显著减少。因此，在实际操作中，应采取针对性的措施，如优化采血设施的位置、降低志愿者的感知风险、避免志愿者的流失。

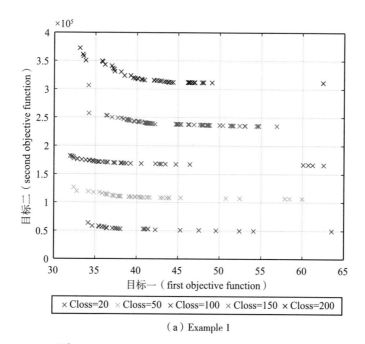

（a）Example 1

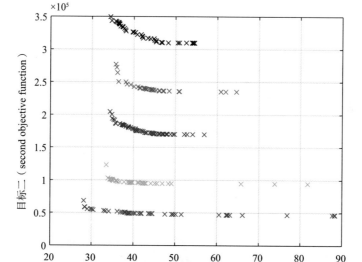

（b）Example 2

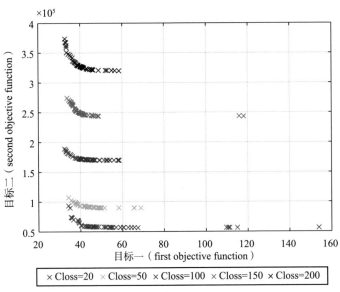

（c）Example 3

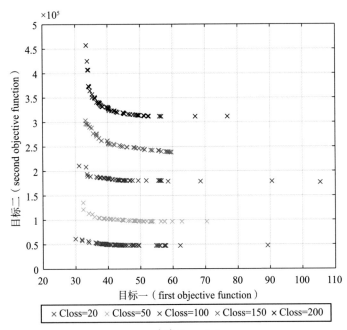

（d）Example 4

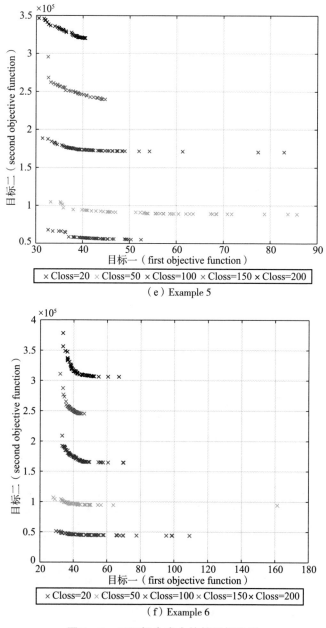

（e）Example 5

（f）Example 6

图 8-7　不同损失成本的帕累托边界

本 章 小 结

本章研究在新冠疫情等重大突发公共卫生事件的背景下，提出了一个双目标多周期混合整数非线性规划模型。模型以最小总成本和最大志愿者满意度（即最小等待时间）为目标，考虑了捐赠区域风险的变化、志愿者排队等因素，确定了固定采血点的开放方案、移动采血点的位置选择以及相应的服务台数量。通过对模型进行分析，提出了一种基于反编译带混沌映射和自适应收敛因子的改进 MOGWO 算法来解决多目标问题。数值仿真结果表明，与 NSGA－Ⅱ、MOPSO、MOWOA、MOChOA 和 MOGWO 相比，改进后的 MOGWO 算法总体性能更优。

未来可从以下三个方面开展进一步研究。首先，可将血液中心纳入模型，形成三级血液供应链；其次，可在采血设施中考虑其他排队系统，如重新排队系统（retrial queuing systems）、有容量限制的排队系统，或将部分志愿者视为不耐烦的顾客；最后，还可以对算法继续改进，以获得更优的帕累托解。

第九章

基于系统动力学的震后应急血液保障绩效评估与仿真

第一节 引 言

大规模地震的发生，给人类生命和健康安全造成了巨大损失。例如，2008 年 "5·12" 汶川地震造成 69227 人遇难，17923 人失踪，374643 人受伤[①]；2010 年青海玉树地震造成 2698 人遇难，270 人失踪，9110 人受伤[②]。震后大量伤员产生，短时间内引起应急血液需求激增，库存难以满足需求。救援期内，若血液保障不力，大量伤员将无法得到及时救治，可能危及生命。因此，采取各种措施，提高震后应急血液保障绩效，对于抢险救灾具有非常重要的价值。

大量文献研究了地震灾害应急物流系统中的应急物资保障问题。例如，卡马乔 - 瓦列霍等（Camacho - Vallejo et al.）[165] 研究

---

① 汶川特大地震四川抗震救灾志编纂委员会编. 汶川特大地震抗震救灾志·总述大事记 [M]. 成都：四川人民出版社，2017：1，6 - 35.

② 中国新闻网. 青海政府确认玉树地震最终死亡人数为 2698 人 [EB/OL]. http：// www. Chinanews. com. cn/gn/news/2010/05 - 31/2314359. shtml.

了 2010 年智利地震后国际援助物资分配的双层规划模型。曹等（Cao et al.）[189]基于多目标混合整数规划研究了大规模自然灾害应急物流系统中的应急物资分配问题。哈吉等（Haghi et al.）[190]基于多目标鲁棒优化模型研究了应急物资配送中心选址、医疗中心选址与应急物资保障的集成优化问题。张等（Zhang et al.）[191]研究了震后救援组的多阶段分配问题。易等（Yi et al.）[192]综合考虑灾区临时医疗点的选址、多品种救灾物资的分配以及车辆路径安排，研究了应急物资配送与伤员运送的协调优化问题。郑斌等[193]研究了震后应急中转设施选址与物资运输的联合优化问题。李双琳等[194]研究了动态交通流下震后路网抢修排程问题。这些文献一般将应急物资保障问题描述为应急物资运输、分配与路径规划问题、应急设施选址与资源配置问题以及相关问题的集成优化问题[195]，均采用混合整数规划描述问题，并求解最优方案。

血液是一种特殊的应急物资，具有突出的生理性质和应急保障特性，例如：固定保质期短、来源单一（唯一来源渠道为人体）且不可被其他物资代替、血液短缺后果严重、过多报废产生消极社会影响等。一些文献以血液为研究对象，研究了各种情境下的应急血液保障问题。哈利尔普拉扎里等[167]研究了应对地震灾害的血液供应链网络设计问题。周愉峰等[10]研究了考虑血型替代策略的紧缺血液采集优化问题。马祖军等[11]针对大规模突发事件中应急血液库存控制的特性，提出了一种应急血液采集动态模型。王恪铭等[12]以地震应急为背景，研究了应急血液的多阶段转运优化问题。考虑灾后应急血液保障的及时性，周愉峰等[13,14]研究了防灾备灾过程中的血液战略储备设施的布局与库存优化问题。上述文献针对不同情境，将应急血液保障问题描述为血液采集、库存、转运、选址－分配等决策优化问题，通常也采用混合整数规划进行建模并求解相关决策的优化方案。

上述文献通常用于解决有关应急资源或血液保障的某类决策问题（例如采集、库存、分配、运输等）的最优化方案。基于混合整数规划的建模方法无法考虑震后应急血液保障的多重动态因素，难以反映复杂系统的非线性结构特征，也无法给出震后应急血液保障绩效的动态发展趋势。显然，震后应急血液保障的演化系统是一个复杂的耗散系统，具有高阶次、非线性、复杂时变性、多重反馈性等复杂特征。因此，基于系统动力学研究震后应急血液保障系统的演变趋势具有其他工具不可比拟的优势。一些研究者[196,197]基于系统动力学研究了应急物资的调运策略及影响因素等问题。这些一般性应急物资的调运模型没有考虑地震灾害中应急血液需求与供应的显著特点，难以反映震后应急血液保障绩效的演进趋势。鉴于此，本章以血液为研究对象，针对大规模地震情景，构建了应急血液保障绩效评估的系统动力学模型，并针对关键变量进行敏感性分析，为政府应急决策提供有价值的管理启示。

第二节 震后应急血液保障的系统动力学模型

一、震后应急血液保障的系统动力学模型

大规模地震发生后，伤员大量产生，造成短时间内应急血液需求

激增。若应急血液需求量大于库存量就会形成需求缺口。为了弥补缺口、保障临床输血需求，政府需要采取措施，迅速有效补充血液库存。可采取两类措施来增加血液库存，一是本地血液采集，二是异地血液转运。血液是一种累积性需求救灾物资，其需求缺口一方面会不断累积，另一方面也会随着临床输血治疗的进行逐渐减少[196]。

根据血液的两个供应端，将震后应急血液保障系统分为两个子系统：血液转运子系统与血液采集子系统。震后应急血液转运子系统因果回路可简单描述为图9-1，震后应急血液采集子系统因果回路图可简单描述为图9-2。可以发现，累积血液需求量大于血液库存就会形成需求缺口，缺口越大，调度速率增快、在途血液库存增加、转运速率增快，最终导致血液库存增加，从而缩小血液需求缺口，因此震后应急血液转运子系统是一个负反馈回路。同样，缺口越大，采集速率、全血采集量、制备速率、在制血液库存、到达速率都将增加，进而导致血液库存增加与血液缺口减少，因此，震后应急血液采集子系统也是一个负反馈回路。

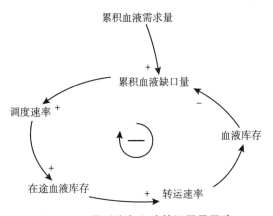

图9-1 震后应急血液转运因果回路

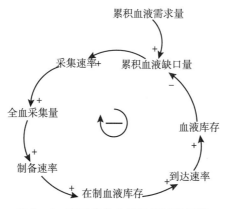

图 9 – 2　震后应急血液采集因果回路

　　影响震后应急血液需求的主要因素是伤员人均用血量与受血伤员数，受血伤员数又主要与地震发生时间、直接受灾人口总数、房屋损坏率、人口密度等因素相关。结合供应端两个子系统的影响因素，绘制震后应急血液保障系统的因果关系图（见图 9 – 3）。

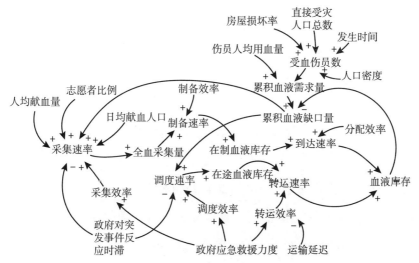

图 9 – 3　震后应急血液保障系统的因果关系

二、系统流图及方程设计

根据上文震后应急血液保障的动态机制与因果回路图，采用系统动力学的 Vensim 软件，绘制震后应急血液保障的系统流图（见图 9 - 4）。系统流图中的主要方程设置如下：

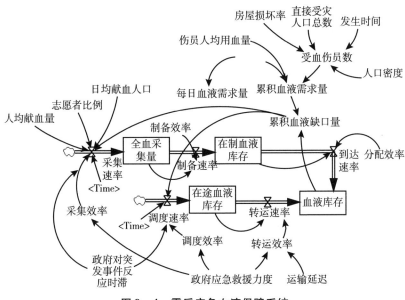

图 9 - 4　震后应急血液保障系统

（1）受血伤员数 = 10^(12.479 × 房屋损坏率^0.1 - 13.3) × 0.2 × 发生时间 × 人口密度 × 直接受灾人口总数（单位：人）。

受血伤员数的主要影响因素是直接受灾人口总数、房屋损坏率、地震发生时间和灾区人口密度。令 W 为受血伤员数，f_t 为震发时间修复系数，A_h 为房屋损坏比，f_ρ 为人口密度修复系数，M 为灾区人口总数。文献［198］给出了受血伤员数的计算方程：

$$W = 10^{12.479A_h^{0.1}-13.3} \mu \cdot f_t \cdot f_\rho \cdot M \qquad (9-1)$$

震发时间修复系数见表 9-1，灾区不同人口分布状态对应的人口密度修正系数见表 9-2[19~20]。

表 9-1　　　　　　　　　震发时间修正系数

地震烈度	X	IX	VIII	VII	VI
夜间时间修正系数	1.5	2	4	8	17

表 9-2　　　　　　　　　人口密度修正系数

人口密度	>500 人/平方千米	200~500 人/平方千米	50~200 人/平方千米	<50 人/平方千米VII
修正系数	1.2	1.1	1.0	0.8

（2）累积血液需求量 =（受血伤员数 × 伤员人均用血量）/｛1 + EXP［-k ×（计算时间间隔 - t_m）/（伤员人均用血量 × 受血伤员数）］｝（单位：U）。

一些血液保障的研究文献[11,200,77]指出震后应急血液的累积需求量 $S(t)$ 可用 Logistic 函数来刻画，$S(t)$ 的计算公式为：

$$S(t) = \frac{Q}{1 + e^{-\frac{k}{Q}(t-t_m)}} = \frac{Wq}{1 + e^{-\frac{k}{Wq}(t-t_m)}} \qquad (9-2)$$

式中，q 为伤员人均用血量，创伤伤员的用血调查结果显示，伤员人均用血量约为 4U。地震灾害伤员符合创伤伤员的用血特征，人均用血量也为 4U 左右。Q 为全救援期内血液需求总量，$Q = W \times q$。k 与 t_m 为调节参数，文献［198］给出了其计算方法。由此，得到 Vensim 模型中累积血液需求量的计算公式（9 – 2）。

（3）累积血液缺口量 =（累积血液需求量 – 血液库存，0）+（单位：U）。

（4）血液库存 = 初始量 +（到达速率 + 转运速率）× 计算时间间隔（单位：U）。

（5）在途血液库存 = 初始量 +（调度速率 – 转运速率）× 计算时间间隔（单位：U）。

（6）政府应急救援力度：常量。

政府应急救援力度体现了政府应急响应的速度与抢险救灾的强度，显然政府应急救援力度越大，转运效率、调度效率、采集效率越高。本书将其设为 4 个等级，0 ~ 1 为弱，1 ~ 2 为正常，2 ~ 3 为大，3 ~ 4 为很大。

（7）转运速率 = 在途血液库存 × 转运效率（单位：U/d）。

（8）转运效率 = $\{[1.93487 - 1.31189 \times EXP(-0.0727 \times$ 政府应急救援力度$) - 1.05164 \times$ 运输延迟$] \times 100\%, 0\}^+$（单位：%/d）。

转运效率由常态运输率、政府应急救援运输效应以及运输延迟效应构成。当运输延迟过大时，本期转运效率为 0。函数通过专家调查与数据拟合得出，其确定步骤为：步骤一，邀请从事应急血液供应链研究的 1 名教授、3 名博士及某血液中心高级研究人员 1 名，组成专家小组。步骤二，告知小组成员研究目的，各参数具体含义及其取值范围等信息。步骤三，将地震应急血液保障的相关调研数据与新闻报道提交专家小组成员。步骤四，各成员根据专业知识、调研数据与新闻报道，给出不同应急救援力度与运输延迟组合下的 16 组数据。步骤五，根据汶川地震应急血液保障实际情况，剔除明显不合理的取值。步骤六，将剩余数据取平均值，进行拟合。

（9）政府对突发事件反映时滞：常量（单位：d）。

政府对突发事件反映时滞是最早救援时间与大规模地震等突发事件的发生时间间隔。

（10）调度效率 = $[1.03637 - 0.43582 \times \mathrm{EXP}(-0.34847 \times$ 政府应急救援力度$)] \times 100\%$ （单位：100%/d）。

调度效率由常态调度率、政府应急救援运输效应构成。其参数确定方法与转运效率相同。

（11）调度速率 = $\begin{cases} 0, & \mathrm{Time} \leq \text{政府对突发事件反应时滞} \\ \text{累积血液缺口量} \times \text{调度效率}, & \text{否则} \end{cases}$ （单位：U/d）。

（12）采集效率 = $[1.21408 - 0.81453 \times \mathrm{EXP}(-0.2834 \times$ 政府应急救援力度$)] \times 100\%$ （单位：100%/d）。

采集效率由常态采集率、政府应急救援采集效应构成。其参数确定方法同转运效率。

（13）采集速率 = $\begin{cases} 0, & \mathrm{Time} \leq \text{政府对突发事件反应时滞} \\ (\text{人均献血量} \times \text{日均献血人口} \times \text{志愿者比例}, \\ \quad \text{累积血液缺口量} \times \text{采集效率})^-, & \text{否则} \end{cases}$ （单位：U/d）。

（14）全血采集量＝初始量＋（采集速率－制备速率）×计算时间间隔（单位：U）。

（15）制备速率＝全血采集量×制备效率（单位：U/d）。

（16）在制血液库存＝初始量＋（制备速率－到达速率）×计算时间间隔（单位：U）。

（17）到达速率＝在制血液库存×分配效率。

（18）每日血液需求量＝累积血液需求量（Time）－累积血液需求量（Time－1）（单位：U）。

该变量用做现实性检验及血液需求特征分析。

第三节　现实性检验

以汶川地震为例构建模型进行现实性检验。2018 年"5·12"汶川地震造成了大量人员伤亡，震后临床应急用血需求井喷。震后 10 天的累积血浆需求量分别为：1059.4、2316.2、2827.6、3690.05、5473.35、6567.15、10577.45、12751.65、13778.65、16606.65（单位：U）。救援期间血浆需求总量的估计值 Q 为 20000U，采用文献［18］的方法求出参数 k、t、t_m，得到累积血液需求量的表达式为：$S(t) = \dfrac{20000}{1 + e^{-0.452(t-6.29)}}$。其他参数确定：政府对突发事件反应时滞 0.2d，政府应急救援力度 3.5，运输延迟为 0.1d，在制血液库存处置为 0U，全血采集量初值为 0U，血液库存初值为 200U，分配效率为 1，人均献血量为 1.5U/人，日均可献血人口为 70000 人，志愿者比例为 10‰。

量纲一致性检验通过以后，运行模型，得到每日血液需求量、累积血液需求量、累积血液缺口量、在制血液库存、在途血液库存、血液库存等重要变量的变化趋势图，见图 9 – 5 ~ 图 9 – 10。可知，血液日需求量与累积血液需求量在关键救援期内快速增长，第 7 天左右达到顶峰后，又迅速回落，其中累积血液缺口量的回落速度快于每日血液需求量。原因在于，关键救援期内，伤员大量产生，导致需求迅速增长，而血液制品的采集、调度与转运需要一定的时间，所以短期内累积血液缺口快速增长。关键救援期后，大量伤员得到了救治，新伤员产生数量大幅下降，导致血液需求下降，同时本地采集与外地转运的血液制品大量到达，导致血液缺口量迅速回落，且回落速度快于需求量。此外，在途血液库存的变化趋势与累积血液缺口量的变化趋势相同，而在制血液库存的提前期较长，其状态在运行期内趋于稳定。因此，对震后应急血液的保障效果，转运决策大于采集决策。原因在于，血液的采集与制备需要花费较长的时间，灾区志愿者规模不足以支撑震后应急血液保障，外地转运的血液制品数量远远超过本地采集量。由图 9 – 11 可知，累积血液需求量的模拟精度约为 85％，最小误差为 1.57％，大致反映了震后累积血液需求量的变化趋势。文献［199，77］中关于汶川地震血液保障的调查结果证明了上述结论，表明本书构建的模型可以很好地模拟汶川地震发生后的应急血液保障绩效状况。

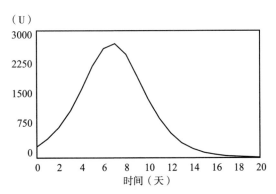

图 9 – 5　每日血液需求量变化趋势

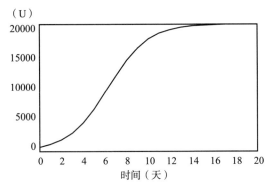

图 9 – 6　累积血液需求量变化趋势

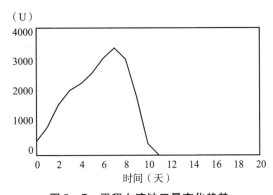

图 9 – 7　累积血液缺口量变化趋势

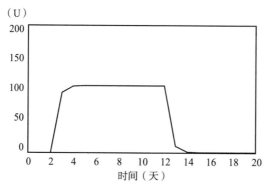

图9－8　在制血液库存变化趋势

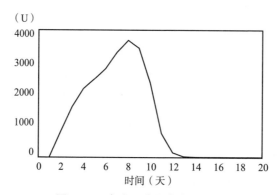

图9－9　在途血液库存变化趋势

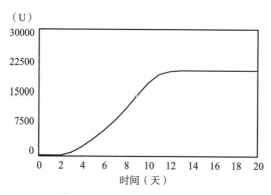

图9－10　血液库存变化趋势

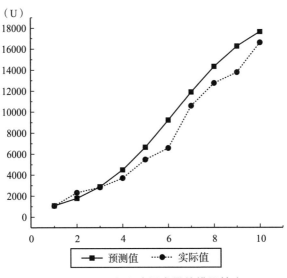

图 9 – 11　累积血液需求量的模拟精度

第四节　仿　真　分　析

现实性检验证明了所建模型的可靠性。下面基于文献 [198] 的案例，构造一个仿真模型来分析不同因素对灾后应急血液保障绩效的影响。

某城市在白天时段发生大规模破坏性地震，震发时间修复系数 f_t 为 1.0，灾区房屋损坏比 A_h 为 0.6，人口密度修复系数 f_ρ 为 0.8，当地总人口 M 为 50000 人，t_m 为 6.33d，t_f 为 13d，政府应急救援力度为 3，政府对突发事件反应时滞为 1d，运输延迟为 0.2d，其他参数同现实性检验案例。

分别选择血液供应端与需求端的若干关键变量进行敏感性分析，研究不同变量对震后应急血液保障绩效的影响。

　　供应端的重要变量有政府应急救援力度、政府对突发事件反应时滞、运输延迟以及志愿者比例。其中，政府应急救援力度、政府对突发事件反应时滞同时影响血液转运与血液采集，运输延迟影响血液转运，志愿者比例影响血液采集。

　　（1）政府应急救援力度在其取值范围0~4之间变动，模型运行200次，得到政府应急救援力度对累积血液缺口量、在制血液库存、在途血液库存、血液库存的敏感性分析结果（见图9-12）。由图9-12可知，政府应急救援力度对血液采集与转运均有重要影响。且累积血液缺口量分布趋势与在途血液库存相似度非常高，而与在制血液库存、血液库存的分布差异较大，说明政府应急救援力度对血液转运的影响更大，转运的保障效果大于采集。

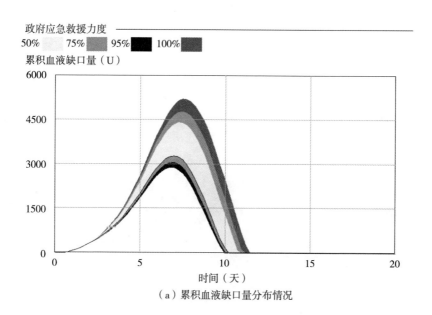

（a）累积血液缺口量分布情况

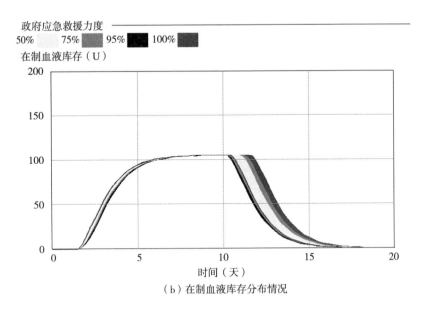

（b）在制血液库存分布情况

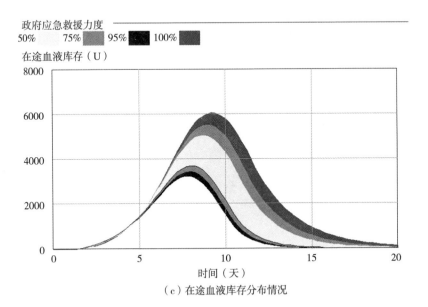

（c）在途血液库存分布情况

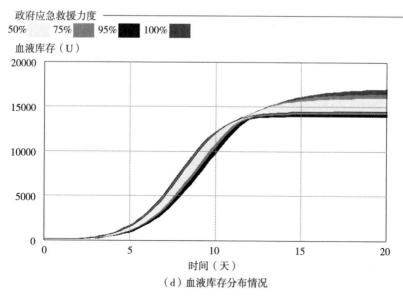

图 9 - 12　政府应急救援力度的敏感性分析结果

（2）一般情况下，政府对突发事件的反应时滞最大为 2 天。因此，政府对突发事件反应时滞在 0～2 天之间变动，模型运行 200 次，得到该变量对累积血液缺口量、在制血液库存、在途血液库存、血液库存的敏感性分析结果（见图 9 - 13）。由图 9 - 13 可知，政府对突发事件反应时滞变化对累积血液缺口结果的影响不大。变量变化引起在制血液库存变化的程度大于在途血液库存变化程度，说明变量对血液采集的影响更大，但从总体上看，政府对突发事件反应时滞不属于重要变量，其范围变动对血液保障绩效结果的影响较小。

（3）大规模地震下，抢险救灾的运输延迟通常小于半天，因此令运输延迟在 0～0.5 天之间变动，模型运行 200 次，得到运输延迟对累积血液缺口量、在途血液库存及血液库存的敏感性分析结果（见图 9 – 14）。由图 9 – 14 可知，运输延迟的变化引起模型结果变化大，是影响在途血液库存与累积血液缺口量的重要变量，因而也是政府决策时应该考虑的重要因素。

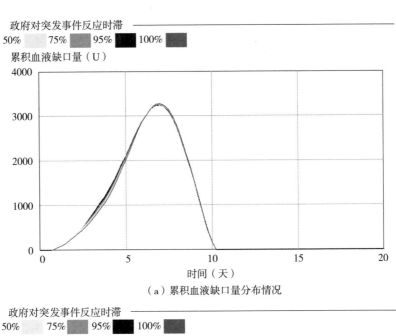

（a）累积血液缺口量分布情况

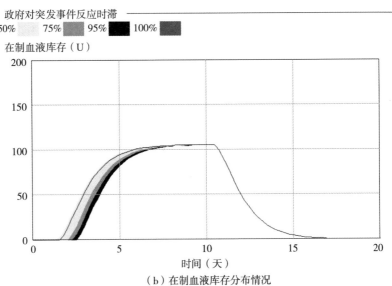

（b）在制血液库存分布情况

政府对突发事件反应时滞

50%　　75%　　95%　　100%

在途血液库存（U）

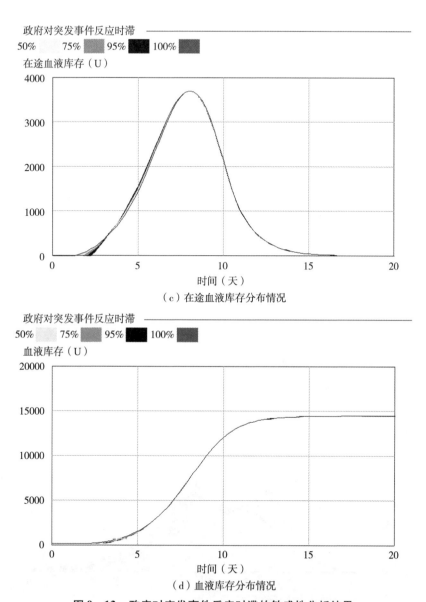

（c）在途血液库存分布情况

政府对突发事件反应时滞

50%　　75%　　95%　　100%

血液库存（U）

（d）血液库存分布情况

图9－13　政府对突发事件反应时滞的敏感性分析结果

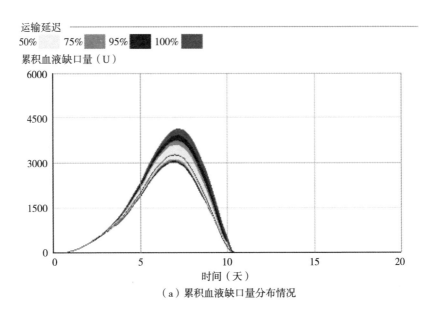

（a）累积血液缺口量分布情况

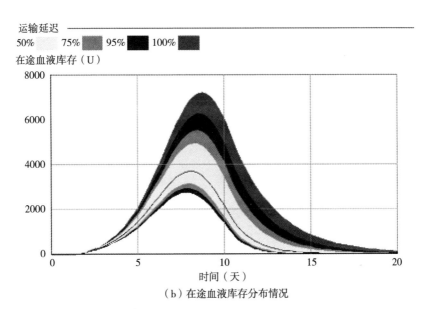

（b）在途血液库存分布情况

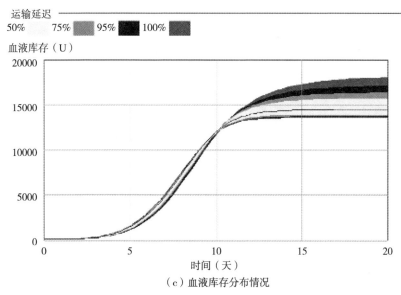

（c）血液库存分布情况

图 9 – 14　运输延迟的敏感性分析结果

（4）日常条件下，我国主要城市千人次无偿献血率为 5‰ ～
20‰。大规模地震等突发事件可以极大地刺激无偿献血者的献血
激情，导致无偿献血率大幅度提升。根据汶川地震调研数据，将
此比例上限扩大至 70‰。因此，志愿者比例在 5‰ ～ 70‰ 之间变
动，模型运行 200 次，得到志愿者比例对累积血液缺口量、在制
血液库存的敏感性分析结果（见图 9 – 15）。由图 9 – 15 可知，
志愿者比例变动对累积血液缺口量的影响较大，是一个较重要的
影响变量。

图 9 – 12 ～ 图 9 – 15 的结果可以说明，震后应急血液保障的
若干关键因素中，转运因素的影响更显著。

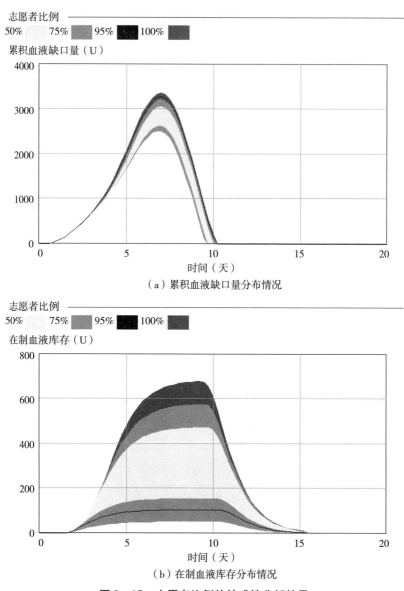

志愿者比例 ————————
50% 75% 95% 100%
累积血液缺口量（U）

（a）累积血液缺口量分布情况

志愿者比例 ————————
50% 75% 95% 100%
在制血液库存（U）

（b）在制血液库存分布情况

图 9 – 15　志愿者比例的敏感性分析结果

　　需求端的重要变量有地震发生时间、人口密度、房屋损坏率等。这些因素通过影响受血伤员数，再影响累积血液需求量，最终影响累积血液缺口量。

（1）根据表9-1，地震发生时间修正系数在1~17之间变动，模型运行200次，得到地震发生时间对累积血液缺口量、累积血液需求量、受血伤员数的敏感性分析结果（见图9-16）。由图9-16可知，在前4天内，震发时间变化对累积血液缺口量的影响非常大，之后其影响度迅速式微。原因在于，在深夜或凌晨，绝大多数居民处于睡眠状态且身处建筑物内部，此时大规模破坏性地震导致大量建筑物倒塌，短期内造成更多的人员伤亡，导致震后初期应急血液需求量激增，累积血液缺口量大量增加且波动幅度大。因此，若震发时间在深夜或凌晨，政府应该特别重视震后初期前4天的血液供应。

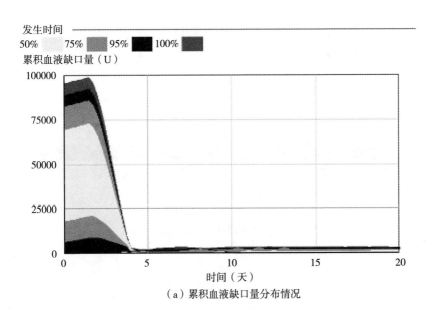

（a）累积血液缺口量分布情况

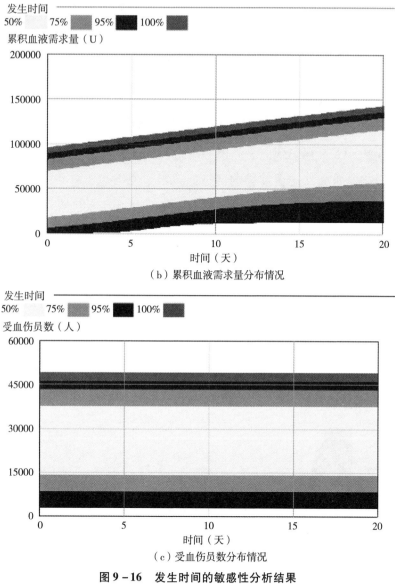

（b）累积血液需求量分布情况

（c）受血伤员数分布情况

图9-16　发生时间的敏感性分析结果

（2）根据表9-2，人口密度修正系数在0.8~1.2之间变动，模型运行200次，得到人口密度对累积血液缺口量、累积血液需求量、受血伤员数的敏感性分析结果（见图 9 – 17）。由图 9 – 17 可知，人口密度对血液保障绩效有较重要影响。

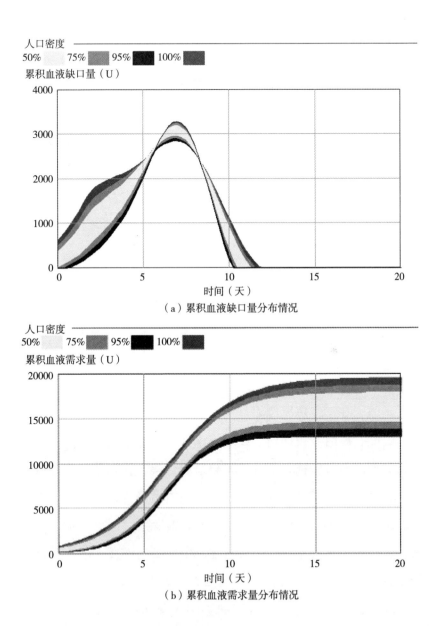

（a）累积血液缺口量分布情况

（b）累积血液需求量分布情况

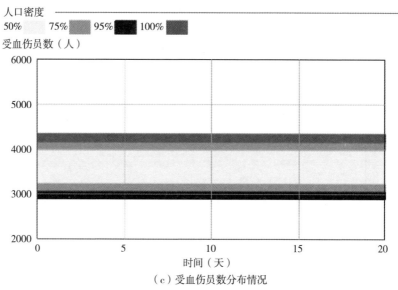

（c）受血伤员数分布情况

图9-17　人口密度的敏感性分析结果

（3）房屋损坏率在0.3~0.8之间变动[200,201]，模型运行200次，得到房屋损坏率对累积血液缺口量、累积血液需求量、受血伤员数的敏感性分析结果（见图9-18）。由图9-18可知，房屋损坏率变动对血液保障绩效的影响周期非常长，且结果波动幅度大。原因在于，房屋倒塌是构成人员伤亡与血液需求的主要因素。因此，震后救援期内，政府应该特别关注地震烈度与灾区建筑物类型分布等特征，结合GIS与遥感图集，快速估计房屋损坏率。若房屋损坏率高，则应在较长周期内做好持续性血液供应。

比较图9-16~图9-18可知，地震发生时间为短期影响因素，影响期为4天左右；人口密度为中期影响因素，影响期为11天左右；房屋损坏率为长期影响因素，影响期为15~20天。在影响度上，前期地震发生时间的影响最显著，其次为房屋损坏率；中后期房屋损坏率的影响最大，其次为人口密度。因此，政府应该根据需求端不同因素的不同阶段性特征，动态处理好血液保障工作。

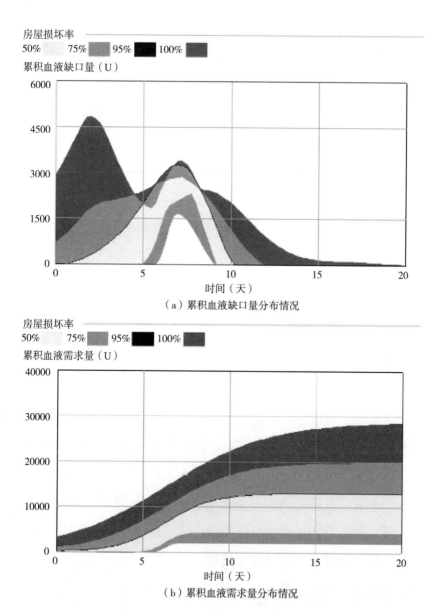

（a）累积血液缺口量分布情况

（b）累积血液需求量分布情况

房屋损坏率

50% ▢ 75% ▨ 95% ■ 100% ▨

受血伤员数（人）

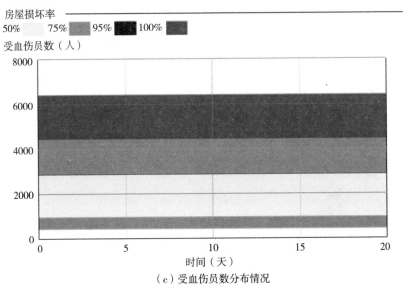

（c）受血伤员数分布情况

图 9 – 18　房屋损坏率的敏感性分析结果

本 章 小 结

应急血液供应是挽救生命、维护健康的重要环节。本章构建了震后应急血液保障绩效评估的系统动力学模型，以寻求有效的应急血液保障策略。按照血液保障的实际情况，本章将血液保障绩效的主要指标描述为累积血液缺口量，从需求端与供应端来设计系统结构。其中，供应端又分为血液采集子系统与血液转运子系统。然后，从供需两端分析影响累积血液缺口量的主要因素，并开展关键参数的敏感性分析实验，从中得出一些有用的管理启示，为政府抢险救灾提供决策借鉴。

主要结论及启示有：

（1）现实性检验证明了模型的可靠性，本章构建的模型可以很好地模拟地震发生后的应急血液保障情况。

（2）震后血液日需求量与累积血液需求量在关键救援期内快速增长，第 7 天左右达到顶峰，然后迅速回落，最终趋于正常水平，其中累积血液缺口量的回落速度快于每日血液需求量。

（3）对震后应急血液的保障效果，转运决策大于采集决策。因此，关键救援期内，政府应尽可能加大血液调配与转运力度。

（4）从供应端看，最重要的决策变量为政府应急救援力度，其次为运输延迟与志愿者比例。政府对突发事件反应时滞为非关键性变量。因此，关键救援期内，应将应急响应等级提至最高，并尽量减少运输延迟，通过各种渠道呼吁人们参与无偿献血。

（5）从需求端看，地震发生时间、人口密度、房屋损坏率均为重要变量。其中，地震发生时间为短期影响因素，其取值变化将导致震后初期累积血液缺口量大幅波动，因此，若震发时间在深夜或凌晨，政府应特别重视震后初期前 4 天的血液供应。在其他因素不变的情况下，后期可以考虑适度减少血液转入与采集量，降低震害恢复期内的血液报废与调出。人口密度为中期影响因素，影响期为 11 天左右。房屋损坏率为长期影响因素，影响期为 15～20 天。因此，政府应针对需求端不同因素的不同特征，动态调控血液供给。

下一步研究可以引入血液产品的生命周期与库存状态分布信息，同时考虑血液产品的供应与报废情况，进一步综合反映大规模地震应急血液保障绩效的演进趋势。

》》第十章

基于 ABM＋SD 混合仿真的血液供应链绩效演进与评价

第一节　引　　言

近年来，我国的血液供需矛盾日益突出。"血荒"成为困扰许多大中城市临床供血的社会性难题。2015 年以来，北京、成都、重庆、长沙、上海等地血液中心多次启动一级预警。新冠疫情等重大突发公共卫生事件的爆发也给采供血工作带来新的严峻挑战，严重威胁我国的血液供应链安全。血液是生命之源，临床供血直接关系人民群众的身体健康甚至生命安全。因此，在血液紧缺背景下，研究血液供应链的绩效演进机制，对于提高血液保障水平、满足临床用血需求具有重要现实意义。

血液产品具有固定保质期。除了对新鲜度有特殊要求的部分病症需求，保质期内的血液产品效用保持不变，保质期外的血液产品则完全失去效用。而在库血液产品存在多库龄信息共存的特征，且库龄状态随时间和供需动态变化。库龄信息的动态多维性给血液供应链运作带来了挑战。血液供应链决策中，通过考虑库龄分布，可提升血液产品的使用效益，减少短缺与报废[6]。一些研究者考虑库龄状态研究了血液库存管理等相关问题。例如，马祖军等[11]为保障大规模突发事件的应急血液供应，降低应急血液报废量，提出一种考虑库龄的应急血液采集动态模型，并设计了一种离散事件系统仿真方法（discrete event system simulation，DESS）。周等[6]根据血液短缺条件下库存控制的特点，提出了一种基于 EWA 策略的采血决策方法。他们建立了一个 DESS 的仿真框架，且在仿真框架中嵌入了一个以转运时间最短、转运血液新鲜度最大为目标的转运优化模型，以及一个以公平性最优为目标的分配优化模型。拉简德兰等（Rajendran et al.）[34]提出一种不确定需求下考虑库龄的随机整数规划模型来确定血液供应链的订货策略，以减少血小板浪费和短缺。李猜等[202]考虑短缺、浪费和输血新鲜度之间的平衡，以效用最大化为目标建立了最优血小板订货策略的有限时域马尔科夫决策过程（Markov decision process，MDP）模型。西耶德等（Seyyed et al.）[132]考虑库龄提出一种用于规划灾后血液供应的两阶段随机规划方法，以优化混合不确定环境下的库存决策。刘等（Liu et al.）[129]研究了供应商管理库存的库存 - 路径问题（VMIRP）来优化血液产品的调度方案，平衡供需。穆罕默德等（Mohammad et al.）[133]提出一种供需不确定下考虑库龄与横向转运的血小板库存管理模型。王和马（Wang & Ma）[7]开发了一种血液短缺时考虑库龄的转运模型，并提出两种用于转运血液单位的偏好选择方法。

不同血型血液产品的兼容替代也是紧缺条件下提高血液供应链绩效的重要手段。替代在紧急条件下可有效缓解血液偏型带来的短缺矛盾[203,88]。周愉峰等[77]的研究表明，实施血型替代策略，可以缓解血液紧缺，降低血液供应链系统总成本。H. 恩萨菲亚等（Ensafian H et al.）[204]考虑库龄、血型兼容性和优先规则，建立了血液供应链采集、生产、储存、分配优化的集成模型。霍塞尼－莫特拉赫等[85]在文献［204］基础上建立了以最小化成本和最小化替代量为目标的最优选址和库存水平设置优化问题。段等（Duan et al.）[205]研究发现，即使在库存管理水平的最低限制和最高允许短缺率限制下，通过 ABO－Rh（D）血型替代，也能将系统的过期率降低16%。扎希里和皮什瓦伊（Zahiri & Pishvaee）[66]研究了考虑血型兼容性替代的血液供应链网络设计问题。此外，狄龙（Dillon）[31]、德哈尼等（Dehghani et al.）[119]也研究了考虑血型替代的血液库存管理问题。霍塞尼等（Hosseini et al.）[132]考虑到血液的易腐性、库龄以及替代性，提出了一种两阶段鲁棒－模糊－随机规划（RFSP）方法来应对灾后的血液供应。结果表明，RFSP 模型可以在平均值、可行鲁棒性和最优鲁棒性之间做出合理的权衡。戈拉希等（Ghorashi et al.）[144]考虑血液的兼容性，提出了一个包含路径和选址－分配决策的应急血液供应链管理的多目标模型，以减少供应链成本和时间，提高已建立路线的最低可靠性。上述文献大多聚焦血液供应链上的采集、生产 - 库存、转运、选址分配等决策问题，通常采用混合整数规划等运筹优化方法进行建模求解、以获取最优的供应链决策方案。

血液供应链系统是一个具有高阶次、非线性、复杂时变性、多重反馈性、行为自适应性等复杂特征的耗散系统。基于混合整数规划的建模方法无法考虑血液供应链运作的多重动态因素（如库龄与替代等），难以反映复杂系统的非线性结构特征，也无法给出血液供应链绩效的动态发展趋势[206]。鉴于此，一些学者采用 DESS、系统动力学等仿真方法研究了血液供应链中的库存、采集等问题[6,11]。例如，卡塔利亚基等（Katsaliaki et al.）[207] 采用 DESS 研究了英国一家医院的血液库存管理问题。周等[208] 研究了常规补货和紧急补货模式并存情形下医院的血小板库存管理策略。西莫内蒂等（Simonetti et al.）[209] 构建的 DESS 模型模拟结果表明先进先出库存策略可提高血液保障的可靠性。海伊耶马等（Haijema et al.）[210] 在 BSP - low（base stock policy-low）的基础上，基于 DESS 分析了一种新的 BSP - low - EWA 策略，结果表明该策略优于 BSP。克莱等（Clay et al.）[25] 考虑供需不确定性与库龄，基于系统动力学（system dynamics，SD）研究了血液库存问题。周愉峰等[211] 将震后应急血液供应链分为血液采集与血液转运两个了系统，研究了震后应急血液保障绩效演进的 SD 模型。DESS 与 SD 可有效解决库龄状态的转移与刻画等复杂动态因素，但难以对血液供应链各成员之间的交互行为及复杂自适应特征进行有效的数学分析。智能体建模（agent-based modeling，ABM）则为解决这一问题提供了一个可行的工具。

SD 与 ABM 各有优劣及其适用环境。经典 ABM 不能及时反馈整体效应给个体智能体（Agent）；而宏观 SD 模型不能实时反映局部变化情况[212]。不确定环境下的血液供应链绩效演进过程，既涉及宏观环境的调控作用，也需关注微观的供应链主体行为。因此，ABM 或 SD 的单体模型难以准确描述血液供应链系统的动态演进机制。为此，本章建立血液供应链绩效评估的 ABM + SD 混合仿真方法，既能对血液供应链各主体之间的交互行为与复杂自适应特征进行有效的数学描述与分析，也能反映宏观规律对供应链主体的调控作用。本章以血小板为研究对象，考虑其库龄差异，并依托 ABM + SD 耦合模型，将血液采集子系统的 SD 模型耦合至四级供应链的 ABM 模型中，以描述血液紧缺情境下血液供应链的运作方式。其中，血液采集子系统反映出采供血机构、新闻媒体等宏观因素调控对献血者 Agent 和医院 Agent 的行为方式的影响；微观环境中，基于 ABM 方法将血液供应链系统中的献血者、献血车、血液中心、医院看作智能体，通过智能仿真模拟各 Agent 的适应行为。最后，微观环境中 Agent 的绩效结果也将涌现回 SD 模型，以反映出动态宏观调控作用。本章适于在我国各大城市季节性/区域性血荒环境下，探索血液供应链的绩效演进趋势，以达到提高血液使用效益的目的。

本章主要贡献描述如下：（1）建立了复杂自适应系统中，考虑库龄信息与替代策略的血液供应链 Agent 行为方式的数学描述方法。（2）建立了四级血液供应链系统绩效动态演进与评估的 ABM + SD 耦合建模与仿真新方法。在作者的知识范围内，本章首次考虑血液产品的库龄信息、血型替代以及转运等特质，研究了血液供应链保障绩效的动态演进机制及其建模与分析问题。研究成果可为政府相关部门与采供血机构提升血液供应链保障绩效，提供一定的决策借鉴。

第二节　ABM + SD 耦合模型的总体框架、处理流程与绩效指标

一、总体框架与处理流程

以血小板为研究对象，考虑多库龄共存特征，构建一个以血液中心为核心的四级供应链，设计 ABM + SD 的耦合模型。处理流程如下：(1) 血液紧缺环境下，献血者人数受多重因素共同作用。基于系统动力学模型并依据相关情境参数设置，构建各因素之间的相互关系和影响，反映出宏观环境对无偿献血者保持度的动态调控作用，从而影响献血者 Agent 的人数。(2) 多主体系统接收到系统动力学模型输入的数据后，各 Agent 依次做出适应性行为。(3) 一个仿真决策周期后，依据相应 Agent 的血液库存状态调整系统动力学模型中的相关参数。(4) 仿真周期结束后，分析血液供应链绩效指标演进趋势。耦合模型框架见图 10 – 1。

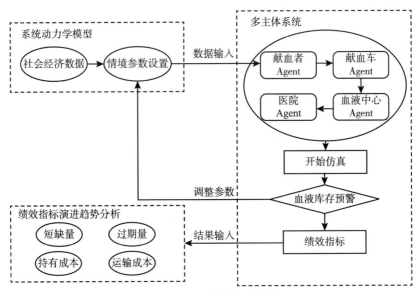

图 10 - 1　耦合模型总体框架

二、系统结构与绩效指标

血液供应链系统总体结构流程见图 10 - 2。献血者 Agent 是供应链系统的源动力，其受宏观 SD 模型中各因素共同作用的影响，产生献血需求，并自主选择献血点，参与血小板捐献。献血车 Agent 负责对献血者健康状况的初筛以及血小板的采集和运输工作。血液中心 Agent 根据各医院 Agent 的补货订单，结合自身库存状况，完成血小板分配。医院 Agent 以自身库存满足临床用血需求，当产生大量血小板短缺后，医院 Agent 将依次作出转运、替代决策以尽可能弥补血小板缺口。最后将去除过期血小板，进行库存更新，并作出补货决策发送至血液中心 Agent。因此，血液供应链系统作为一个 CAS，其以血液中心 Agent 为核心，实现了信息流、物流与效益流的有机统一。

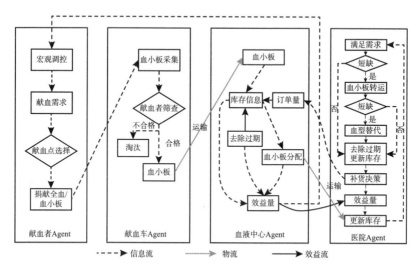

图 10-2　血液供应链系统整体概念模型

1. 信息流分析

血液紧缺情况下，采供血机构等相关组织会参与至宏观调控过程中，献血者 Agent 接收到相关信息后，自发产生献血需求，并至就近献血点处捐献血小板。献血车 Agent 则根据献血者的健康状况信息完成初步献血资格筛查。血液中心 Agent 依据各医院的订单信息，以自身库存满足其补货需求。最后更新库存状态，完成当日采集的新鲜血小板入库。医院 Agent 以此通过自身库存、转运决策、替代决策满足临床用血需求，并采取合适的补货策略向血液中心发送补货订单。医院 Agent 于次日收到血液中心的补货后，更新库存信息。最后采供血机构等将依据供应链系统的效益量调整其宏观调控的力度与方式。

2. 物流分析

献血者 Agent 于献血车上捐献血小板，献血车 Agent 完成采集后，当期即将新鲜血小板运送至血液中心 Agent。血液中心 Agent 则依据医院的补货订单，结合自身库存状态，将血小板分配至各医院 Agent，以供医院 Agent 完成满足临床用血需求。

3. 效益流与绩效指标分析

考虑血制品的复杂特性，不能仅以相关成本等经济指标来衡量供应链系统的绩效情况。因此，采用短缺量、过期量、运输成本、持有成本四项指标作为血液供应链的绩效指标。其中第 t 期 k 型血小板短缺量 $S_{i,k}^t = (D_{i,k}^t - x_{i,k}^t)^+$，过期量 $O_{i,k}^t = \max(x_{0,k,1}^t, 0)$（$i = 0, 1, 2, 3, \cdots$）。

第三节　基于 SD 的血液采集子系统分析

血液采集作为血液的供应端，关系着整个系统的运作。而在血液紧缺状态下，献血者人数受多重因素的共同作用，包括相关组织机构的干预调控、献血者自身的风险感知等。因此本书选取血液采集子系统作为 ABM 和 SD 耦合系统。在耦合系统中，SD 模型各宏观因素共同作用于无偿献血者保持度，从而影响献血者 Agent 中的人数。系统动力学模型见图 10 – 3。

系统中主要包含 3 个反馈回路：采供血机构反馈回路、媒体反馈回路、公众风险偏好回路。各反馈回路都通过对无偿献血保持度的影响相互联系，即反馈回路之间的相互作用会导致无偿献血保持度的上升或降低，进而影响每日献血者人数。

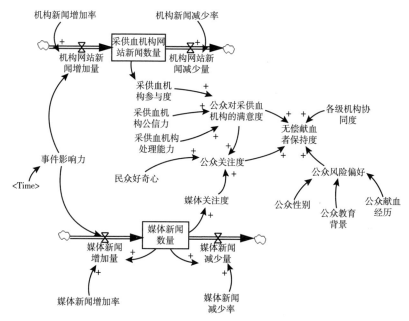

图 10 - 3   血液采集子系统 ABM 耦合 SD 系统

耦合系统流图中各主要因素间的函数关系构建与分析如下[213~215]：

（1）无偿献血保持度。由系统流图中可以看出，无偿献血保持度受 4 个变量的影响：公众对采供血机构的满意度、公众关注度、公众风险偏好以及各级政府协同程度。各因素的影响程度通过专家小组打分获得。因此无偿献血保持度与其他变量之间的函数关系为：

$$献血者意愿 = 0.25 \times 公众对采供血机构满意度 + 0.173 \times 公众关注度 -$$
$$0.472 \times 公众风险偏好 + 0.105 \times 各级机构协同度$$

$$(10 - 1)$$

（2）公众对采供血机构的满意度 = 0.36 × 采供血机构公信力 + 0.449 × 采供血机构处理能力 + 0.191 × 采供血机构参与度 − 5.91

$$(10-2)$$

（3）采供血机构参与度 = 100 − 32.05 × exp(− 0.0007634 × 采供血机构网站新闻数量)

$$(10-3)$$

（4）公众关注度 = 事件影响力 × 民众好奇心 × [0.75 × 媒体关注度 − 0.25 × DELAY（公众对政府的满意度，5，0)]

$$(10-4)$$

（5）媒体关注度 = 100 − 91.86 × exp(− 0.0014212 × 媒体新闻数量)

$$(10-5)$$

（6）公众风险偏好 = 0.328 × 公众性别 + 0.189 × 公众教育背景 + 0.483 × 公众献血经历

$$(10-6)$$

根据血液中心各血型的库存情况，设置三级库存预警机制[216,217]，进而将 Agent 的绩效结果反馈至宏观环境中。预警反馈机制描述如下：

三级预警：k 型血平均每日库存小于平均每日用血量的 3 倍，提高血液采集子系统的事件影响力 10%，k 型血的采集量提高 1%。

二级预警：k 型血平均每日库存小于平均每日用血量的 2 倍，提高采集子系统的事件影响力 20%，k 型血的采集量提高 2%。

一级预警：k 型血平均每日库存小于平均每日用血量，提高采集子系统的事件影响力 30%，k 型血的采集量提高 3%。

第四节　基于 ABM 的血液供应链多 Agent 行为与系统分析

一、献血者 Agent 行为方式

人体是血液的唯一来源渠道。献血者是血液供应链运作的源动力。献血者 Agent 根据宏观系统调控，结合自身情况，适应性地做出献血行为。

二、献血车 Agent 行为方式

献血车负责对献血者 Agent 的健康状况进行初步筛查，进而完成对各血型血小板的采集和运输工作。采集完成的血小板于当日运送至血液中心。

三、血液中心 Agent 行为方式与数学描述

血液中心每天从医院处获得补货订单。血液中心根据其库存信息，采取合适的分配策略向医院配送血小板。此后，血液中心收到当日采集的新鲜血小板，完成补货。最后，血液中心去除过期血小板，盘点更新库存状态（即所有在库产品的库龄

分布信息）。

采用库龄策略与递推方程刻画血小板库存状态，并以此为基础对血液中心 Agent 的行为方式进行数学描述。

令矩阵 $x_{0,k}^t = \{ x_{0,k,1}^t, x_{0,k,2}^t, \cdots, x_{0,k,r}^t, \cdots, x_{0,k,M}^t \}$ 表示血液中心第 t 期 k 型血小板的库存状态。其中，$x_{i,k,r}^t$ 表示血液供应链成员在第 t 期所拥有的剩余库龄为 r 的 k 型血小板库存量（$i = 0$ 表示血液中心，$i = 1$，2，3，$\cdots$ 表示医院）。显然，血液中心 Agent 的库存状态矩阵是实时变化的。

血液中心每期的 k 型血小板需求量，为上期所有医院的订单量。血小板属于易腐品，具有稀缺性、不可替代性。因此，在满足需求与保证新鲜度的前提下，应减小过期量。故血液中心采取 FIFO 策略以满足需求。其数学表达式为：

$$x_{0,k,r}^{t+} = \begin{cases} (x_{0,k,r}^t - D_{0,k}^t)^+ & r = 1 \\ [x_{0,k,r}^t - (D_{0,k}^t - \sum_{m=1}^{r-1} x_{0,k,m}^t)^+]^+ & r > 1 \end{cases} \qquad (10-7)$$

式（10-7）中，$x^+ = \max\{x, 0\}$，$D_{0,k}^t = \sum_{i=1}^{i} Q_{i,k}^{t-1}$。其中，$x_{0,k,r}^{t+}$ 表示血液中心在第 t 期以自身库存满足需求后所拥有的剩余库龄为 r 的 k 型血小板库存量，$D_{i,k}^t$ 表示血液供应链成员在第 t 期的 k 型血小板需求量，$Q_{i,k}^t$ 为医院 i 在第 t 期的 k 型血小板订货量。血液中心在第 t 期接收医院订单，满足需求后，将根据各个医院的订货量以及自身库存状态向医院分配血小板，并于 $t+1$ 期送达各医院。本章血液中心将采取比例分配方式以满足各医院的补货需求。该种比例分配方式不仅表现为对 k 型血小板订单总量的比例分配，还表现为对每一库龄状态血小板的比例分配。由于血液中心可能存在库存不足的情况，医院订货需求也可能不能被完全满足。

血液中心第 t 期期初配送的 k 型血小板状态可表示为：

$$q^t_{1+2+\cdots+i,k} = \{ q^t_{1+2+\cdots+i,k,1}, \ q^t_{1+2+\cdots+i,k,2}, \ \cdots,$$
$$q^t_{1+2+\cdots+i,k,r}, \ \cdots, \ q^t_{1+2+\cdots+i,k,M} \} \quad (10-8)$$

式中，$q^t_{1+2+\cdots+i,k,r} = x^t_{0,k,r} - x^{t+}_{0,k,r}$。$q^t_{i,k}$ 为第 t 期血液中心对医院 i 的 k 型血小板分配量。

医院收到配送的 k 型血小板状态可表示为：

$$q^t_{i,k} = \{ q^t_{i,k,1}, \ q^t_{i,k,2}, \ \cdots, \ q^t_{i,k,r}, \ \cdots, \ q^t_{i,k,M} \} \quad (10-9)$$

式中，$q^t_{i,k,r} = q^{t-1}_{1+2+\cdots+i,k,r} \times \dfrac{Q^{t-1}_{i,k}}{Q^{t-1}_{1,k} + Q^{t-1}_{2,k} + \cdots + Q^{t-1}_{i,k}}$

满足当日医院需求，完成分配后，血液中心将对剩余保质期为 1 天的血小板做报废处理，此时的库存状态可更新为：

$$x^{t++}_{0,k} = \{ x^{t++}_{0,k,1}, \ \cdots, \ x^{t++}_{0,k,r}, \ \cdots, \ x^{t++}_{0,k,M-1}, \ x^{t++}_{0,k,M} \}$$
$$= \{ x^{t+}_{0,k,2}, \ \cdots, \ x^{t+}_{0,k,r+1}, \ \cdots, \ x^{t+}_{0,k,M}, \ 0 \} \quad (10-10)$$

最后，血液中心收到当日采集的新鲜血小板，完成补货。则第 t 期期末，也即第 $t+1$ 期期初的库存状态为：

$$x^{t+1}_{0,k} = \{ x^{t+1}_{0,k,1}, \ x^{t+1}_{0,k,2}, \ \cdots, \ x^{t+1}_{0,k,r}, \ \cdots, \ x^{t+1}_{0,k,M} \}$$
$$= \{ x^{t++}_{0,k,1}, \ x^{t++}_{0,k,2} \cdots, \ x^{t++}_{0,k,r}, \ \cdots, \ x^{t++}_{0,k,M} + N^t_k \} \quad (10-11)$$

式中，N^t_k 表示血液中心在第 t 期的 k 型血小板补货量。

四、医院 Agent 行为方式与数学描述

医院每天以自身库存满足患者的用血需求。为刻画每日血小板临床需求量，定义每一家医院的实际用血需求均按"周"服从

泊松分布，且每天的泊松分布均值各不相同[218,219]。在血液紧缺情境下，医院以其库存满足当期临床用血需求后，可能仍存在由于医院血小板库存量不足而导致大量用血需求未被满足的情况，此时需要作出转运决策。而在医院完成转运后，仍存在未被满足的需求，则需要作出血型替代决策。最后医院将对现有库存血小板进行盘点更新，并采取合适的策略向血液中心发出补货订单。当期的订货量将于下期被满足。

下面将采用同样的库龄策略来描述医院 Agent 的库存状态及其行为方式。

医院第 t 期期初，k 型血小板的库存状态可表示为：$x_{i,k}^t = \{x_{i,k,1}^t, x_{i,k,2}^t, \cdots, x_{i,k,r}^t, \cdots, x_{i,k,M}^t\}$，$(i = 1, 2, 3, \cdots)$。

第 2 期及以后，医院在第 t 期期初接收到血液中心配送的血小板后，加上其第 $t-1$ 期期末库存结余，可得到其更新后的期初库存状态，矩阵表示为：

$$
\begin{aligned}
x_{i,k}^t &= \{x_{i,k,1}^t, x_{i,k,2}^t, \cdots, x_{i,k,r}^t, \cdots, x_{i,k,M}^t\} \\
&= \{x_{i,k,1}^{t-1} + q_{i,k,1}^t, x_{i,k,2}^{t-1} + q_{i,k,2}^t, \cdots, \\
&\quad x_{i,k,r}^{t-1} + q_{i,k,r}^t, \cdots, x_{i,k,M}^{t-1} + q_{i,k,M}^t\}
\end{aligned}
\tag{10-12}
$$

医院同样采用 FIFO 策略满足其每日临床用血需求，数学模型表示为：

$$
x_{i,k,r}^{t+} = \begin{cases}
(x_{i,k,r}^t - D_{i,k}^t)^+ & r = 1 \\
\left[x_{i,k,r}^t - (D_{i,k}^t - \sum_{m=1}^{r-1} x_{i,k,m}^t)^+\right]^+ & r > 1
\end{cases}
\tag{10-13}
$$

式中，$x_{i,k,r}^{t+}$ 表示医院 i 在第 t 期以自身库存满足需求后所拥有

的剩余库龄为 r 的 k 型血小板库存量。

若医院 i 本期需求不足，可从有多余库存的最近医院 j 转运部分库存。第 t 期医院 i 的 k 型血小板转运带来的库存增量为：

$$T_{i,k}^t = \begin{cases} T_{ji,k}^t = \min\left[\left(D_{i,k}^t - \sum_r x_{i,k,r}^t\right), \left(\sum_r x_{j,k,r}^t - D_{j,k}^t\right)\right] \\ \qquad \sum_r x_{i,k,r}^t - D_{i,k}^t < 0 \text{ 且 } \sum_r x_{j,k,r}^t - D_{j,k}^t > 0 \\ -T_{ij,k}^t = -\min\left[\left(\sum_r x_{i,k,r}^t - D_{i,k}^t\right), \left(D_{j,k}^t - \sum_r x_{j,k,r}^t\right)\right] \\ \qquad \sum_r x_{i,k,r}^t - D_{i,k}^t > 0 \text{ 且 } \sum_r x_{j,k,r}^t - D_{j,k}^t < 0 \\ 0 \quad \text{其他} \end{cases}$$

$$(10-14)$$

式中，$T_{i,k}^t$ 表示第 t 期血小板转运给医院 i 带来的 k 型血小板库存增量，$T_{ji,k}^t$ 表示第 t 期医院 j 到医院 i 的 k 型血小板转运量。

医院 Agent 的转运决策存在以下三种情况：转入、转出、无转运。因此，执行转运决策后，第 t 期医院 i 的库存状态可分以下三种情况进行描述：

第一种情况，$\sum_r x_{i,k,r}^t - D_{i,k}^t < 0$ 且 $\sum_r x_{j,k,r}^t - D_{j,k}^t > 0$。即第 t 期，医院 i 发生 k 型血小板短缺，医院 j 存在 k 型血小板剩余。此时，对发生 k 型血小板短缺的医院 i 而言，转入 $T_{ji,k}^t$ 后，库存立即用于满足短缺需求。由于转入量小于或等于当前短缺量。因此，完成转运后，医院 i 的血小板库存量为 0。设 $x_{i,k}^{t++}$ 为当前库存状态，则 $x_{i,k}^{t++} = \{x_{i,k,1}^{t++}, x_{i,k,2}^{t++}, \cdots, x_{i,k,r}^{t++}, \cdots, x_{i,k,M}^{t++}\}$，$x_{i,k,r}^{t++} = 0$。医院 i 的血小板短缺量也可随之更新为：

$$S_{i,k}^{t} = \left(D_{i,k}^{t} - \sum_{r} x_{i,k,r}^{t} - T_{i,k}^{t+} \right)^{+} = \left(D_{i,k}^{t} - \sum_{r} x_{i,k,r}^{t} - T_{ji,k}^{t+} \right)^{+}$$

$$(10-15)$$

而对存在 k 型血小板余量，且完成了转出的医院，当前库存状态可更新为：$x_{j,k}^{t++} = \{ x_{j,k,1}^{t++}, x_{j,k,2}^{t++}, \cdots, x_{j,k,r}^{t++}, \cdots, x_{j,k,M}^{t++} \}$。

$$x_{j,k,r}^{t++} = \begin{cases} \left(x_{j,k,r}^{t+} - T_{ji,k}^{t+} \right)^{+} & r = 1 \\ \left[x_{j,k,r}^{t+} - \left(T_{ji,k}^{t+} - \sum_{m=1}^{r-1} x_{j,k,m}^{t+} \right)^{+} \right]^{+} & r > 1 \end{cases}$$

$$(10-16)$$

此时，医院 j 的短缺量为：

$$S_{j,k}^{t} = \left(D_{i,k}^{t} - \sum_{r} x_{i,k,r}^{t} - T_{i,k}^{t+} \right)^{+} = \left(D_{i,k}^{t} - \sum_{r} x_{i,k,r}^{t} + T_{ji,k}^{t+} \right)^{+} = 0$$

$$(10-17)$$

第二种情况，$\sum_{r} x_{i,k,r}^{t} - D_{i,k}^{t} < 0 \ (i = 1, 2, 3, \cdots)$。即第 t 期，所有医院均发生 k 型血小板短缺，因此不会发生转运，$T_{i,k}^{t} = 0$。医院此时的库存状态可表示为：

$$x_{i,k}^{t++} = \{ x_{i,k,1}^{t++}, x_{i,k,2}^{t++}, \cdots, x_{i,k,r}^{t++}, \cdots, x_{i,k,M}^{t++} \}$$
$$= \{ x_{i,k,1}^{t+}, x_{i,k,2}^{t+}, \cdots, x_{i,k,r}^{t+}, \cdots, x_{i,k,M}^{t+} \}$$

医院的短缺量为：

$$S_{i,k}^{t} = \left(D_{i,k}^{t} - \sum_{r} x_{i,k,r}^{t} - T_{i,k}^{t} \right)^{+} = \left(D_{i,k}^{t} - \sum_{r} x_{i,k,r}^{t} \right)^{+}$$

$$(10-18)$$

第三种情况，$\sum_{r} x_{i,k,r}^{t} - D_{i,k}^{t} > 0 \ (i = 1, 2, 3, \cdots)$。即第 t 期，所有医院均存在 k 型血小板剩余，因此同样无转运发生，$T_{i,k}^{t} = 0$。医院此时的库存状态同第二种情况，短缺量为 0。

若转运后医院仍存在未被满足的需求，则考虑不同血型血小板的替代使用问题。替代具有一定的优先级（见表 10 – 1）[10]。"1"表示替代优先级最高，"8"为最低，"—"表示两种血型之间不存在替代关系。临床应首先采用高优先级血型。医院 i 的血型替代将替代至 k 型血小板不再短缺或可替代血型 l 的库存为 0。

表 10 – 1　　　　　　　　　血型替代优先级

替代血型	被替代血型							
	AB +	AB –	B +	B –	A +	A –	O +	O –
AB +	1	—	—	—	—	—	—	—
AB –	2	1	—	—	—	—	—	—
B +	3	—	1	—	—	—	—	—
B –	4	2	2	1	—	—	—	—
A +	5	—	—	—	1	—	—	—
A –	6	3	—	—	2	1	—	—
O +	7	—	3	—	3	—	1	—
O –	8	4	4	2	4	2	2	1

若转运后医院 i 存在 k 型血小板短缺，则找出 k 型血的可替代血型 $\{l_a, l_b, \cdots, l_n | l \in BS_k\}$。若 $\sum_r x_{i,l,r}^{t++} > 0$，$l \in BS_k$，则按替代优先级顺序，依次对 k 型血小板进行替代，替代量可表示为：

$$H_{i,l_a k}^t = \min(S_{i,k}^t, \sum_r x_{i,l_a,r}^{t++})，l_a \in BS_k \quad (10-19)$$

若 $H_{i,l_a k}^t = S_{i,k}^t$，则 i 型血小板替代完毕，否则：

$$H_{i,l_b k}^t = \min(S_{i,k}^t - H_{i,l_a k}^t, \sum_r x_{i,l_b,r}^{t++})，l_b \in BS_k \quad (10-20)$$

依次计算，直至：

$$\sum_l H_{i,lk}^t = S_{i,k}^t，l \in \{l_a, l_b, \cdots, l_n | l \in BS_k\} \quad (10-21)$$

或对可替代血型均存在 $\{l_a,\ l_b,\ \cdots,\ l_n\,|\,l \in BS_k\}$，$\sum\limits_r x_{i,l,r}^{t++} -$
$H_{i,lk}^t = 0$，此时：

$$\sum_l H_{i,lk}^t = \sum_l \left(\sum_r x_{i,l,r}^{t++} \right),\ l \in \{l_a,\ l_b,\ \cdots,\ l_n\,|\,l \in BS_k\}$$

$$(10-22)$$

其中，$H_{i,lk}^t$ 表示第 t 期医院 i 的 l 型血小板对 k 型血小板的替代量。

完成替代后，医院 i 的被替代血型 k 与替代血型 l 的库存状态存在两种情况。

第一种情况：对发生短缺的 k 型血小板，替代后期其库存可能不再短缺，也可能仍然短缺。不论是否短缺，其库存状态均可更新为：$x_{i,k}^{t+++} = \{ x_{i,k,1}^{t+++},\ x_{i,k,2}^{t+++},\ \cdots,\ x_{i,k,r}^{t+++},\ \cdots,\ x_{i,k,M}^{t+++} \}$，$x_{i,k,r}^{t+++} = 0$。若其库存仍然短缺，其最终短缺量为：

$$S_{i,k}^{t+} = (S_{i,k}^t - H_{i,lk}^t)^+ \qquad (10-23)$$

第二种情况：对可替代的 l 型血小板，完成替代后，其库存可能为 0，也可能有余量。执行替代后，l 型血小板的短缺量均为 0。若其仍有余量，其库存状态可更新为 $x_{i,l}^{t+++} = \{ x_{i,l,1}^{t+++},\ x_{i,l,2}^{t+++},\ \cdots,$ $x_{i,l,r}^{t+++},\ \cdots,\ x_{i,l,M}^{t+++} \}$，其中：

$$x_{i,l,r}^{t+++} = \begin{cases} (x_{i,l,r}^{t++} - H_{i,lk}^t)^+ & r = 1 \\[2mm] \left[x_{i,l,r}^{t++} - \left(H_{i,lk}^t - \sum\limits_{m=1}^{r-1} x_{i,l,m}^{t++} \right)^+ \right]^+ & r > 1 \end{cases}$$

$$(10-24)$$

之后再取出过期血小板，医院 i 的库存状态可更新为：

$$x_{i,l}^{t++++} = \{ x_{i,l,1}^{t++++},\ \cdots,\ x_{i,l,r}^{t++++},\ \cdots,\ x_{i,l,M-1}^{t++++},\ x_{i,l,M}^{t++++} \}$$

$$= \{ x_{i,l,2}^{t+++}, \cdots, x_{i,l,r+1}^{t+++}, \cdots, x_{i,l,M}^{t+++}, 0 \} \qquad (10-25)$$

完成库存状态更新后，医院将进行补货。本书将采用 OIR（Old - Inventory - Ratio）补货策略。该策略是由段等[220]提出的一种基于最大库存策略的进化库存策略。段等证明了在供应可靠环境下，OIR 策略优于最大库存策略[220]。在 OIR 库存策略下，医院将首先依据传统最大库存策略设置一个最大库存水平，并以此为基础向血液中心发出补货订单。其次，将盘点其现有库存中的"陈"血小板，若"陈"血小板库存量占总库存的比例大于一个给定的阈值 δ，则会导致额外补货。段等认为，剩余保质期为 1 天和 2 天的血小板属于"陈"的。且他们证明了该定义要比仅把剩余保质期为 1 天或者 1~3 天的血小板定义为"陈"的效果要好[216]。根据段的研究，医院的 OIR 补货策略可描述为：

$$\text{If } x_{i,k}^{t++++} < SS_{i,k}^{t} \quad \text{then } Q_{i,k}^{t} = SS_{i,k}^{t} - x_{i,k}^{t++++} \qquad (10-26)$$

$$\text{If } \sum_{r=1}^{2} x_{i,k}^{t++++} / \sum_{r=1}^{5} x_{i,k}^{t++++} \geq \delta \quad \text{then } Q_{i,k}^{t} = SS_{i,k}^{t} - x_{i,k}^{t++++} + \sum_{r=1}^{2} x_{i,k}^{t++++}$$

$$(10-27)$$

式中，$SS_{i,k}^{t}$ 表示医院 i 第 t 期的 k 型血小板最大库存水平。

第五节　系统仿真与分析

一、仿真平台

本书依托 AnyLogic-professional - 8.7.0 软件进行 ABM + SD 的

混合建模与仿真。基于上述耦合模型与血液供应链系统总体结构的分析，依据 AnyLogic 平台的仿真要求，完成模型构建，包括搭建模型中的状态图、行动图、设置相关变量、参数等。

下面以血液中心 Agent 为例介绍建模过程，其模型构建见图 10 - 4。血液中心 Agent 模型构建中包括参数、集合、变量、行动图、Source 模块。其中参数描述血液中心初始库存、集合描述各血型在保血小板、变量描述各血型血小板的过期量、短缺量、运输成本、持有成本。行动图主要包括血液分配事件与反馈事件。Source 模块描述了血液中心 Agent 血小板的到达与输送状态。

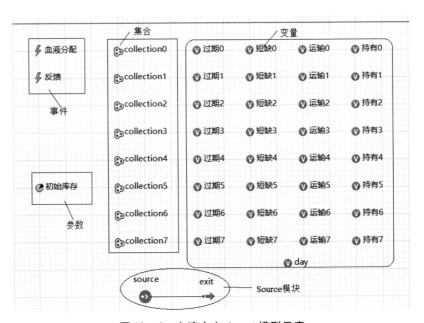

图 10 - 4　血液中心 Agent 模型示意

二、模型检验

以 2019 年 2 月 7～20 日，重庆市主城区 27 家医院与重庆市血液中心的相关数据为基础构造验证模型。系统中存在一家血液中心，其单位血小板持有成本为 800 元，运输成本为 600 元。初始设定 30 个血小板献血者，献血者就近选择献血车献血。每位献血者的捐献量为一个治疗量。献血车对无偿献血者的健康状况进行初筛，合格比率为 95%。血小板保质期为 5 天。医院 Agent 订货提前期为 1 天。其单位血小板持有成本、运输成本以及血小板保质期同血液中心 Agent。结合专家小组打分与自制"无偿献血意愿"调查问卷，对 SD 模型的主要参数设置见表 10－2。

表 10－2   SD 子模型运行主要参数

参数名称	参数值
各级机构协同度	70.5
采供血机构公信力	65.28
采供血机构处理能力	76.37
采供血机构网站新闻数量	5
事件影响力	0.7
民众好奇心	43.28
媒体新闻数量	84
公众性别	48
公众教育背景	60
公众献血经历	25

仿真时间步长为"天"，决策周期为"周"，进行为期 14 天

（2 周）的模拟和验证。结果表明（见图 10 - 5），仿真周期内每日采血量模拟精度约为 82.18%，最小误差为 3.03%，大致反映了紧缺情境下血小板采集量的变化趋势。

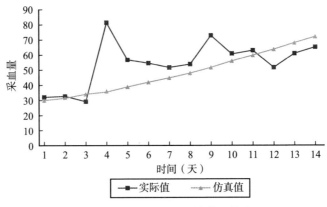

图 10 - 5　每日采血量的模拟精度

三、仿真分析

模型检验通过后，构造仿真模型，进行为期 182 天（26 周）的仿真。主要 Agent 设置参数如下。献血者 Agent：初始设定 70 个血小板献血者，其将就近选择献血车参与无偿献血，每位献血者的捐献量为一个治疗量。献血车 Agent：献血车对无偿献血者的健康状况进行初筛，合格比率为 95%。血液中心 Agent：初始设定一家血液中心，其单位血小板持有成本为 800，运输成本为 600，血小板保质期为 5 天。医院 Agent：初始设定 6 家医院，订货提前期为 1 天，其单位血小板持有成本、运输成本以及血小板保质期同血液中心 Agent。

运行模型，以四种 Rh 阳性血为例，得到血液中心 Agent 和医院 Agent 的每日在保血小板的变化趋势图（见图 10 - 6 和图 10 - 7）。

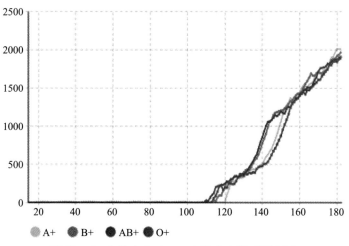

● A+　● B+　● AB+　● O+

图 10 - 6　血液中心 Agent 在保血小板时间序列

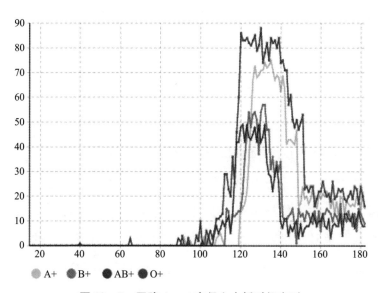

● A+　● B+　● AB+　● O+

图 10 - 7　医院 Agent 在保血小板时间序列

由图 10－6 和图 10－7 可知，血液中心 Agent 和医院 Agent 的在保血小板时间序列为震荡序列，由以医院 Agent 的该特征最为显著。根据目前仿真周期内的在保血小板变化趋势，很难预测其后的波形走向，更难把握其具体数值。具体来看，血液中心 Agent 的在保血小板约在 140 天以后开始迅速增长，医院 Agent 的在保血小板约在 120 天以后迅速增长，但在 140 天以后开始回落。原因在于，在献血者逐步增多的情况下，血液中心与医院的血液短缺得到了有效缓解，在保血小板开始增多。但由于医院的补货需求包括对"陈"血小板的额外补货，因此血液中心对医院的分配除满足每日用血需求外仍有部分剩余，从而导致医院的在保血小板先于血液中心迅速增长。而后期在保血小板的回落是大量过期所致。

血小板的短缺量、过期量、持有成本、运输成本作为血液中心 Agent 与医院 Agent 的重要绩效指标，直接反映了血液供应链系统复杂自适应的总体特征。血液中心 Agent 的上述指标仿真分析结果见图 10－8 ~ 图 10－11，医院 Agent（以医院 1 为例）见图 10－12 ~ 图 10－15。

由图 10－8 和图 10－9 可知，血液中心 Agent 的短缺量约在 120 天左右趋于 0，过期量在约 140 天以后开始逐步增长。这也与血液中心在保血小板的变化趋势相吻合。随着"血荒"事件的发酵，公众的无偿献血保持度较血液紧缺初期有了巨大提高，献血者人数也随之迅速增长。而约在 120 天以后血液中心的库存基本能满足医院 Agent 的补货需求，此后献血者人数的持续增长则会导致血液中心大量血小板的过期报废。同理，医院 Agent 的短缺

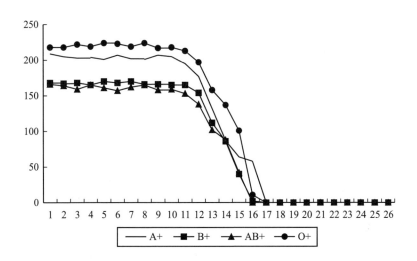

图 10 - 8　血液中心 Agent 短缺量时间序列

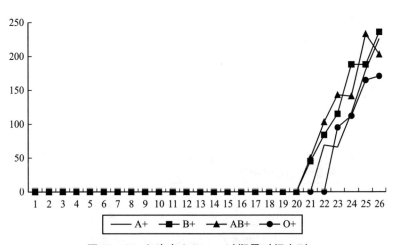

图 10 - 9　血液中心 Agent 过期量时间序列

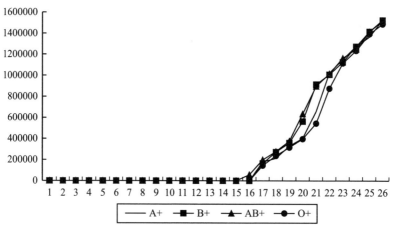

图 10 - 10　血液中心 Agent 持有成本时间序列

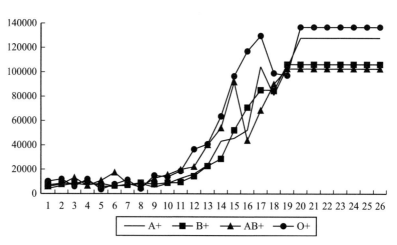

图 10 - 11　血液中心 Agent 运输成本时间序列

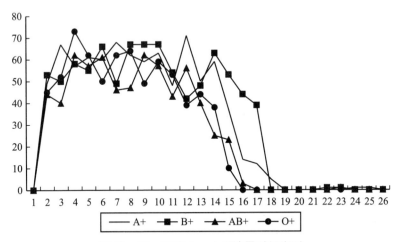

图 10 - 12　医院 Agent 短缺量时间序列

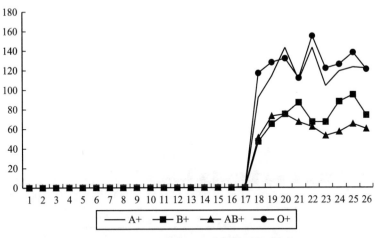

图 10 - 13　医院 Agent 过期量时间序列

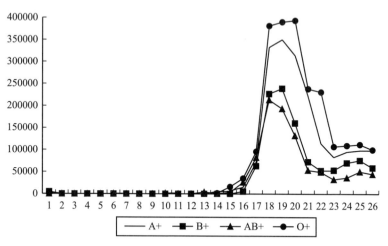

图 10 – 14　医院 Agent 持有成本时间序列

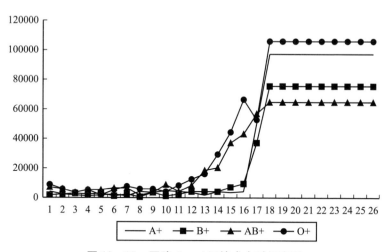

图 10 – 15　医院 Agent 运输成本时间序列

量与过期量变化趋势与血液中心类似。此外，无论是血液中心还是医院，尽管其短缺量大体呈现下降趋势，过期量呈现上升趋势，但在仿真周期内，上述指标仍然在有升有降的波动中，尤以医院的波动最为显著，原因在于医院 Agent 还额外存在转运决策与替代决策，这也恰好反映了供应链系统中血液中心 Agent 与医院 Agent 的自适应调整过程。由图 10 - 10 和图 10 - 11 可知，血液中心 Agent 的运输成本波动幅度明显大于持有成本。一方面，在宏观调控的作用下，献血者人数在实时变化，导致了血液中心每日的血小板采集量与运输成本变化大。另一方面，在血液紧缺情境下，血液中心当日采集的血小板将被立即完成分配，满足医院的补货需求，导致血液中心在事件初期的血小板库存趋于 0，其持有成本也维持在较低水平；而随着后期献血者人数的增多，其持有成本才随在保血小板的增多而上升。由图 10 - 14 和图 10 - 15 可知，医院前期的持有成本趋于 0，后期上升至一定程度后开始回落。原因在于，前期血液紧缺，库存血小板用于满足临床用血需求后并无剩余；后期献血者增多后，逐步开始有盈余库存，持有成本也随之上升。但受医院最大库存及血小板保质期的约束，持有成本开始回落。运输成本方面，前期成本较低且变化大，后期成本较高且趋于稳定。这是由于医院每日的临床用血需求不均衡，加之考虑了血小板库龄结构，以及临床对血小板新鲜度的要求而采用了 OIR 补货策略，导致医院的补货需求变化大。且受血液紧缺影响，运输成本维持在较低水平。而后期血小板库存增多，且库龄结构较为均衡，因此运输成本随补货需求的变化而趋于稳定。

四、敏感性分析

下面将分析不同因素对血液紧缺背景下供应链系统核心绩效指标的影响。我们将采用仿真周期内血小板的短缺率和过期率作为核心指标，其中，短缺率描述的是无法被库存血小板所满足的需求占总需求的比例，反映了系统保障血小板供应的程度；过期率描述的是过期报废的血小板占订货量的比例，反映了供应链系统的运行效率。我们将以 O + 血型为例展开敏感性分析，其中，短缺率和过期率取全仿真周期的均值。

（一）事件影响力与初始献血者人数的敏感性分析

血液的唯一来源是人体，献血者人数从源头直接影响供应链系统的绩效。为此，我们针对事件影响力与初始献血者人数变化，对血液中心 Agent 短缺率和过期率的影响进行敏感性分析，结果见图 10 – 16。

由图 10 – 16 可知，一方面，随着事件影响力的提升，血液中心 Agent 的短缺率在不断降低，而过期率在不断提升。但当事件影响力提升至一定程度后，短缺率的降速开始放缓，而过期率的涨速开始提升。这意味着伴随"血荒"事件的发酵，越来越多的公众意识到事件的严肃性而加入献血者队伍，但当后期血液紧缺困境得到显著缓解后，血液中心的库存血小板增多，而医院的每日用血需求虽不均衡，但并不会出现巨大波动，因此后期献血者人数的增多对于短缺率的降低效果并不显著，反而会导致血液

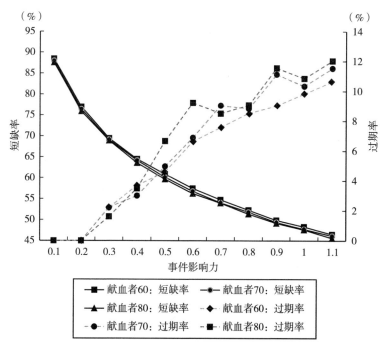

图 10 - 16　事件影响力与初始献血者人数的敏感性分析

中心血小板的大量囤积浪费。另一方面，当固定事件影响力提升时，初始献血者人数的增多对于降低短缺率、提升过期率的作用并不明显。只有当事件影响力达到较高水平时，初始献血者的增多才明显提高了过期率。这是由于在宏观调控系统中，献血者人数受无偿献血者保持度影响，而无偿献血者保持度又受多个因素共同作用，而初始献血者人数作为单一因素对系统整体作用较小，故其对血液中心核心绩效指标的影响并不显著。因此，在血液紧缺情境下，血液中心需实时关注自身的库存结构以及医院补货需求的变化。当血液紧缺困境得到明显缓解后，应及时采取相应调控措施，控制献血者人数的持续上涨，力求在尽可能降低短缺的情况下，减少血小板的过期浪费。

（二） 血型替代策略的敏感性分析

紧急情况下，医院 Agent 将按照中国医师协会输血科医师分会/中华医学会临床输血学分会制定的《特殊情况紧急抢救输血推荐方案》，执行血型替代策略。为分析替代策略是否对医院 Agent 的核心绩效指标产生影响，固定血小板保质期为 5 天，探究不同库存水平下，血型替代策略对医院 Agent 短缺率和过期率的影响。结果见图 10 – 17。

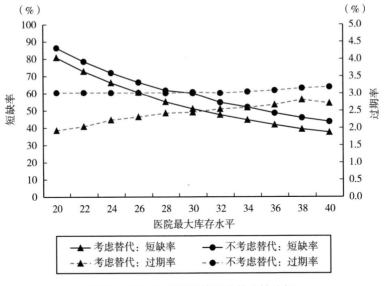

图 10 – 17　血型替代策略的敏感性分析

由图 10 – 17 可知，采用血型替代策略可有效降低医院 Agent 的短缺率与过期率。但当最大库存水平提高至一定程度后，采取血型替代策略对医院 Agent 过期率的降低效果不再显著。这是由于血液紧缺困境逐步得到缓解后，各血型血小板库存能基本满足临床用血需求，不再需要通过各血型间的兼容替代来降低短缺率。而此时最大库存水平的持续提升会造成血小板的囤积；即使采用了血型替代策略，也不再能显著降低医院 Agent 的过期率。

（三）医院最大库存水平与保质期的敏感性分析

血小板的保质期一般为 3～5 天，加之医院 Agent 采用的是 OIR 补货策略，因此保质期与最大库存水平的变化会对医院的核心绩效指标产生较大影响。对此，我们将在不同保质期下，探究医院最大库存水平的变化对医院 Agent 短缺率和过期率的影响。结果见图 10－18。

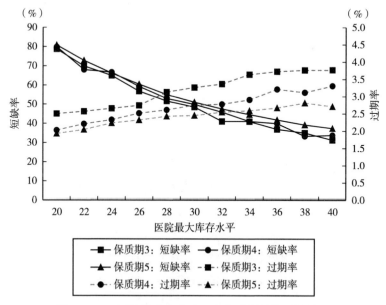

图 10－18 医院最大库存水平与保质期的敏感性分析

由图 10 - 18 可知，医院 Agent 的短缺率随最大库存水平的提升而降低，过期率随最大库存水平的提升而提升。短缺率的下降在不断放缓，过期率的上升呈现稳定趋势。这是因为医院最大库存水平的提升，使得在血液紧缺困境逐步缓解后，医院的血小板库存足以满足临床用血需求，甚至出现盈余。但临床用血需求并不会陡增，因此，最大库存水平的持续提升并不能使短缺率的降速保持不变甚至提升，反而会造成血小板的过期浪费。当固定医院最大库存水平时，保质期越短，短缺率越低，过期率越高，但保质期的缩短对于短缺率的降低效果并不显著。这是因为，保质期缩短导致血小板迅速过期，医院的补货订单也随之增多，库存流动性得以提升，短缺率有所降低。但鉴于血液紧缺的背景，尽管医院的补货需求变大，但前期血液中心并无足够的血小板予以满足其需求，因而综合整个仿真周期而言，保质期的缩短对于短缺率的降低作用较小。对此，医院要把握临床用血需求变化，监测库存血小板的新鲜度，设置合理的库存水平。如有必要，医院还可根据血液紧缺事件的发展趋势设置动态库存水平，以更好满足用血需求，并降低血小板过期率。

本 章 小 结

本章从 CAS 角度构建了基于 ABM 耦合 SD 的四级血液供应链系统智能仿真模型。利用该模型模拟了微观献血者 Agent、采血车 Agent、血液中心 Agent 和医院 Agent 在血液紧缺背景下的自适应行为，并通过献血者 Agent 耦合至 SD 模型，进而确定无偿献血者人数，并将血液中心 Agent 的绩效结果涌现至血液采集子系统中，通过调整事件影响力及短缺血型的采集量，影响无偿献血者保持度，达到缓解血液紧缺的目的。通过对供应链系统特征及主要节点绩效指标的分析，得到如下主要结论：（1）医院 Agent 的在保血小板先于血液中心 Agent 迅速增长。就关键绩效指标而言，血液中心 Agent 的短缺量约在 120 天后趋于 0，过期量约在 140 天后迅速增长，运输成本波动幅度明显大于持有成本；医院 Agent 短缺量、过期量变化趋势类似于血液中心 Agent，持有成本上升至一定程度后开始回落，运输成本前期较低且变化大，后期成本较高且趋于稳定。（2）对血液中心 Agent 而言，把握血液紧缺事件的发展趋势，并关注自身的库存结构与医院补货订单的变化，及时调整宏观干预的方式与力度，应是其关注的重点。（3）对医院 Agent 而言，应掌握临床用血需求的变化，结合自身库存结构，设置合理最大库存水平，以缓解血液紧缺困境。（4）在血液紧缺时期，执行血型替代策略可有效降低医院 Agent 的短缺率与过期率。本章研究成果有助于血液供应链重要节点进行决策与控制，对提高供应链绩效以缓解"血荒"困境具有一定的指导意义。

未来研究可考虑交叉配型过程，也可针对不同成分血的异质需求，深入探究成分血供应链保障绩效动态演进机理及绩效提升机制问题。

结　　论

一、研究工作总结

血液保障对于维护人民的生命健康安全具有重大价值。不确定环境下的血液供应链决策是一项复杂的系统工程，涉及问题众多。本书着力于研究血液供应链运作决策建模、优化与仿真的若干关键问题。这些问题基于不同情景、供应链管理的不同阶段来研究如何提高血液保障能力。

本书的主要研究内容总结如下：

（一）基于随机 p-鲁棒优化的国家血液战略储备库选址-库存问题

本书将国家血液战略储备库网络优化问题定义为选址-库存问题。首先，以应急条件下血液保障及时度最高为目标，构建了一个不确定环境下考虑多情景、多血型、多阶段、带提前期、有容量限制、日常随机需求、有预算约束及协同定位的国家血液战略储备库选址-库存模型。其次，为了规避应急条件下的不确定风险，进一步构建了国家血液战略储备库选址-库存问题的随机

p－鲁棒优化模型。该模型为离散非线性混合整数规划模型，难以快速精确求解。故基于模型性质，设计了相应的遗传算法。最后，设计了两组算例验证模型与算法的有效性。其中，第1组算例基于我国31个省级血液中心与省级行政区的数据（不含港澳台地区），并根据不同预算值给出6个算例，得到了国家血液战略储备库的选址－库存决策方案。第2组算例为6个不同规模的模拟算例，用来测试不同规模下的算法性能。算例结果表明：遗传算法的性能更好；鲁棒解与确定性模型最优值相差不大（最大差距≤1.08%），可降低不确定性导致的风险。实践中，可对本章所建模型稍作改进，应用于具有类似特征的易腐品（药品、粮食等）应急物资储备库选址－库存决策。

（二）不确定环境下采血点定位－资源配置集成决策的鲁棒优化问题

考虑区域人流量、献血活跃度等因素对采血点权重的影响，基于广义最大覆盖模型，建立了一个以覆盖权重最大为目标的采血点定位－资源配置集成决策模型。在此基础上，采用鲁棒优化技术处理可用献血车、人员和设备等参数的不确定性，建立相应的鲁棒优化模型。针对模型特点，设计了一种改进的灰狼优化算法。通过数值模拟，并与传统灰狼优化算法、粒子群算法比较，验证了改进灰狼优化算法的有效性。

（三）考虑转运、替代与公平关切的应急血液调度优化问题

为应对血液短缺困境，提高血液使用效益，本章面向血液中

心－医院的两级供应链系统，建立应急血液产品的调度优化模型。首先，采用改进的模糊聚类方法计算不同需求点的血液需求优先度，刻画不同医院的血液需求优先权重；其次，综合考虑转运策略和替代策略对血液调配决策的影响，以区域整体的血液调度效益最大化为目标，构建应急血液调度优化模型；最后，通过数值计算与敏感性分析，为应急血液保障决策提供参考。

（四）考虑生命周期、转运与分配的血液供应链运作优化问题

针对血荒状态下血液库存控制问题的特性，研究了血液供应链的动态决策问题。首先，基于递归方程，给出了 FIFO、LIFO 库存发出策略下的新鲜血液需求与任意寿命血液需求的血液库存状态转移方程，得到血液过期量、缺血量等关键指标的数学表达式，并提出一种基于 EWA 策略的血液采集决策方法。其次，以转运时间最短、运送血液的新鲜度最大为目标构建血液转运决策优化模型；以公平性最好，总体短缺量最小为目标建立具有多类优先级需求与公平性关切的分配规划模型；并根据模型特征设计一个离散事件系统仿真框架。最后，通过数值仿真验证决策方法以及 EWA 库存策略的有效性。结果表明安全库存量、目标库存水平、需求的波动幅度等对血液库存控制效果均有重要影响。

（五）突发公共卫生事件应急血液两阶段转运－分配决策多目标优化

基于重大突发公共卫生事件血液供应链的特点，提出应急血

液制品的两阶段转运－分配问题。首先，在疫情发展的第一阶段，由于人员流动受到严格限制，主动献血人数大大减少，导致疫区自采血渠道基本中断，导致受灾血站的库存只能从外部出救血站补充。在第二阶段，考虑到疫情风险水平降低，低风险地区受灾血站的库存不仅可从外部出救血站补充，还可以从当地采血活动中进行部分补充。其次，针对这一情景，以最大限度地提高转运血液的质量、最大化血液需求的满意度、最小化总成本为目标构建多目标优化模型。最后，通过对所提模型的分析，提出一种改进的具有贪婪搜索规则的整数编码混合多目标鲸鱼优化算法，以解决所提出的多目标优化问题。数值仿真结果表明，所提出的混合多目标鲸鱼优化算法的性能优于非支配排序遗传算法、多目标差分进化算法和多目标灰狼优化算法。数值结果还表明，两阶段决策在所有目标上均优于单阶段一次性决策。

（六）突发公共卫生事件应急血液转运－分配决策的双层规划问题

针对重大突发公共卫生事件后的紧急情况特点，提出重大公共卫生事件下的多血型血液转运－分配模型。首先，构建多出救血站、多疫区血站、多运输方式、多血型的跨域血液转运－分配网络的双层规划模型。上层目标为系统总成本最小，下层目标为考虑需求紧迫度的分配满意度总和最大。该模型反映了血液转运的合理安排、血液分配的满意度、血站在医院应急血液分配中的有效性，并降低了包括缺血惩罚成本在内的系统成本。为减少缺血量，模型也考虑了血型替换策略。其次，由于双层规划计算比较复杂，引入一种基于互补松弛定理的原始－对偶算法，将双层规划问题转化为标准规划问题进行求解。最后，以新冠疫情为背景构造数值仿真算例，验证了模型和求解策略的有效性和可行性。在 2020 年新冠疫情暴发初期，政府主导了大规模的跨地区血液转运行动，从实际情况来看，这些行动在一定程度上缓解了受影响地区的血液紧缺程度。今后，政府相关部门可以进一步发展和完善血液转运与分配体系，在紧急情况下合理有效地开展相关行动，最大限度地减少血液短缺。

（七）突发公共卫生事件采血点定位－排队决策优化

基于新冠疫情背景，本书提出一个新的采血点定位－排队问题。首先，经过研究发现，现有文献少有考虑献血者在采血点的拥挤情况，但在实际献血过程中，采血点可能会因为献血者的到来而产生拥挤现象，从而导致献血过程的效率降低，而排队理论是解决这类问题的有效工具。其次，以最小总成本和最大志愿者满意度（即最小等待时间）为目标，提出了一个双目标多周期混合整数非线性规划模型。最后，通过对模型进行分析，提出了一种基于反编译带混沌映射和自适应收敛因子的改进多目标灰狼优化算法来解决这个多目标问题。数值仿真结果表明，与 NSGA－Ⅱ、MOPSO、MOWOA、MOChOA 和 MOGWO 相比，改进后的 MOGWO 算法总体性能更优。

（八）基于系统动力学的震后应急血液保障绩效评估与仿真

基于大规模地震场景，以血液为研究对象，基于血液保障特点将血液供应端划分为血液采集与血液转运两个子系统，将血液保障绩效的主要指标描述为累积血液缺口量，构建了震后应急血液保障绩效评估的系统动力学模型。然后以汶川地震为例构建模型进行现实性检验，结果表明，构建的模型可以很好地模拟汶川地震发生后的应急血液保障绩效状况。在此基础上，设计仿真模型，选择血液供应端与需求端的若干关键变量进行敏感性分析，研究不同变量对震后应急血液保障绩效的影响，希望从中得出一些有用的管理启示，为政府制定应急血液保障措施提供决策借鉴。

（九）基于 ABM + SD 混合仿真的血液供应链绩效演进与评价

针对紧缺情景下的血液供应链绩效演进与评价问题，提出ABM + SD 耦合的绩效演进与评价模型。模型以血小板为对象，考虑了宏观环境调控对献血者人数的影响，以及血小板的多库龄信息分布特征。现实性检验验证了模型的有效性。系列敏感性分析结果表明：血液中心 Agent 和医院 Agent 存在自适应调整过程；提高血液紧缺事件的影响力和初始献血者人数能降低血液中心的短缺率，但也会同时提高过期率；血型替代策略能有效降低医院 Agent 的短缺率和过期率；提高最大库存水平和缩短血小板保质期能降低医院 Agent 的短缺率，但对降低整个仿真周期的短缺率作用不显著。研究结果有助于采供血机构优化血液供应链决策与控制，可为采供血机构完善血液保障体系提供决策借鉴。

二、研究展望

本书有待进一步深入解决的问题：

（1）在本书基础上，进一步考虑成分血的多源、多品种、复杂异质随机需求信息等因素，研究成分血生产－库存、供需匹配及其集成动态优化问题。

（2）破解"血荒"难题，除了改进血液供应链运作绩效，还应从根本上完善血液保障体系，特别是构建和创新无偿献血招募机制。应从源头、过程、末端等各环节采取综合措施，做到标本兼治。

（3）在新冠疫情等重大突发公共卫生事件的影响下，我国的血液保障面临新的难题，亟待理论界和实务界进一步深入研究新形势下的血液保障问题，以高质量地满足临床用血需求。

参 考 文 献

［1］ DUTTA P, NAGURNEY A. Multitiered blood supply chain network competition: Linking blood service organizations, hospitals, and payers ［J］. Operations Research for Health Care, 2019, 23: 1 – 17.

［2］ POLITIS C, RICHARDSON C, HASSAPOPOULOU – MATA-MIS H, et al. Strategies for blood collection and optimization of the blood supply chain during the COVID – 19 pandemic in Greece ［J］. ISBT Science Series, 2020, 15 （4）: 386 – 392.

［3］ HOSSEINIFARD Z, ABBASI B, FADAKI M, et al. Post-disaster volatility of blood donations in an unsteady blood supply chain ［J］. Decision Sciences, 2020, 51 （2）: 255 – 281.

［4］ OSORIO A F, BRAILSFORD S C, SMITH H K. A struc-tured review of quantitative models in the blood supply chain: a taxo-nomic framework for decision-making ［J］. International Journal of Pro-duction Research, 2015, 53 （24）: 7191 – 7212.

［5］ GOYAL S K, GIRI B C. Recent trends in modeling of dete-riorating inventory ［J］. European Journal of Operational Research, 2001, 134 （1）: 1 – 16.

［6］ ZHOU Y F, ZOU T G, LIU C S, et al. Blood supply chain operation considering lifetime and transshipment under uncertain environment ［J］. Applied Soft Computing, 2021, 106 (5)： 1 – 16.

［7］ WANG K M, MA Z J. Age-based policy for blood transshipment during blood shortage ［J］. Transportation Research Part E： Logistics and Transportation Review, 2015, 80： 166 – 183.

［8］ ALBDULWAHAB U S. Blood platelet bank inventory management： an approximate dynamic programming approach ［D］. Toronto： Ryerson University, 2015.

［9］ ZAHIRI B, TORABI S A, MOUSAZADEH M, et al. Blood collection management： Methodology and application ［J］. Applied Mathematical Modelling, 2015, 39 (23)： 7680 – 7696.

［10］ 周愉峰, 马祖军. 考虑血型替代策略的紧缺血液采集优化 ［J］. 工业工程, 2016, 19 (5)： 1 – 9.

［11］ 马祖军, 周愉峰. 大规模突发事件应急血液采集动态模型 ［J］. 系统工程学报, 2017, 32 (1)： 125 – 135.

［12］ MANSUR A, MAR'AH F I, AMALIA P. Platelet inventory management system using monte carlo simulation ［C］//IOP Conference Series： Materials Science and Engineering IOP Publishing, 2020, 722 (1)： 1 – 6.

［13］ DALALAH D, ALKHALEDI K. An Optimization of red blood cell inventory： a blood-type compatibility-preference and emergency model ［J］. International Transactions in Operational Research, 2023, 30 (1)： 239 – 272.

［14］ MILLARD R E. Effect of previous irradiation on the trans-
formation of blood lymphocytes ［J］. Journal of Clinic Pathol, 1965,
18：783 – 785.

［15］ NAHMISA S. Perishable inventory theory：A review ［J］.
Operations Research, 1982, 30（4）：680 – 708.

［16］ GREGORY P, PRASTACO S. Blood inventory manage-
ment：An overview of theory and practice ［J］. Management Science,
1984, 30（7）：776 – 800.

［17］ BELIËN J, FORCÉ H. Supply chain management of blood
products：A literature review ［J］. European Journal of Operational
Research, 2012, 217（1）：1 – 16.

［18］ PIRABÁN A, GUERRERO W J, LABADIE N. Survey on
blood supply chain management：models and methods ［J］. Computers
and Operations Research, 2019, 112：1 – 23.

［19］ SOHRABI M, ZANDIEH M, NADJAFI B A. Dynamic de-
mand-centered process-oriented data model for inventory management of
hemovigilance systems ［J］. Healthcare Informatics Research, 2021,
27（1）：73 – 81.

［20］ VAN ZYL G J J. Inventory control for perishable commodi-
ties ［R］. North Carolina State University Dept of Statistics, 1963.

［21］ KOPACH R, BALCIOGLU B, CARTER M. Tutorial on
constructing a red blood cell inventory management system with two de-
mand rates ［J］. European Journal of Operational Research, 2008,
185：1051 – 1059.

[22] BARON O, BERMAN O, PERRY D. Continuous review inventory models for perishable items ordered in batches [J]. Math Meth Oper Res, 2010, 72: 217 – 247.

[23] OLSSON F, TYDESJO P. Inventory problems with perishable items: Fixed lifetimes and backlogging [J]. European Journal of Operational Research, 2010, 202: 131 – 137.

[24] HOSSEINIFARD Z, ABBASI B. The inventory centralization impacts on sustainability of the blood supply chain [J]. Computers & Operations Research, 2018, 89: 206 – 212.

[25] CLAY N M, ABBASI B, EBERHARD A, et al. On the volatility of blood inventories [J]. International Transactions in Operational Research, 2018, 25 (1): 215 – 242.

[26] TEKIN E, GURLER U, BERK E. Age-based vs stock level control policies for a perishable inventory system [J]. European Journal of Operational Research, 2001, 134: 309 – 329.

[27] BROEKMEULEN R A C M, VAN DONSELAAR K H. A heuristic to manage perishable inventory with batch ordering, positive lead-times, and time-varying demand [J]. Computer & Operations Research, 2009, 36: 3013 – 3018.

[28] CIVELEK I, KARAESMEN I, SCHELLER – WOLF A. Blood platelet inventory management with protection levels [J]. European Journal of Operational Research, 2015, 243 (3): 826 – 838.

[29] DENIZ B, KARAESMEN I, SCHELLER – WOLF A. Managing perishables with substitution: inventory issuance and replenish-

ment heuristics [J]. Manufacturing & Service Operations Management, 2010, 12 (2): 319 – 329.

[30] HAMDAN B, DIABAT A. A two-stage multi-echelon stochastic blood supply chain problem [J]. Computers & Operations Research, 2019, 101: 130 – 143.

[31] DILLON M, OLIVEIRA F, ABBASI B. A two-stage stochastic programming model for inventory management in the blood supply chain [J]. International Journal of Production Economics, 2017, 187: 27 – 41.

[32] CHEN S, LI Y, ZHOU W. Joint decisions for blood collection and platelet inventory control [J]. Production and Operations Management, 2019, 28 (7): 1674 – 1691.

[33] ZAHIRI B, TORABI S A, MOHAMMADI M, et al. A multi-stage stochastic programming approach for blood supply chain planning [J]. Computers & Industrial Engineering, 2018, 122: 1 – 14.

[34] RAJENDRAN S, RAVINDRAN A R. Inventory management of platelets along blood supply chain to minimize wastage and shortage [J]. Computers & Industrial Engineering, 2019, 130: 714 – 730.

[35] ABDOLAZIMI O, MA J, SHISHEBORI D, et al. A Multi – Layer blood supply chain configuration and optimization under uncertainty in COVID – 19 pandemic [J]. Computers & Industrial Engineering, 2023, 182: 1 – 23.

[36] LUO Z, CHEN X. Blood order and collection problems with two demand classes and emergency replenishment [J]. Journal of

the Operational Research Society, 2021, 72 (3): 501 – 518.

［37］ LI Y, LIAO Y, HU X, et al. Lateral transshipment with partial request and random switching ［J］. Omega, 2020, 92: 1 – 15.

［38］ NAKANDALA D, LAU H, SHUM P K. A lateral transshipment model for perishable inventory management ［J］. International Journal of Production Research, 2017, 55 (18): 5341 – 5354.

［39］ LANG J C. Production and inventory management with substitutions ［M］. Springer – Verlag Berlin Heidelberg, 2010: 205 – 226.

［40］ DEHGHANI M, ABBASI B. An age-based lateral-transshipment policy for perishable items ［J］. International Journal of Production Economics, 2018, 198: 93 – 103.

［41］ DEHGHANI M, ABBASI B, OLIVEIRA F. Proactive transshipment in the blood supply chain: a stochastic programming approach ［J］. Omega, 2019, 98: 1 – 16.

［42］ NILOUFAR R, HADI G. A robust optimization model of the field hospitals in the sustainable blood supply chain in crisis logistics ［J］. Journal of the Operational Research Society, 2020, 72 (4): 1 – 26.

［43］ HAMDAN B, DIABAT A. Robust design of blood supply chains under risk of disruptions using Lagrangian relaxation ［J］. Transportation Research Part E: Logistics and Transportation Review, 2020, 134: 1 – 18.

［44］ KAMYABNIYA A, NOORMOHAMMADZADEH Z, SAURÉ A, et al. A robust integrated logistics model for age-based multi-group platelets in disaster relief operations ［J］. Transportation Research Part E：Logistics and Transportation Review, 2021, 152: 1 – 30.

［45］ KHALILPOURAZARI S, SOLTANZADEH S, WEBER G W, et al. Designing an efficient blood supply chain network in crisis: neural learning, optimization and case study ［J］. Annals of Operations Research, 2020, 289: 123 – 152.

［46］ 王恪铭, 马祖军. 应急血液多阶段转运优化 ［J］. 系统工程理论与实践, 2014, 34 (7): 1687 – 1696.

［47］ LANR H, SARKIES M, MARTIN J, et al. Equity in healthcare resource allocation decision making: A systematic review ［J］. Social Science & Medicine, 2016, 175 (12): 11 – 27.

［48］ DUMAS M B, RABINOWITZ M. Policies for reducing blood wastage in hospital blood banks ［J］. Management Science, 1977, 23 (10): 1124 – 1132.

［49］ SAPOUNTZIS C. Allocating blood to hospitals from a central blood bank ［J］. European Journal of Operational Research, 1984, 16 (2): 157 – 162.

［50］ NAGURNEY A, DUTTA P. Supply chain network competition among blood service organizations: a generalized nash equilibrium framework ［J］. Annals of Operations Research, 2019, 275 (2): 551 – 586.

［51］ RAMEZANIAN R, BEHBOODI Z. Blood supply chain network design under uncertainties in supply and demand considering social aspects ［J］. Transportation Research Part E, 2017, 104: 69 – 82.

［52］ KARADAǦ İ, KESKIN M E, YIǦIT V. Re-design of a blood supply chain organization with mobile units ［J］. Soft Computing, 2021, 25（8）: 6311 – 6327.

［53］ GHASEMI P, KHALILI H A, CHOBAR A P, et al. A new multiechelon mathematical modeling for pre-and postdisaster blood supply chain: robust optimization approach ［J］. Discrete Dynamics in Nature and Society, 2022, 2022: 1 – 10.

［54］ SEYFI – SHISHAVAN S A, DONYATALAB Y, FARROKHIZADEH E, et al. A fuzzy optimization model for designing an efficient blood supply chain network under uncertainty and disruption ［J］. Annals of Operations Research, 2023, 331（1）: 447 – 501.

［55］ LARIMI N G, AZHDARI A, GHOUSI R, et al. Integrating GIS in reorganizing blood supply network in a robust-stochastic approach by combating disruption damages ［J］. Socio – Economic Planning Sciences, 2022, 82: 1 – 19.

［56］ 郑忠伟, 蔡辉, 王蘩. 应急状态下的紧急血液保障和血液安全 ［J］. 中国输血杂志, 2008, 12（8）: 571 – 573.

［57］ 孟超. 考虑非常规突发事件应对的血液战略储备保障模式研究 ［D］. 成都: 西南交通大学, 2011.

［58］ 沈红艳. 非常规突发事件应急血液保障体系研究 ［D］. 成都: 西南交通大学, 2012.

［59］ 吴卫星, 杨宁, 栾尧. 突发事件时血液供应方式的探讨 ［J］. 中国输血杂志, 2006, 19（2）: 165 – 167.

［60］ 黎成, 宋斌, 吴卫星, 等. 紧急状态下血液保障体系

研究进展 [J]. 人民医院，2008，51（3）：135 – 136.

[61] 张敏，张玲. 基于失效情景的应急设施选址评估指标体系与模型 [J]. 中国管理科学，2016，24（11）：129 – 136.

[62] ZAHIRI B，MOUSAZADEH M，BOZORGI – AMIRI A. A robust stochastic programming approach for blood collection and distribution network design [J]. International Journal of Research in Industrial Engineering，2014，3（2）：1 – 11.

[63] SHA Y，HUANG J. The multi-period location-allocation problem of engineering emergency blood supply systems [J]. Systems Engineering Procedia，2012，5（4）：21 – 28.

[64] 周愉峰，马祖军，王恪铭. 应急物资储备库的可靠性 p – 中位选址模型 [J]. 管理评论，2015，27（5）：198 – 208.

[65] CHAIWUTTISAK P，SMITH H，WU Y，et al. Location of low-cost blood collection and distribution centres in Thailand [J]. Operations Research for Health Care，2016，9（6）：7 – 15.

[66] ZAHIRI B，PISHVAEE M S. Blood supply chain network design considering blood group compatibility under uncertainty [J]. International Journal of Production Research，2017，55（7）：2013 – 2033.

[67] SADJADI S J，MAKUI A，DEHGHANI E，et al. Applying queuing approach for a stochastic location-inventory problem with two different mean inventory considerations [J]. Applied Mathematical Modelling，2016，40（1）：578 – 596.

[68] ZHANG Z H，UNNIKRISHNAN A. A coordinated loca-

tion-inventory problem in closed-loop supply chain [J]. Transportation Research Part B: Methodological, 2016, 89 (7): 127 – 148.

[69] LI Y, GUO H, ZHANG Y. An integrated location-inventory problem in a closed-loop supply chain with third-party logistics [J]. International Journal of Production Research, 2017, 17 (9): 1 – 20.

[70] VAHDANI B, SOLTANI M, YAZDANI M, et al. A three level joint location-inventory problem with correlated demand, shortages and periodic review system: robust meta-heuristics [J]. Computers & Industrial Engineering, 2017, 109 (7): 113 – 129.

[71] DIABAT A, DEHGHANI E, JABBARZADEH A. Incorporating location and inventory decisions into a supply chain design problem with uncertain demands and lead times [J]. Journal of Manufacturing Systems, 2017, 43 (4): 139 – 149.

[72] QU H, LIN W, RUI L. A contrastive study of the stochastic location-inventory problem with joint replenishment and independent replenishment [J]. Expert Systems with Applications, 2015, 42 (4): 2061 – 2072.

[73] AMIRI – AREF M, WALID K, ZIED B. The multi-sourcing location inventory problem with stochastic demand [J]. European Journal of Operational Research, 2018, 266 (1): 72 – 87.

[74] RAYAT F, MIRMOHAMMAD M, BOZORGI – AMIRI. A bi-objective reliable location-inventory-routing problem with partial backordering under disruption risks: a modified AMOSA approach [J]. Applied Soft Computing, 2017, 59 (11): 622 – 643.

［75］彭春，李金林，王珊珊，等．多类应急资源配置的鲁棒选址 - 路径优化［J］.中国管理科学，2017（6）：143 - 150.

［76］商丽媛，谭清美.多分配枢纽站集覆盖问题的随机 P - 鲁棒优化模型及算法［J］.控制与决策，2014，29（8）：1517 - 1521.

［77］周愉峰.非常规突发事件应急血液保障优化关键问题研究［D］.成都：西南交通大学，2014.

［78］刘欢，徐中春，吴绍洪，等．基于 GIS 的中国地震灾害人口风险性分析［J］.地理科学进展，2012，31（3）：368 - 374.

［79］BOONMEE C，ARIMURA M，ASADA T. Facility location optimization model for emergency humanitarian logistics［J］. International Journal of Disaster Risk Reduction，2017，24：485 - 498.

［80］FARAHANI R Z，FALLAH S，RUIZ R，et al. OR models in urban service facility location：A critical review of applications and future developments［J］. European Journal of Operational Research，2019，276（1）：1 - 27.

［81］刘慧，张迪，冷凯君.考虑服务半径的电动汽车充电设施选址问题［J］.计算机集成制造系统，2020，26（8）：2180 - 2189.

［82］GUNPINAR S，CENTENO G. Stochastic integer programming models for reducing wastages and shortages of blood products at hospitals［M］. Elsevier Science Ltd，2015.

［83］FEREIDUNI M，SHAHANAGHI K. A robust optimization model for blood supply chain in emergency situations［J］. International

Journal of Industrial Engineering Computations, 2016, 7（4）：535 – 554.

［84］CHEN S, WANG C. Incorporating a bayesian network into two-stage stochastic programming for blood bank location-inventory problem in case of disasters［J］. Discrete Dynamics in Nature and Society, 2019, 2019（1）：1 – 28.

［85］HOSSEINI – MOTLAGH S M, SAMANI M R G, HOM-AEI S. Blood supply chain management：robust optimization, disruption risk, and blood group compatibility（a real-life case）［J］. Journal of Ambient Intelligence and Humanized Computing, 2020, 11（3）：1085 – 1104.

［86］黄剑. 博雅生物新增单采血浆站定位模型优化研究［D］. 南昌：江西财经大学, 2019.

［87］马祖军, 周愉峰. 国家血液战略储备库定位—库存问题［J］. 管理科学学报, 2018, 21（3）：54 – 68.

［88］周愉峰, 李志, 刘思峰. 基于随机 p – 鲁棒优化的国家血液战略储备库定位 – 库存模型［J］. 中国管理科学, 2018, 26（10）：52 – 63.

［89］GÜVENÇ Ş, HALDUN S, SEDEF M. Locational analysis for regionalization of turkish red crescent blood services［J］. Computers and Operations Research, 2005, 34（3）：692 – 704.

［90］NAGURNE Y A, MASOUMI A H, Yu M. Supply chain network operations management of a blood banking system with cost and risk minimization［J］. Computational Management Science, 2012, 9

（2）：205 - 231.

[91] SHIRAZI H, KIA R, GHASEMI P. A stochastic bi-objective simulation-optimization model for plasma supply chain in case of COVID - 19 outbreak [J]. Applied Soft Computing, 2021, 112：1 - 25.

[92] KHALILI - DAMGHANI K, TAVANA M, GHASEMI P. A stochastic bi-objective simulation-optimization model for cascade disaster location-allocation-distribution problems [J]. Annals of Operations Research, 2022, 309 (1)：103 - 141.

[93] 周愉峰，刘思峰，苏加福，等. 碳税政策下分销网络选址—路径问题的鲁棒优化 [J]. 计算机集成制造系统，2021，27 (4)：1167 - 1177.

[94] NAJAFI M, ESHGHI K, DULLAERT W. A multi-objective robust optimization model for logistics planning in the earthquake response phase [J]. Transportation Research Part E：Logistics and Transportation Review, 2013, 49 (1)：217 - 249.

[95] MIRJALILI S, SAREMI S, MIRJALILI S M, et al. Multi-objective grey wolf optimizer：A novel algorithm for multi-criterion optimization [J]. Expert Systems with Applications, 2015, 47：106 - 119.

[96] 陈闯，RYAD C，邢尹. 采用动态权重和概率扰动策略改进的灰狼优化算法 [J]. 计算机应用，2017，37 (12)：3493 - 3497.

[97] 何宇. 重庆市采供血机构服务能力研究 [D]. 重庆：重庆医科大学，2018.

［98］ NAJAFI M, AHMADI A, ZOLFAGHARINIA H. Blood inventory management in hospitals：considering supply and demand uncertainty and blood transshipment possibility ［J］. Operations Research for Health Care, 2017, 15：43 – 56.

［99］ ZONOUZI M N, KARGARI M. Modeling uncertainties based on data mining approach in emergency service resource allocation ［J］. Computers & Industrial Engineering, 2020, 145：1 – 10.

［100］李艳, 叶春明, 曹磊. 考虑伤情随机恶化的应急物资调度问题 ［J］. 系统工程学报, 2020, 35（6）：824 – 837.

［101］SU Z P, ZHANG G F, LIU Y, et al. Multiple emergency resource allocation for concurrent incidents in natural disasters ［J］. International. Journal of Disaster Risk Reduction, 2016, 17：199 – 212.

［102］王喆, 蒋壮, 王世昌, 等. 应急智能规划中基于约束满足的资源协作方法 ［J］. 系统工程学报, 2020, 35（6）：816 – 823, 837.

［103］DAS R, HANAOKA S. An agent-based model for resource allocation during relief distribution ［J］. Journal of Humanitarian Logistics and Supply Chain Management, 2014, 4（2）：265 – 285.

［104］SHEU J B. An emergency logistics distribution approach for quick response to urgent relief demand in disasters ［J］. Transportation Research Part E：Logistics and Transportation Review, 2007, 43（6）：687 – 709.

［105］HU C L, LIU X, HUA Y K. A bi-objective robust model

for emergency resource allocation under uncertainty [J]. Int J Prod Res, 2016, 54 (24): 7421 – 7438.

[106] WANG Y, SUN B. A multiobjective allocation model for emergency resources that balance efficiency and fairness [J]. Mathematical Problems in Engineering, 2018, 2018: 1 – 8.

[107] BAHARI A, ASADI F. A simulation optimization approach for resource allocation in an emergency department healthcare unit [J]. Global Heart, 2020, 15 (1).

[108] YOUSEFI M, YOUSEFI M. Human resource allocation in an emergency department: A metamodel-based simulation optimization [J]. Kybernetes, 2020, 49 (3): 779 – 796.

[109] JAFARKHAN F, YAGHOUBI S. An efficient solution method for the flexible and robust inventory-routing of red blood cells [J]. Computers & Industrial Engineering, 2018, 117, 191 – 206.

[110] MA Z J, WANG K M, DAI Y. An emergency blood allocation approach considering blood group compatibility in disaster relief operations [J]. International Journal of Disaster Risk Science, 2019, 10: 74 – 88.

[111] EZUGWU A E, OTEGBEYE O, GOVENDER P, et al. Computational intelligence approach to dynamic blood allocation with ABO – Rhesus factor compatibility under real-world scenario [J]. IEEE Access, 2020, 8: 97576 – 97603.

[112] VAN SAMBEECK, J H J, VAN BRUMMELEN, S P J, VAN DIJK, N M, et al. Optimal blood issuing by comprehensive

matching [J]. European Journal of Operational Research, 2022, 296 (1): 240 - 253.

[113] 周愉峰. 非常规突发事件应急血液保障优化关键问题研究 [M]. 北京: 经济科学出版社, 2016.

[114] GHASEMI P, GOODARZIAN F, ABRAHAM A, et al. A possibilistic-robust-fuzzy programming model for designing a game theory based blood supply chain network [J]. Applied Mathematical Modelling, 2022, 112: 282 - 303.

[115] GNIADEK T J, MALLEK J, WRIGHT G, et al. Expansion of hospital-based blood collections in the face of COVID - 19 associated national blood shortage [J]. Transfusion, 2020, 60 (7): 1470 - 1475.

[116] STIEPAN D. Critical blood shortages because of COVID - 19 [C]//Mayo Clinic. 2020.

[117] KANDASAMY D, SHASTRY S, CHENNA D, et al. COVID - 19 pandemic and blood transfusion services: The impact, response and preparedness experience of a tertiary care blood center in southern Karnataka, India [J]. Hematology, Transfusion and Cell Therapy, 2022, 44: 17 - 25.

[118] PIERSKALLA W P. Regionalization of blood banking services [M]. National Health Care Management Center, University of Pennsylvania, 1980.

[119] DEHGHANI M, ABBASI B, OLIVEIRA F. Proactive transshipment in the blood supply chain: A stochastic programming ap-

proach [J]. Omega, 2021, 98: 1 – 16.

[120] BRODHEIM E, PRASTACOS G P. The Long Island blood distribution system as a prototype for regional blood management [J]. Interfaces, 1979, 9 (5): 3 – 20.

[121] HAERI A, HOSSEINI – MOTLAGH S M, GHATREH SAMANI M R, et al. A mixed resilient-efficient approach toward blood supply chain network design [J]. International Transactions in Operational Research, 2020, 27 (4): 1962 – 2001.

[122] ZHANG P, GAO G J, CAI Z, et al. Management for blood supplying during SARS epidemic period in Beijing [J]. Chinese Journal of Nosoconmiology, 2004, 14 (9): 1029 – 1030.

[123] WANG K, MA Z, ZHOU Y. Age-based transshipment strategy for overstock blood in emergency relief [J]. Adv. Inf. Sci. Serv. Sci, 2012, 4 (18): 633 – 642.

[124] JABBARZADEH A, FAHIMNIA B, SEURING S. Dynamic supply chain network design for the supply of blood in disasters: A robust model with real world application [J]. Transportation Research Part E: Logistics and Transportation Review, 2014, 70: 225 – 244.

[125] ASADPOUR M, OLSEN T L, BOYER O. An updated review on blood supply chain quantitative models: A disaster perspective [J]. Transportation Research Part E: Logistics and Transportation Review, 2022, 158: 1 – 36.

[126] TORRADO A, BARBOSA – PÓVOA A. Towards an opti-

mized and sustainable blood supply chain network under uncertainty： a literature review ［J］. Cleaner Logistics and Supply Chain，2022，3： 1 – 25.

［127］ KENAN N， DIABAT A. The supply chain of blood products in the wake of the COVID – 19 pandemic： appointment scheduling and other restrictions ［J］. Transportation Research Part E： Logistics and Transportation Review，2022，159： 1 – 20.

［128］ WANG K M， MA Z J. Age-based policy for blood transshipment during blood shortage ［J］. Transportation Research Part E： Logistics and Transportation Review，2015，80： 166 – 183.

［129］ LIU W， KE G Y， CHEN J， ZHANG L. Scheduling the distribution of blood products： A vendor-managed inventory routing approach ［J］. Transportation Research Part E： Logistics and Transportation Review，2020，140： 1 – 26.

［130］ HAMDAN B， DIABAT A. Robust design of blood supply chains under risk of disruptions using Lagrangian relaxation ［J］. Transportation Research Part E： Logistics and Transportation Review， 2020，134： 1 – 18.

［131］ WANG C， CHEN S. A distributionally robust optimization for blood supply network considering disasters ［J］. Transportation Research Part E： Logistics and Transportation Review，2020， 134： 1 – 30.

［132］ HOSSEINI – MOTLAGH S M， SAMANI M R G， HOMAEI S. Toward a coordination of inventory and distribution schedules for blood in disasters [J]. Socio – Economic Planning Sciences, 2020, 72: 1 – 22.

[133] SHOKOUHIFAR M, SABBAGHI M M, PILEVARI N. Inventory management in blood supply chain considering fuzzy supply/ demand uncertainties and lateral transshipment [J]. Transfusion and Apheresis Science, 2021, 60 (3): 1 – 8.

[134] CHERAGHI S, HOSSEINI – MOTLAGH S M, SAMANI M R G. A robust optimization model for blood supply chain network design [J]. International Journal of Industrial Engineering & Production Research, 2016, 27 (4): 425 – 444.

[135] JAFARKHAN F, YAGHOUBI S. An efficient solution method for the flexible and robust inventory-routing of red blood cells [J]. Computers & Industrial Engineering, 2018, 117: 191 – 206.

[136] KHALILPOURAZARI S, HASHEMI D H. A flexible robust model for blood supply chain network design problem [J]. Annals of Operations Research, 2023, 328 (1): 701 – 726.

[137] SIVAKUMAR P, GANESH K, PARTHIBAN P. Multi-phase composite analytical model for integrated allocation-routing problem-application of blood bank logistics [J]. International Journal of Logistics Economics and Globalisation, 2008, 1 (3 – 4): 251 – 281.

[138] HAMMELMAYR V, DOERNER K F, HARTL R F, et al. Delivery strategies for blood products supplies [J]. OR Spectrum, 2009, 31: 707 – 725.

[139] LANG J C. Production and inventory management with

substitutions ［M］. Springer Science & Business Media，2009.

［140］DI MARTINELLY C，MESKENS N，RIANE F，et al. Inventory Routing Problem with Transshipment and Substitution for Blood Products Using the Case of the Belgian Blood Distribution ［C］//Advances in Production Management Systems. Artificial Intelligence for Sustainable and Resilient Production Systems：IFIP WG 5. 7 International Conference，APMS 2021，Nantes，France，September 5 - 9，2021，Proceedings，Part V. Springer International Publishing，2021：87 - 96.

［141］BEHROOZI F，MONFARED M A S，HOSSEINI S M H. Investigating the conflicts between different stakeholders' preferences in a blood supply chain at emergencies：a trade-off between six objectives ［J］. Soft Computing，2021，25（21）：13389 - 13410.

［142］LUAN D，LIU A，WANG X，et al. Robust two-stage location allocation for emergency temporary blood supply in postdisaster ［J］. Discrete Dynamics in Nature and Society，2022，2022：1 - 20.

［143］ZHANG X，LIU X，SONG X，et al. Stochastic location-allocation modelling for emergency mobile blood collection ［J］. IFAC - Papers OnLine，2019，52（13）：1114 - 1119.

［144］GHORASHI S B，HAMEDI M，SADEGHIAN R. Modeling and optimization of a reliable blood supply chain network in crisis considering blood compatibility using MOGWO ［J］. Neural Computing and Applications，2020，32：12173 - 12200.

［145］GEHRIE E A，FRANK S M，GOOBIE S M. Balancing

supply and demand for blood during the COVID – 19 pandemic [J].
Anesthesiology, 2020, 133 (1): 16 – 18.

[146] AYYILDIZ E, ERDOGAN M, TASKIN A. Forecasting
COVID – 19 recovered cases with Artificial Neural Networks to enable
designing an effective blood supply chain [J]. Computers in Biology
and Medicine, 2021, 139: 1 – 20.

[147] SAMANI M R G, HOSSEINI – MOTLAGH S M. A novel
capacity sharing mechanism to collaborative activities in the blood col-
lection process during the COVID – 19 outbreak [J]. Applied Soft
Computing, 2021, 112: 1 – 24.

[148] KE – MING W, ZU – JUN M A. Optimization of multi-
stage emergency blood transferring [J]. Systems Engineering—Theory &
Practice, 2014, 34 (7): 7.

[149] FAN Y, XIAO R, ZHAO S. Study of the effects of three
different types of transportations on the quality of red cell suspension
[J]. Chinese Journal of Blood Transfusion, 2008.

[150] LUO Q, ZHENG Q, DENG J. Research on factors having
influence on blood quality during highway transportation [J]. Chinese
Journal of Blood Transfusion, 2000, 13: 171 – 173.

[151] MA Z J, ZHOU Y F. Dynamic model for emergency blood
collection in large-scale sudden-onset emergencies [J]. Journal of Sys-
tem Engineering, 2017, 32: 125 – 135.

[152] MIRJALILI S, LEWIS A. The whale optimization algo-
rithm [J]. Advances in Engineering Software, 2016, 95: 51 – 67.

［153］KUMAWAT I R，NANDA S J，MADDILA R K. Multi-objective whale optimization ［C］//Tencon 2017 – 2017 ieee region 10 conference. IEEE，2017：2747 – 2752.

［154］TIRKOLAEE E B，GOLI A，GHASEMI P，et al. De-signing a sustainable closed-loop supply chain network of face masks during the COVID – 19 pandemic：Pareto-based algorithms ［J］. Jour-nal of Cleaner Production，2022，333：1 – 21.

［155］ZITZLER E，THIELE L. Multiobjective evolutionary algo-rithms：a comparative case study and the strength Pareto approach ［J］. IEEE Transactions on Evolutionary Computation，1999，3（4）：257 – 271.

［156］YUAN M，LI Y，ZHANG L，et al. Research on intelli-gent workshop resource scheduling method based on improved NSGA – Ⅱ algorithm ［J］. Robotics and Computer – Integrated Manufacturing，2021，71：1 – 8.

［157］HE L，CAO Y，LI W，et al. Optimization of energy-effi-cient open shop scheduling with an adaptive multi-objective differential evolution algorithm ［J］. Applied Soft Computing，2022，118：1 – 19.

［158］DENG X，YANG J，WANG W，et al. Case fatality risk of the first pandemic wave of coronavirus disease 2019（COVID – 19）in China ［J］. Clinical Infectious Diseases，2021，73（1）：79 – 85.

［159］RILEY W，LOVE K，MCCULLOUGH J. Public policy im-pact of the COVID – 19 pandemic on blood supply in the United States ［J］. American Journal of Public Health，2021，111（5）：860 – 866.

［160］ KANDASAMY D, SHASTRY S, CHENNA D, et al. COVID – 19 pandemic and blood transfusion services：The impact, response and preparedness experience of a tertiary care blood center in southern Karnataka, India ［J］. Hematology, Transfusion and Cell Therapy, 2022, 44：17 – 25.

［161］ JAIN V K, VAISHYA R. COVID – 19 and orthopaedic surgeons：the Indian scenario ［J］. Tropical Doctor, 2020, 50 (2)：108 – 110.

［162］ LI Y, YU L, WANG Y, et al. The impact of the new crown pneumonia outbreak on blood collection and supply in zhejiang province and its response ［J］. Chinese Journal of Blood Transfusion, 2020, 33 (8)：791 – 793.

［163］ DU L, QIAN L. The government's mobilization strategy following a disaster in the Chinese context：An evolutionary game theory analysis ［J］. Natural Hazards, 2016, 80：1411 – 1424.

［164］ LU J, HAN J, HU Y, et al. Multilevel decision-making：A survey ［J］. Information Sciences, 2016, 346：463 – 487.

［165］ CAMACHO – VALLEJO J F, GONZÁLEZ – RODRÍGUEZ E, ALMAGUER F J, et al. A bi-level optimization model for aid distribution after the occurrence of a disaster ［J］. Journal of Cleaner Production, 2015, 105：134 – 145.

［166］ ZHENG B, MA Z, LI S. Optimization of emergency logistics system based on bi-level programming in the early post-earthquake period ［J］. Journal of Systems Engineering, 2014, 29 (1)：

113 – 125.

［167］ZHAO L, WANG N, XU Y, et al. Bi-objective blood product scheduling under blood shortage and limited supply ［J］. Journal of Industrial and Management Optimization, 2023, 19（11）: 8129 – 8151.

［168］KHALILPOURAZARI S, ARSHADI KHAMSEH A. Bi-objective emergency blood supply chain network design in earthquake considering earthquake magnitude: a comprehensive study with real world application ［J］. Annals of Operations Research, 2019, 283: 355 – 393.

［169］RATURI M, KUSUM A. The blood supply management amid the COVID – 19 outbreak ［J］. Transfusion Clinique et Biologique, 2020, 27（3）: 147 – 151.

［170］EREN E, TUZKAYA U R. Safe distance-based vehicle routing problem: Medical waste collection case study in COVID – 19 pandemic ［J］. Computers & Industrial Engineering, 2021, 157: 1 – 10.

［171］MOHAMMADI M, DEHGHAN M, PIRAYESH A, et al. Bi-objective optimization of a stochastic resilient vaccine distribution network in the context of the COVID – 19 pandemic ［J］. Omega, 2022, 113: 1 – 21.

［172］ZHOU Y, CHENG J, WU C, et al. Multi-objective two-stage emergent blood transshipment-allocation in COVID – 19 epidemic ［J］. Complex & Intelligent Systems, 2023, 9: 4939 – 4957.

[173] CAO C, LIU Y, TANG O, et al. A fuzzy bi-level optimization model for multi-period post-disaster relief distribution in sustainable humanitarian supply chains [J]. International Journal of Production Economics, 2021, 235: 1 - 14.

[174] KORANI E, EYDI A. Bi-level programming model and KKT penalty function solution approach for reliable hub location problem [J]. Expert Systems with Applications, 2021, 184: 115505.

[175] SHAFIEKHANI M, BADRI A, SHAFIE - KHAH M, et al. Strategic bidding of virtual power plant in energy markets: A bi-level multi-objective approach [J]. International Journal of Electrical Power & Energy Systems, 2019, 113: 208 - 219.

[176] DING T, BO R, LI F, et al. A bi-level branch and bound method for economic dispatch with disjoint prohibited zones considering network losses [J]. IEEE Transactions on Power Systems, 2014, 30 (6): 2841 - 2855.

[177] FARVARESH H, SEPEHRI M M. A branch and bound algorithm for bi-level discrete network design problem [J]. Networks and Spatial Economics, 2013, 13: 67 - 106.

[178] COHEN M A, PIERSKALLA W P. Management policies for a regional blood bank [J]. Transfusion, 1975.

[179] GKIRTSOU C, KONSTANTINIDIS T, CASSIMOS D, et al. Views and attitudes of blood donors toward blood donation during the COVID - 19 pandemic in Thrace Region, Greece [J]. International Journal of Environmental Research and Public Health, 2022, 19

（9）：4963.

［180］ QUEE F A, SPEKMAN M L C, PRINSZE F J, et al. Blood donor motivators during the COVID – 19 pandemic ［J］. Journal of Philanthropy and Marketing, 2022, 27（3）：1757.

［181］ CAVDUR F, KOSE – KUCUK M, SEBATLI A. Allocation of temporary disaster response facilities under demand uncertainty：An earthquake case study ［J］. International Journal of Disaster Risk Reduction, 2016, 19：159 – 166.

［182］ REZAEI K M, HASANNIA K M, MIRZAPOUR A S M J. Integrating bloodmobiles and drones in a post-disaster blood collection problem considering blood groups ［J］. Annals of Operations Research, 2023, 321（1 – 2）：783 – 811.

［183］ SHARMA B, RAMKUMAR M, SUBRAMANIAN N, et al. Dynamic temporary blood facility location-allocation during and post-disaster periods ［J］. Annals of Operations Research, 2019, 283：705 – 736.

［184］ TAVAKKOLI – MOGHADDAM R, VAZIFEH – NOSHA-FAGH S, TALEIZADEH A A, et al. Pricing and location decisions in multi-objective facility location problem with M/M/m/k queuing systems ［J］. Engineering Optimization, 2017, 49（1）：136 – 160.

［185］ HOSEINPOUR P, MARAND A J. Designing a service system with price-and distance-sensitive demand：A case study in mining industry ［J］. European Journal of Operational Research, 2022, 303（3）：1355 – 1371.

[186] MIRJALILI S, MIRJALILI S M, LEWIS A. Grey wolf optimizer [J]. Advances in Engineering Software, 2014, 9: 46 – 61.

[187] GAIDHANE P J, NIGAM M J. A hybrid grey wolf optimizer and artificial bee colony algorithm for enhancing the performance of complex systems [J]. Journal of Computational Science, 2018, 27: 284 – 302.

[188] 肖华, 杨莉, 欧阳方怡. 重庆去年千人口献血率达到 11.3 [N/OL]. 健康报 (2023 – 06 – 13). https: //jkb. com. cn/news/industryNews/2023/0613/489613. htmlel.

[189] CAO C, LI C, YANG Q, et al. A novel multi-objective programming model of relief distribution for sustainable disaster supply chain in large-scale natural disasters [J]. Journal of Cleaner Production, 2018, 174: 1422 – 1435.

[190] HAGHI M, GHOMI S M T F, JOLAI F. Developing a robust multi-objective model for pre/post disaster times under uncertainty in demand and resource [J]. Journal of Cleaner Production, 2017, 154: 188 – 202.

[191] ZHANG S, GUO H, ZHU K, et al. Multistage assignment optimization for emergency rescue teams in the disaster chain [J]. Knowledge-based Systems, 2017, 137: 123 – 137.

[192] YI W, ÖZDAMAR L. A dynamic logistics coordination model for evacuation and support in disaster response activities [J]. European Journal of Operational Research, 2007, 179 (3): 1177 – 1193.

［193］郑斌，马祖军，周愉峰. 震后应急物流动态选址 - 联运问题的双层规划模型 ［J］. 系统管理学报，2017，26（2）：326 - 337.

［194］李双琳，郑斌. 动态交通流下震后路网抢修排程仿真研究 ［J］. 系统仿真学报，2018，30（9）：3386.

［195］ANAYA - ARENAS A M，RENAUD J，RUIZ A. Relief distribution networks：a systematic review ［J］. Annals of Operations Research，2014，223：53 - 79.

［196］巩玲君，张纪海. 基于系统动力学的成品油应急调运策略研究 ［J］. 系统工程理论与实践，2017，37（9）：2256 - 2267.

［197］李健，张文文，白晓昀，等. 基于系统动力学的应急物资调运速度影响因素研究 ［J］. 系统工程理论与实践，2015，35（3）：661 - 670.

［198］马玉宏，谢礼立. 地震人员伤亡估算方法研究 ［J］. 地震工程与工程振动，2000，20（4）：140 - 147.

［199］黄钢. 非常规突发事件应急血液保障特性和需求预测模型的研究 ［D］. 成都：西南交通大学，2012.

［200］谢自莉，马祖军. 城市地震次生灾害演化机理分析及仿真研究 ［J］. 自然灾害学报，2012，21（3）：155 - 163.

［201］马祖军，谢自莉. 基于贝叶斯网络的城市地震次生灾害演化机理分析 ［J］. 灾害学，2012，27（4）：1 - 5.

［202］李猜，耿娜，王春鸣. 基于 MDP 的血小板库存最优订货策略和使用策略研究 ［J］. 运筹与管理，2019，28（7）：108.

［203］崔文燕，张奕，张玉林.48314 例手术备血和临床输血标本的 ABO 血型分布与月份、季节的关系［J］.中国现代医生，2015，53（18）：80 - 81.

［204］ENSAFIAN H，YAGHOUBI S，YAZDI M M. Raising quality and safety of platelet transfusion services in a patient-based integrated supply chain under uncertainty［J］. Computers & Chemical Engineering，2017，106：355 - 372.

［205］DUAN Q，LIAO T W. Optimization of blood supply chain with shortened shelf lives and ABO compatibility［J］. International Journal of Production Economics，2014，153：113 - 129.

［206］周愉峰，陈良勇，刘思峰，等.基于系统动力学的震后应急血液保障绩效评估［J］.系统工程，2020，38（1）：26 - 35.

［207］KATSALIAKI K，BRAILSFORD S C. Using simulation to improve the blood supply chain［J］. Journal of the Operational Research Society，2007，58（2）：219 - 227.

［208］ZHOU D，LEUNG L C，PIERSKALLA W P. Inventory management of platelets in hospitals：Optimal inventory policy for perishable products with regular and optional expedited replenishments［J］. Manufacturing & Service Operations Management，2011，13（4）：420 - 438.

［209］SIMONETTI A，FORSHEE R A，ANDERSON S A，et al. A stock-and-flow simulation model of the US blood supply［J］. Transfusion，2014，54（3pt2）：828 - 838.

［210］HAIJEMA R，MINNER S. Improved ordering of perishables：The value of stock-age information ［J］. International Journal of Production Economics, 2019, 209: 316 – 324.

［211］CLAY N M, ABBASI B, EBERHARD A, et al. On the volatility of blood inventories ［J］. International Transactions in Operational Research, 2018, 25 (1): 215 – 242.

［212］AFSHAR J, SADEGHIAMIRSHAHIDI N, FIROUZI A R, et al. System dynamics analysis of a blood supply chain system ［J］. Applied Mechanics and Materials, 2014, 510: 150 – 155.

［213］张家瑞, 王慧慧, 曾维华. 基于 ABM + SD 耦合模型的滇池流域水价政策仿真 ［J］. 中国环境科学, 2017, 37 (10): 3991 – 4000.

［214］张一文, 齐佳音, 马君, 等. 网络舆情与非常规突发事件作用机制——基于系统动力学建模分析 ［J］. 情报杂志, 2010, 29 (9): 1 – 6.

［215］熊国强, 赵昕. 耦合情绪因素的群体性突发事件 SD 模型与演化仿真 ［J］. 系统工程, 2016, 34 (5): 112 – 120.

［216］陈良勇, 马祖军. 无偿献血者流失行为影响机制研究 ［J］. 管理评论, 2015, 27 (11): 151 – 160.

［217］卢文媛, 余泽波, 李青, 等. 基于院本部的分院区血液库存管理及临床用血分析 ［J］. 医学信息, 2021.

［218］张淑萍, 白林. 血站血液短缺库存预警分级与医院应急响应 ［J］. 中国卫生质量管理, 2015, 22 (5): 92 – 94.

［219］ABBASI B, HOSSEINIFARD S Z. On the issuing policies for perishable items such as red blood cells and platelets in blood service [J]. Decision Sciences, 2014, 45 (5): 995 – 1020.

[220] DUAN Q, LIAO T W. A new age-based replenishment policy for supply chain inventory optimization of highly perishable products [J]. International Journal of Production Economics, 2013, 145 (2): 658 – 671.